¿QUÉ PATRIMONIO(S) TRANSMITIR?

Nicolas Adell e Yves Pourcher
(directores)

¿Qué patrimonio(s) transmitir?

En torno al Patrimonio Cultural Inmaterial

Traducido por Federico Gianotti

Nicolas, Adell
    ¿Qué patrimonio(s) transmitir? : en torno al Patrimonio
Cultural Inmaterial / Adell Nicolas ; Yves Pourcher. - 1a ed. -
Ciudad Autónoma de Buenos Aires : Prometeo Libros, 2020.
    300 p. ; 23 x 16 cm.

    Traducción de: Federico Gianotti.

    1. Patrimonio Cultural. I. Pourcher, Yves. II. Gianotti,
Federico, trad. III. Título.
    CDD 306.42

Libro editado con el apoyo
del Ministerio de Cultura de la Nación Argentina.

© *Transmettre, quel(s) patrimoine(s) ? : autour du patrimoine culturel
immatériel*. Houdiard, París: 2011.

Obra original en francés publicada con el apoyo de la
Universidad de Toulouse II - Le Mirail y el Ministerio de Cultura
y Comunicación de la República de Francia.

Diagramación: Eleonora Silva
Corrección: María Antonia Silva y Ezequiel Martínez Kodolens

© De esta edición, Prometeo Libros, 2020
Pringles 521 (C1183AEI), Buenos Aires, Argentina
Tel.: (54-11) 4862-6794 / Fax: (54-11) 4864-3297
editorial@treintadiez.com
www.prometeoeditorial.com

Índice

CUARTA PARTE

Figuras de estilo

QUINTA PARTE

Todo lo que queda

Agradecimientos

La mayoría de los textos reunidos en este volumen son resultado de las ponencias realizadas por investigadores y partícipes de la mediación cultural, para reflexionar sobre la relación entre la transmisión y el patrimonio a partir de la perspectiva renovada por la aplicación de la Convención de la Unesco de 2003 sobre el Patrimonio Cultural Inmaterial, durante las jornadas del 16, 17 y 18 de junio de 2010 en la Universidad de Toulouse II - Le Mirail. Queremos agradecer a todos los participantes por los enriquecedores debates que suscitaron.

Ese evento y este libro no habrían sido posibles sin el apoyo de diversas instituciones que han contribuido en gran medida a su realización: el Consejo Científico de la Universidad de Toulouse II - Le Mirail, la Maison des Sciences de l'Homme de Toulouse, los laboratorios de investigación CERTOP, FRAMESPA, LISST, el Departamento de Historia de la Universidad de Toulouse II y el Consejo Regional de Midi-Pyrénées.

Por su ayuda y apoyo constante, queremos agradecer particularmente al Departamento de Orientación de la Investigación de la Dirección General de Patrimonio del Ministerio de Cultura francés, y especialmente a Christian Hottin sin quién este libro no existiría.

Por último, agradecemos mucho a todos los que han brindado los discretos pero necesarios servicios de recepción y organización durante esos tres días, imprescindibles para el éxito de un evento científico. Gracias a Méryl Arrouy, Lucie Audigier, Liliane Hilbrandt y Florian Steimer.

¿Qué se denomina patrimonio?

Nicolas Adell e Yves Pourcher

> *How can we be concerned with the past*
> *And not with the future? or with the future*
> *And not with the past?*
>
> T.S. Eliot, *The Family Reunion*, Acto II, Escena 1.

El patrimonio, palabra mana

Las jornadas que en junio de 2010 reunieron en Toulouse a más de veinte investigadores de horizontes y tradiciones disciplinarias muy dispares son resultado de historias diversas. Como suele ocurrir, charlas, oportunidades y proyectos singulares alimentaron el deseo de concretar un encuentro y poder compartir los conocimientos de una manera organizada. Además, estas jornadas también son sintomáticas de fenómenos más generales que explican en gran medida tales convergencias.

Estos fenómenos tienen su origen en la nueva forma de relacionarnos con el pasado que surgió en las sociedades occidentales y occidentalizadas durante la segunda mitad del siglo XX y que se refleja, en parte, en el interés general por el patrimonio. Así, reunir a los investigadores para unas jornadas dedicadas al patrimonio no fue una tarea muy penosa. Arquitectos, historiadores, sociólogos, antropólogos, lingüistas, geógrafos, todos ellos pueden ser confrontados con las lógicas patrimoniales tan solo por estar actualizados en sus disciplinas. El patrimonio invadió el discurso sobre la cultura y los colectivos establecidos en general (desde la nación hasta el taller, pasando por la familia). Si bien no todos los gremios se basan necesariamente en referencias patrimoniales, el patrimonio adquirió tal fuerza en los últimos veinte años que se está apoderando gradualmente del mundo de los colectivos lábiles. Se volvió un tiempo necesario para estructurar un grupo o afirmar una identidad.

Si bien no ha sido muy difícil reunir a los investigadores y actores para discurrir sobre el patrimonio, paradójicamente los problemas surgieron por esta facilidad que hace del patrimonio una palabra *mana*, según la expresión de Roland Barthes. En su reciente presentación (2003) emanada de la UNESCO con la noción de Patrimonio Cultural Inmaterial (PCI), esta palabra llega a caracterizar todo lo que proporciona a una comunidad o a un individuo un "sentido de identidad y continuidad". Para no omitir nada (y esta es una de las características del patrimonio actual: no olvidar nada), hacemos del patrimonio el significante de "todo lo que queda", de "todo lo que perdura" y de aquello a lo que estamos apegados. Incluso una meta, un proyecto, una idea fija que manifiesten continuidad e identidad en un individuo podrían erigirse como patrimonio. Ahondando un poco más, ¿nuestro cuerpo no es en realidad el "garante" prioritario de la continuidad e identidad?, ¿no se volvió patrimonio al igual que las ruinas, los edificios, los gestos?

El campo del patrimonio se extendió de tal manera y suscitó tantos enfrentamientos que inevitablemente fue blanco de muchas críticas. Muchos alertaron sobre las consecuencias de esta inflación patrimonial, aunque no llegue a los extremos mencionados arriba. En efecto, cuesta creer que en la actualidad una persona catalogue espontáneamente su propio cuerpo como patrimonio. En su texto, Henri-Pierre Jeudy subraya los problemas planteados por la hiperpatrimonialización contemporánea, esa actualización permanente del pasado que insistió en calificar hace varios años de "locura", y más recientemente detalla la orquestación internacional realizada bajo la dirección de la Unesco.[1] Ser incapaces de seleccionar verdaderamente entre los productos del pasado hace que ya "nada escape a la consagración patrimonial" y representa para el autor una manifestación del fin de la Historia, reavivando, de otras maneras (desde el punto de vista cultural en lugar del político, por así decirlo), las famosas conclusiones de Francis Fukuyama.[2] La articulación pasado/presente/futuro estaría en jaque debido a la cristalización del pasado; una cristalización creciente

---

[1] H.-P. Jeudy, 1990 y 2008.

[2] F. Fukuyama 1992. Para una crítica de este enfoque, cf. J. Derrida 1993.

que se extendería gradualmente al presente y cuya consecuencia inmediata sería producir un futuro sin incertidumbre. El sentimiento de ser "alcanzados por la Historia", que en cierto modo racionalizaron los teóricos de la "historia inmediata",[3] ¿no es también el síntoma de esta proliferación de raíces, de técnicas de anclaje y determinaciones históricas, cuyo peso se siente en el presente y que hace aún más pesado el auge del patrimonio? Y esta obsesión por el patrimonio, ¿no refleja una angustia existencial ante las incertidumbres de un futuro visto desde una perspectiva catastrófica?

A partir de otro punto de vista (el caso del compañerismo), Nicolas Adell se pregunta sobre esta cuestión de agigantar el pasado. ¿No nos lleva a una mayor incertidumbre sobre lo que somos y sobre todo sobre lo que queremos ser? Si todo está vigilado, si todo importa, si hay realmente una "locura de la conservación",[4] ¿no da excesiva importancia a nuestras elecciones? Hoy en día, parece posible reivindicar una identidad europea, francesa y occitana con la misma fuerza y los mismos justificativos patrimoniales, pero también la identidad de herrero, de partícipe de algún espectáculo histórico, de miembro de un partido político, de hombre de los años sesenta y de fanático de Balzac. Todas estas "microidentidades" activadas en diversas circunstancias y a través de diferentes gestos, encuentran ahora lugares y prácticas "patrimoniales" a las que aferrarse: los monumentos, los museos por supuesto, pero también las casas de escritores, artistas o políticos, las herramientas, la ropa y, por qué no, expresiones idiomáticas o posturas. "De la catedral a la cucharita",[5] los objetos susceptibles de contribuir a una identificación se diversificaron de forma considerable. Esta multiplicación hizo que el pasado esté "disponible" en proporciones sin precedentes y, lejos de detener la acción, aumenta considerablemente nuestra disposición a actuar sobre ella, a apropiárnosla, a elegir lo que nos determinará según cada situación. O bien el patrimonio termina con la Historia (H.-P. Jeudy), o bien ofrece a sus actores la oportunidad de una nueva reapropiación y una nueva conciencia histórica, confrontados con los múltiples pasados que la patrimonialización hace más presentes (N. Adell).[6] ¿No constituye también, de manera disparatada y paradójica, una señal de la capacidad de crear, de resistir; el surgimiento apasionante de una dinámica? Este capítulo introductorio pretende precisamente darle el

---

[3] Para una presentación sintética de este enfoque, leer J.-F. Soulet 2009. Los *Cahiers d'Histoire Immédiate* mantienen desde 1991 un buen seguimiento de estas investigaciones.

[4] J. Davallon, 2006, p. 158.

[5] N. Heinich, 2009.

[6] Esta postura se asemeja a la de F. Hartog (2003, p. 160) sobre lo imprevisible del pasado, característica en su opinión de nuestro "régimen de historicidad" actual, el presentismo.

mérito que se merece a esta polifonía de reacciones generadas por la inflación patrimonial.

El nuevo lugar de la transmisión

Mucho se ha dicho sobre la "inflación" del patrimonio. Pero poco en definitiva en torno a cómo crecía y cómo aumentaba su influencia sobre el presente. Hay sin duda dos momentos claves dentro de la mutación del patrimonio ocurrida en los últimos cuatro decenios; según los inquietos análisis de M. Guillaume o F. Choay y, más recientemente, de D. Upton y M. Brown, representan dos etapas evolutivas de una forma de "patología" en la relación con el pasado.[7] La "ansiedad de la autenticidad" (D. Upton), una de las características esenciales de nuestra modernidad,[8] aparece como una forma del malestar de la modernidad occidental que, en cierto modo, el patrimonio traduce. Las sociedades modernas somatizan sus temores de inautenticidad en el patrimonio.

Y la intensidad de ese temor se generalizó a partir de la década de 1970. En Francia, y más generalmente en Europa, el movimiento de las artes y tradiciones populares había allanado el camino para la evolución patrimonial. A partir de entonces, la cantidad de objetos "patrimonializables" se disparó. Las expresiones *a priori* menos nobles de la vida material (herramientas, utensilios, objetos cotidianos...) fueron elevadas al rango de patrimonio. Se revisaron asimismo los monumentos que, lejos de ser simplemente heredados, también se transmiten, son objeto de prácticas, manipulaciones, reivindicaciones y cristalizan un imaginario, pasiones y emociones. Las condiciones para una etnología de los monumentos históricos estaban dadas.[9] Se volvieron "patrimonio" los conocimientos, prácticas, representaciones y actuaciones orales o físicas con contornos cambiantes y constantemente actualizados. Una vez conquistados los *monumentos*, el gesto patrimonial se volvió hacia los *rastros, los fragmentos* del "mundo de ayer" liberados de la grandiosidad monumental. Más precisamente, en esta etapa de la inflación patrimonial, el patrimonio ha tenido el efecto de ralentizar el tiempo (D. Fabre habla, en un contexto ligeramente diferente, de "cámaras de refrigeración").[10] Ha bajado su ritmo, enriqueciéndolo con una dispersión fragmentaria que impide que el olvido lo borre todo.

---

[7] M. Guillaume, 1980; F. Choay 1992; D. Upton 2001; M. Brown 2005.

[8] Ver los análisis incisivos de C. Taylor, con buenos resúmenes en C. Taylor 2008, pp. 33-37.

[9] Para esa etnología, cf. D. Fabre 2000 y 2010; M. Hertzfeld 1991 y 2009.

[10] D. Fabre, 1998, p. 290.

Sin embargo, estas ausencias imperfectas que ahora pueblan la vida social han dado lugar paradójicamente a nuevas formas de presencia, con sus propias señales que las destacan. Mientras que la primera etapa de la inflación del patrimonio se caracterizó por una mutación más bien cuantitativa (aunque la calidad del objeto también cambie cuando se pasa de un monumento a una huella), la segunda etapa consiste en una mutación fundamentalmente cualitativa. De una lógica del Rastro, hemos pasado a una lógica del Aura;[11] de las *señales de una ausencia* a la que no se le permite realizarse, se pasa ahora a las señales *de una presencia de* elementos invisibles que se intentan exponer. Se desplazó el foco patrimonial hacia los procesos de transmisión y circulación de los conocimientos (el valor patrimonial será medido por lo "costumbrista" o "tradicional" de las acciones) y hacia los actos que nos afectan y que por lo tanto señalan "lo que importa". Es común escuchar que el patrimonio "genera algo". Ese "algo" dejó de ser solo objetos, solo dimensiones materiales de los aspectos más insignificantes de la vida social. Ocupa ahora un espacio más amplio constituido por acciones y emociones. Podemos ver la estructura básica de este nuevo orden en cómo se dan los procesos de transmisión de las disposiciones a emocionarse y actuar que son vistas como distintivas por la comunidad. Tomemos un ejemplo entre muchos otros. En el caso de los extensos cantos populares mongoles que se inscribieron en la Lista Representativa del PCI en 2008, interesa no solo el *corpus* de los cantos transmitidos, sino la forma en la que se transmiten y, sobre todo, la sensibilidad particular que se activa en cada situación de transmisión, un estado que al mismo tiempo encierra y desborda. El amor por el canto prevalece sobre otros componentes.[12] Impulsada por el *aura del canto*, por su presencia insistente, Mongolia pudo consagrarse al ascender al rango de patrimonio inmaterial.

El cambio es evidente. De ahora en más, la forma en que un miembro de una comunidad adquiere la capacidad de reconocer "lo que importa", ya sea inmediatamente o en situaciones particulares de "desastres culturales",[13] dependerá de si el objeto o contenido en el que se reconoce se plasma o no en el gesto patrimonial. Lo más importante parece ser ahora el reconocerlo. Dado que el estudio detallado de sus formas, sus actores, sus apuestas hace visible esta "presencia" alrededor del objeto o conocimiento, la transmisión se vuelve central. La paradoja del Patrimonio Cultural *Inmaterial* es precisamente "visibilizar" el aura patrimonial conferida a acciones,

---

[11]   El par "huella/ aura" es tomado de W. Benjamin 1989, p. 464.

[12]   Sobre este punto, referimos al bello estudio de L. Legrain 2010.

[13]   Un estudio de caso interesante fue publicado sobre el incendio del castillo de Lunéville; N. Barbe, J.-L. Tornatore 2006.

situaciones o "elementos", como lo define la Unesco. La importancia de la transmisión le da cierta particularidad. Le da más espesor a todo lo que alcanza, generando así nuevos valores. Abre el campo de posibilidades, diversifica y enriquece. En los límites del patrimonio, en el corazón de los monumentos, las herramientas, las canciones y poemas, se refugia la transmisión.

Visibilizar, figurar

¿Estamos ante un nuevo paradigma? Es innegable que la transmisión siempre ha tenido que ver con los fenómenos patrimoniales ya que, como dice F. Hartog, "el fundamento mismo del patrimonio reside en el hecho de su transmisión".14 Pero adquiere una dimensión central en el gesto patrimonializador. Esto está perfectamente ilustrado por las tres contribuciones de Gaetano Ciarcia, Sylvie Sagnes y Hervé Munz. En el caso del programa "Archivos de lo sensible" [*Archives du sensible*] del parque nacional regional (PNR) de la Narbonesa, G. Ciarcia realiza la distinción esencial entre lo "sensible" y lo "material". Caracteriza los mundos redescubiertos que permiten el encuentro del patrimonio inmaterial y material a la luz de los afectos, pasiones y tensiones. Para transmitir una frontera, una representación, un "espíritu" (el de las Corbières, por ejemplo), es necesario hacerlos visibles y ante todo "audibles" en el marco de una narración de su diferencia (*una lectura* del paisaje, de la identidad, del territorio, etc.) registrada y conservada. Para hacer visible, uno debe por lo tanto interpretar. Es entonces concebible que estos "archivos de lo sensible" sean "archivos sensibles". Este rasgo lo encontramos perfectamente dramatizado en el contexto del Museon Arlaten estudiado por Sylvie Sagnes. Se trata de manifestar un "espíritu" cuyo contenido y definición pueden haber cambiado de manera considerable. El objeto de transmisión experimentó un gran cambio en el Museon Arlaten; por una parte el proyecto inicial de Frédéric Mistral, quien quería que su institución transmitiera "el espíritu y la tradición de la raza arlesiana" tal como él los había interpretado, el de los años treinta, que lo convirtió en el lugar de paso de las "tradiciones populares" y del folclore en general, y por otra el de los años sesenta, cuando el museo se convirtió en el conservatorio de los modos de vida rurales. Pero a pesar de estas variaciones el museo ha permanecido como un cristalizador de afectos, un lugar sensible que atestigua el paso de elementos de naturaleza afectiva más allá del contenido cognitivo. Para hablar del Museon, los arlesianos

---

14 F. Hartog, 2003, p. 165.

utilizan el lenguaje de los sentimientos: expresan sus miedos, deseos y rabia sobre proyectos actuales o futuros.

La parte afectiva de la cultura se despliega como un velo variopinto. Invoca la identidad, la hace hablar. La perspectiva de convertir el Museon Arlaten en un "museo del museo" es la mejor demostración de esta búsqueda existencial.

Sin embargo, el desafío de "volver visible" se enfrenta a veces a ciertos límites, como es el caso de los secretos profesionales bien estudiados por Hervé Munz, relativos a la relojería del cantón de Jura. Dichos secretos forman indudablemente un patrimonio constituido por pequeños detalles, "truquitos", más que conocimientos cognitivos pesados o técnicas fundamentales, que Didier Schwint (2002) califica de "metis" en su estudio sobre los artesanos de la madera de Jura, retomando esta noción tan bien trabajada por Marcel Detienne y Jean-Pierre Vernant (1974). Estos saberes tienen un valor muy importante por haber sido el fruto de un largo aprendizaje y porque son el lugar de una singularidad que permanentemente es amenazada. De igual forma que los trucos del oficio, las formas de esconderlos y las formas de no decirlos son el corazón de ese legado obsesionado por el miedo de desaparecer.

En el orden patrimonial, la transición a la inmaterialidad es, por lo tanto, exactamente lo contrario de una invisibilización. Somos más bien testigos de una nueva pedagogía de la mirada, del observar, de la imagen, de otra "educación atenta" en el pasado y de todo lo que nos constituye como miembros de una comunidad.[15] Uno se vuelve necesariamente sensible a las pequeñas divergencias, las mínimas diferencias y todas esas microsingularidades a las que el PCI invita a apegarnos. Desde este punto de vista, el nuevo enfoque patrimonial está en línea con la lógica de las nuevas "tiranías de la visibilidad" que caracterizan nuestra época, según N. Aubert y C. Haroche (2011). Sin embargo, la antropología del aprendizaje muestra que para hacer visibles los procesos de transmisión es necesario, no solo hacer visibles las acciones y los actores, sino también evocar los entornos en los que estas acciones tienen lugar. Como Clifford Geertz[16] hizo respecto de la descripción, tenemos que dar cuenta de lo que llamamos "situaciones densas".

[15] Nos referimos a las investigaciones de T. Ingold (que desarrollan las de James Gibson) sobre el tema de la transmisión cultural en general. Cf. T. Ingold 2001.

[16] C. Geertz retoma la expresión de G. Ryle (1971, pp. 480-496). "Thick description": descripción "espesa" o descripción "densa", se pregunta André Mary quien tradujo el capítulo de la célebre selección de ensayos *The Interpretation of Cultures* (1973).

Las tres contribuciones de Julie Perrin, Jean-Yves Bousigue y Rémy Pech establecieron algunas referencias en esa dirección. Así, para entender la transmisión del toque del sanador [*rebouteux*] descrita por Julie Perrin, no se trata simplemente de reportar gestos, sino también y sobre todo de restaurar todo lo que ocurre: emociones, sensaciones, impresiones, interpretaciones. Esto acarrea problemas para la narración etnográfica, tal como lo plantea C. Geertz. Si redujéramos el toque a su mera ejecución gestual, nos privaríamos de todo el mundo sensible al que solo podemos acceder recreando y reapropiándonos del gesto, única manera de adquirir el "sentido del toque". Porque el legado en el PCI no cubre todo el proceso de transmisión. Se hace hincapié en cambio en la recreación permanente, mediante reinterpretaciones, reinversiones y resemantizaciones. Para producir un efecto de simetría entre los saberes de los expertos y las habilidades ordinarias, entre la *House of Cognitive Lords* y la *House of Common Knowledge*, como dice P. Sloterdijk,[17] los usos del patrimonio recuperan su lugar esencial.

La obra presente no logra lamentablemente asumir el desafío de la simetría en su totalidad. Solo dos actores reflexionan y comparten el estado actual del campo patrimonial y su transmisión. Jean-Yves Bousigue, neurocirujano retirado del Centro Hospitalario Universitario de Rangueil en Toulouse, describe la figura del cirujano en tanto objeto de todas las miradas de los novatos. Los que lo rodean en el quirófano y lo siguen en su visita a pacientes deben leer o, mejor dicho, descifrar, su saber, su oficio, el saber-ser. Este momento es esencial en la transmisión de las formas de ser un cirujano. Tal fenómeno de figuración del conocimiento patrimonial no es específico de la cirugía. Pertenece a casi todos los patrimonios de las profesiones que permitieron que se establezca el PCI. Así se crearon los Tesoros Nacionales Vivientes en Japón en los años 50 y los Maestros de Arte en Francia a mediados de los 90, que contribuyeron a tomar conciencia de la profundidad de una situación patrimonial, que incluye la invención, la creación y los afectos. Pero este primer nivel de objetivación del pasado no está reservado al mundo de la artesanía o las profesiones en general. Cualquier habilidad particular puede ser objeto de una encarnación a la que todos los que deseen poseerla están invitados a referirse. Y no todos estos saberes llegan a sacralizarse institucionalmente en un museo. Muchos se estancan en el nivel figurativo. Por eso no vemos "museos de las artes oratorias", sino numerosas encarnaciones de la elocuencia y sus técnicas, a través de la ejemplificación, como el famoso caso de Jean Jaurès, presentado en esta obra por Rémy Pech. Para evitar las trampas de las alternativas

---

[17] P. Sloterdijk, 2005 [2003], p. 381. Sobre la "defensa e ilustración" de la simetría en el patrimonio, cf. J.-L. Tornatore 2010.

o tipologías rígidas, es necesario insistir en el valor de los matices y los grados. En efecto, entre la figuración y la institucionalización, entre el ensayo y el género, hay una serie de situaciones intermedias que por sí solas merecerían ser exploradas. Además de las artes oratorias, hay gestos que hacen que ciertos lugares sean propicios para declamar. En las plazas de las iglesias, en el corazón de las plazas públicas, subido a un escenario, con mentón y mano erguidos, vuelan las palabras. Se abren camino entre las filas, hacen eco a la distancia. Algunas quedan grabadas en la memoria. Los que siguen las repiten. Imitan a las grandes figuras. Los lugares privilegiados las acogen, las ayudan, las empujan.

Tal como sucede con el Speakers' Corner del Hyde Park en Londres, se vuelven lugares de experiencia, de formación y ensayo del discurso público. Estos espacios necesarios también contribuyen al florecimiento de los oradores. Son su teatro, los escenarios donde pueden ser acompañadas hasta florecer.

Resistencias

Tener en cuenta la densidad (¿o el espesor?) de las situaciones patrimoniales explica la subjetividad de sus actores respecto del patrimonio. Una situación "densa" es una situación con "asidero", donde pueden manifestarse elecciones, interpretaciones y diferencias. También pueden aparecer transformaciones, innovaciones e imposiciones. Se trata de ritos de institución y no de paso, como afirmaba Pierre Bourdieu (1982) insistiendo en el acto de consagración y legitimación. Todos los caminos son posibles, así como sus desviaciones e interpretaciones. Si algunos sintieron que el patrimonio y la identidad se independizaban ante el surgimiento de una "multitud de hermeneutas singulares",18 se debió a que el patrimonio y la identidad dejaron de superponerse como un bloque. A nuestro entender, esa relación aún no desapareció del todo. La identidad solo se refugió en este nuevo espesor patrimonial, en todas esas pequeñas cosas intensamente compartidas, en las formas comunes de comportarse, reaccionar o ser afectados en forma individual por una situación. Estos matices no son ni leves, ni insignificantes. Describen un "estilo" que se convirtió en la manifestación esencial de la identidad.19 Nacido de esta individualización de las relaciones con el pasado, el PCI, a su vez, ha reforzado en cierto modo la estilización de las identidades.

---

[18]   D. Poulot, 2006, p. 189.

[19]   Para un análisis detallado de este punto, cf. M. Macé 2010.

En línea con el admirable trabajo de Pierre Sansot, Martin de la Soudière explora cómo los lugares pueden cristalizar la Historia. Como Sansot, Martin cuenta, interpreta o simplemente, escribe. Es así como el Mont-Mouchet, un lugar significativo del sacrificio de la resistencia durante la Segunda Guerra Mundial, pero también el territorio de la bestia de Gévaudan, se convierte en un lugar patético en el que se puede reconocer una comunidad de personas "afectadas". A diferencia de estos creyentes, los otros permanecen fríos, perdidos en el lugar, plantados frente al monumento. No conectan con la emoción y la relación con el pasado. Solo sienten el inmenso "peso de lo negativo" (E. de Martino) los que se consideran parte de esa comunidad. De una manera completamente diferente y sobre un tema totalmente distinto, Jean-Marc Olivier aborda la cuestión del apego al estilo, que se recrea y perpetúa, y que nos hace explorar los límites del "estilo" en tanto recurso identitario. Nos explica por ejemplo cómo aprendemos a conducir. Hay poca o ninguna reivindicación de identidad en la elección de un vehículo equipado con una caja de cambios automática o manual. Pero los cambios en la tecnología automovilística, y a su vez en la conducción, han impulsado un sentimiento de fragilidad, de desaparición inminente en los especialistas del "saber conducir", en los instructores de manejo. Como respuesta a ese sentir, estos instructores, muy heterogéneos, como lo muestra J.-M. Olivier, encuentran recursos para constituir un "estilo de manejo", desembocando en una mayor unidad.

El "estilo" ilustra también las problemáticas esenciales de continuidad y ruptura en la campaña electoral de un político. Basándose en varias encuestas realizadas en Lozère y Hérault, Yves Pourcher establece perfectamente la forma en que un candidato juega con su fisionomía. Los votantes realizan una "lectura" de los contactos, los roces y, sobre todo, los apretones de manos, gestos que establecen diferencias de opinión, complicidad u oposición, comparaciones con las inflexiones de comportamiento de otros contendientes o predecesores. Pero buscan también la marca de un linaje y la sensibilidad comunitaria o grupal. ¿Cómo aprender a transmitir las formas de abrazar y trabajar con las manos, si no es mediante una larga y continua frecuentación del "maestro" en el ámbito familiar o partidista? Paradójicamente, esta impregnación también ofrece la oportunidad de manifestar su propia singularidad (el estilo personal), preservando al mismo tiempo lo que da continuidad (el estilo familiar o colectivo). Esta articulación tan delicada nos parece característica de los elementos del Patrimonio Cultural Inmaterial basado en esa transmisión hereditaria y colectiva. Esto es lo que señalan Cyril Isnart y José R. Dos Santos en la transmisión del canto tradicional (el *cante alentejano*) de una región de Portugal. Los que participan en los cursos de canto, y en los grupos corales tradicionales en general, son conscientes de la situación de transmisión "artificial" de la enseñanza del *mestre,* que los aleja de los "cantos espontáneos" de los campesinos. Esta distancia, que se busca reducir constantemente para acercarse a un repertorio auténtico, sin embargo, abre una brecha que habilita diferentes formas de interpretar el *cante alentejano.* Y es en esas pequeñas desviaciones, esas diferentes formas de cantar, que el *mestre* encarna, en donde se cristalizan las diferencias culturales. Ponen al canto bajo tensión y permiten al mismo tiempo constituirse como un recurso de identidad colectiva.

De esta manera el PCI, asistido por el estilo, logra que lo singular e individual resistan a los procesos de estandarización cultural a los que normalmente conducen los mandatos patrimoniales. El PCI permite dar cuenta de esta resistencia insistiendo en las subjetividades, los afectos, los individuos en situaciones en las que "hacen" el patrimonio. Al prestar mayor atención a los momentos de transmisión cultural, por donde pasa el patrimonio, nos vemos obligados a enfrentar la dimensión paradójica de los elementos patrimoniales. Cuanto más manifiestan un "sentido de identidad y continuidad", algo "propio", más su transmisión se considera difícil, si no imposible. "Lo que queda", lo incomunicable, ¿no es, al final, lo que determina el núcleo de un patrimonio cultural? El valor patrimonial de una práctica se mide en gran medida por su dificultad de acceso y cuán distantes de nosotros sentimos a aquellos que dominan su ejecución. El trabajo de Jeanne Teboul pone esta confrontación en perspectiva en el caso del ejército y su elemento cultural distintivo: la disciplina militar. Da cuenta del desfase entre un mundo con un patrimonio disciplinario escrito (reglamentos, manuales de instrucciones) y otro con un patrimonio disciplinario consuetudinario, que consiste en imitar las posturas durante las revistas o desfiles, reutilizar un vocabulario o incluso expresiones, adoptar reacciones similares en situaciones similares, todas señales de una impregnación y transmisión más informal. De más está decir que este contraste es particularmente sensible en las instituciones que se ocupan de la reproducción social y la transmisión de saberes e identidades. Lo podemos ver en el trabajo de los IUFM (Instituto Universitario Formador de Maestros), donde se realizan esfuerzos para transmitir el "saber transmitir" y donde se "forman formadores". Tanto en el primer nivel ("transmitir") como en el segundo ("transmitir el transmitir"), no podemos evitar observar que hay algo de inaprensible, el "don" de la enseñanza, como escribe Hervé Terral. Y seguramente no sea casualidad que en esas instituciones educativas se recurra más al léxico del "don", de las "disposiciones" y de lo intransmisible. Se trata probablemente de una forma de racionalizar los fracasos de la enseñanza, o al menos de explicar la inmensa variabilidad de los resultados de la formación. Jérôme Lamy examina esos discursos sobre la "transmisión imposible" en el caso del aprendizaje de la astronomía del siglo XVIII y XIX. Analiza la correspondencia entre un profesor y su alumno imaginario para reflexionar sobre lo que no se puede escribir, o incluso decir en un curso, y que sin embargo constituye el foco de la práctica astronómica. Es lo que se menciona como la dimensión física de la observación.

La preocupación por la incomunicabilidad del patrimonio permite también identificar por lógica inversa a los herederos, a los continuadores, a los discípulos, "los que pertenecen", para quienes el patrimonio no pudo "resistir" lo suficiente y pudo ser objeto de una transmisión y un intercambio. Estas cuestiones del legado se ejemplifican en el interés por el patrimonio de varias instituciones científicas como el INRA (Instituto Nacional para la Investigación Agronómica) o grandes administraciones o empresas como los ministerios de Defensa y Finanzas, la SNCF (Sociedad Nacional de Ferrocarriles Franceses), Air France, etc. Dentro de estas instituciones, las transformaciones rápidas en el conocimiento y en cómo se transmite acentúan la sensación de que podrían desaparecer técnicas y saberes, y dan a pensar que es necesario asegurar su conservación compartiendo las experiencias y vivencias. La impresión cada vez más extendida y característica de nuestra época de que "la historia nos pisa los talones", como dice M. Augé, es cada vez más palpable.[20] El miedo a perder, la sensación de que las páginas se van pasando, impone la urgencia de recopilar. Entonces, grabamos, filmamos y publicamos.

Esto no es en vano, si nos ubicamos en el contexto actual que exitosamente asocia tradición con modernidad. Dicha asociación no logrará el rango de valor general o heurístico que le fue discutido hace ya mucho tiempo,[21] pero simplemente logra, desde el punto de vista de sus actores, conservar o recuperar un valor descriptivo. Más precisamente, permite poner en palabras el paso del tiempo, las diferencias individuales en relación con el pasado. Manifiesta el sentimiento difuso de las continuidades y rupturas dentro de un grupo, da cuenta de la "no simultaneidad de los contemporáneos" evidenciada por la historiografía alemana, de S. Kracauer hasta R. Koselleck. Ahora bien, estos usos "sensibles" del binomio tradición/modernidad están siempre amenazados, en primer lugar, por "expertos" y científicos profesionales, y por generalizaciones abusivas y asociaciones cuestionables. Ellen Hertz lo deja bien en claro al proponer examinar la categoría de PCI a través de la lente del género. Basándose en tres gastronomías "elevadas" de la Lista Representativa del PCI (la cocina

---

[20] M. Augé, 1992, p. 38.

[21] Para profundizar este tema, cf. G. Lenclud 1987.

mexicana, la gastronomía francesa y la dieta mediterránea), demuestra que el interés por el género (la división de género en el trabajo culinario, en el servicio, la transmisión de recetas, etc.) varía en proporción inversa al supuesto nivel de "modernidad" de las comunidades. Así, mientras que los "modernos" (los franceses) no están atentos a la cuestión del género, los "tradicionales" (los mexicanos) insistieron sobre esta cuestión en la presentación de este elemento patrimonial. Si bien el PCI brindó la oportunidad de buscar o reflexionar sobre la igualdad de género en el patrimonio, esa preocupación se dio de manera muy desigual y solo fue más evidente dentro de las comunidades "tradicionales".

Para medir el campo de fuerza que constituye el marco del PCI, la gastronomía resulta ser un observatorio privilegiado. Podemos ver a través de ella cómo los Estados, las comunidades y los individuos interpretan el Patrimonio Cultural Inmaterial. Revela intenciones, caracteriza actitudes. Revela la génesis y las raíces del legado. Jean-Pierre Poulain reconstruye aquí algunas de las etapas que conformaban el legado culinario antes del PCI. Muestra los caminos recorridos por las cocinas marcadas con el sello de las tradiciones locales que, a menudo por orden externo (un gran cocinero, por ejemplo) se elevan al rango de "gastronomía regional" y, por lo tanto, se fosilizan conservando las costumbres de la mesa y los usos propios de una región. Como reacción a este patrimonio culinario "a la antigua", hemos visto en las últimas décadas una voluntad por parte de los actores locales, pero también por parte de los grandes chefs, de combinar la inventiva con la preocupación por el legado gastronómico.

Esta fluidez del binomio tradición/modernidad puesta bajo la mirada del patrimonio alcanza casi un grado específico en el caso de personajes excepcionales que buscan ser pioneros. Es el caso de Le Corbusier, cuya compleja relación con el patrimonio es descrita aquí por uno de sus mejores especialistas, Jan Birksted. El arquitecto de la *Cité radieuse* ilustra en el más alto nivel el proceso de "individualización de las referencias" que M. Augé vio generalizarse en nuestra "supermodernidad", a partir de los años 1970.[22] Le Corbusier reflexiona sobre su pasado. Hace una selección que obedece a principios específicos. Como pionero autoproclamado, Le Corbusier excluye naturalmente a los "ancestros" cercanos. Se niega a ser parte de un linaje cuyos antepasados aún podrían ser capturados y cuyo dominio sería irresistible. Por el contrario, compone un pasado que ya no tiene ningún asidero en el presente. Sus "maestros" son los arquitectos del Antiguo Egipto y la Antigua Grecia. Heredero lejano, no aparece ni como el "hijo" sujeto a las leyes de la reproducción familiar, ni como el "último" sobre el

---

[22] M. Augé, 1992.

que recaería la presión de encarnar algún colectivo. ¿Qué tiene entonces para enseñarnos sobre el "sentido de identidad y continuidad" que es la base del PCI? Le Corbusier es un hombre de rupturas, no porque rechace la tradición o rechace todos los legados de lleno, sino porque, una vez que los seres queridos han sido evacuados, apela a todos los legados y tradiciones. A las influencias griegas y egipcias, añade referencias al catarismo, a la masonería, al compañerismo y a una amplia gama de tradiciones pictóricas y estéticas. Está "fuera de línea" porque anudó hilos dispersos en una trama inédita y produjo esta obra singular y paradójica de un patrimonio propio. Amasando, revolviendo, cortando y conectando, se impone en su soledad.

Aunque represente un caso excepcional, Le Corbusier permite abordar fenómenos más generales (la subjetividad, la afectividad), para entender a través de la transmisión que lo esencial del patrimonio, desde el punto de vista de los actores, se sitúa en su parte inexpugnable. ¿Pero esto no significa entonces que el patrimonio del PCI pierde por siempre su libertad, como el arte según Gide? Al mismo tiempo que parece también promover un repliegue sobre sí mismo, ¿el patrimonio no alcanza tal plasticidad, tal fluidez, que termina por disolverse pura y simplemente y pasa a designar todo lo que relaciona al sujeto con una comunidad, ya sea real o imaginaria, pasada o presente, diminuta o vastísima? ¿El patrimonio no es hoy el nombre de ese simple vínculo? Al cavar demasiado profundo, habríamos derrumbado el edificio.

La pregunta habilita a que nos replanteemos esa relación adecuadamente. Se volverá a ella en varias ocasiones a continuación en los textos sobre el patrimonio y los afectos. ¿Ellos no son también "inexpugnables"? El patrimonio actual, no solo el PCI sino toda nuestra relación con el pasado, ¿no es lo que constituye un *sujeto* y lo que no se le puede quitar, como las emociones? Las nuevas subjetividades son íntimas, emocionales, y ya no sociológicas o jurídicas, como lo sugiere M. Gauchet en un texto reciente.[23] La paradoja del patrimonio (transmisible e inexpugnable) es la del sujeto afectivo inmerso en lo colectivo: "La intensidad del pedido de reconocimiento que se le dirige solo se equipara con el vigor del rechazo de sus obligaciones".[24]

Pero M. Gauchet también nos recuerda que el sujeto emocional no es un sujeto solitario. Busca compartir sus emociones con las comunidades lábiles, aunque eso signifique "dispersarlas en principados de afinidad". Del mismo modo, el sujeto patrimonial, bajo la tentación o el riesgo de aislarse motivado por la idea de un patrimonio para sí mismo, busca compartir a

---

²³ M. Gauchet ,2010.

²⁴ *Ibid.*, p. 75.

través de sus emociones. El compartir, como modalidad horizontal, inmediata y poderosa de transmisión parece caracterizar el patrimonio en la actualidad. Así, el patrimonio se carga de emociones.[25] A cambio, los sujetos afectivos toman del mundo del patrimonio algunas de sus formas o recursos para reforzar intercambios, un signo más de esta estrecha proximidad. Lleguemos al final de la demostración. En 2006, tras su separación, una pareja croata decidió fundar en Zagreb un "Museo de las relaciones rotas" para reunir los objetos que no se decidían a compartir o que representaban demasiado de su vida pasada en común. Convocaron a todos los interesados a que depositaran recuerdos de alguna relación terminada. El éxito fue tal que sus fundadores ya no pueden aceptar todos los objetos que se les envían, desde cartas de amor hasta vestidos de novia, zapatos, bolígrafos, ropa interior, joyas y fotografías. El museo, que organiza exposiciones itinerantes de sus colecciones en todo el mundo, fue nominado para el Premio del Museo Europeo 2011.

No cabe duda de que el patrimonio encontrará en adelante lo esencial de su expresión y de sus usos en el colectivo afectivo, el de los lugares o medios de cristalización e identificación de sujetos en búsqueda de comunión. Dándole lugar a las identidades y a las emociones, proponiendo compartir en lugar de transmitir, al volver sensible lo invisible o el aura de un sentimiento o una experiencia, ¿el patrimonio en los nuevos sujetos no se asemeja al servicio de los *sacra* medievales que manifestaban por sí mismos la presencia de lo divino? Ahora, lo colectivo reemplazó a lo divino, incurriendo en una transferencia de costos que aún debe ser evaluada en todos los campos de la vida social.[26] Pero la finalidad sigue siendo casi la misma, ofrecer a cada uno una respuesta a una pregunta esencial: "¿Estoy solo?"

Bibliografía

AUBERT, Nicole y Claudine HAROCHE (dir.). 2011. *Les tyrannies de la visibilité. Être visible pour exister ?* Ramonville: Erès.

AUGÉ, Marc. 1992. *Non-lieux. Introduction à une anthropologie de la surmodernité.* París: Payot.

---

[25]   En París, el LAHIC (Laboratorio de Antropología e Historia de la Institución de la Cultura) organiza hace varios años seminarios sobre las "emociones patrimoniales".

[26]   Las investigaciones sobre las formas, medios e implicancias de la "transferencia de sacralidad" se multiplicaron luego de los análisis pioneros de M. Ozouf (1989 [1976]) sobre la fiesta revolucionaria. Por último, y con otra perspectiva, cf. M. Gauchet 2007a y b.

Nicolas Adell e Yves Pourcher

BARBE, Noël y Jean-Louis TORNATORE (dir.). 2006. *Les formats d'une cause patrimoniale. Agir pour le château de Lunéville*. París: Rapport pour la Mission Ethnologie du Ministère de la Culture et de la Communication.

BENJAMIN, Walter. 1989. *Paris, capitale du XIX e siècle*. París: Cerf.

BOURDIEU, Pierre. 1982. *Ce que parler veut dire*. París: Fayard.

BROWN, Michael J. 2005. "Heritage Trouble. Recent Work on the Protection of Intangible Cultural Property". *International Journal of Cultural Property*, n.° 12 : 40-61.

CHOAY, Françoise. 1992. *L'allégorie du patrimoine*. París: Le Seuil.

DERRIDA, Jacques 1993. *Spectres de Marx*. París: Galilée.

DETIENNE, Marcel y Jean-Pierre VERNANT. 1974. *Les ruses de l'intelligence. La métis des Grecs*. París: Flammarion.

FABRE, Daniel. 1998. " Conclusion de la journée du 7 janvier ". En Jacques LEGOFF (dir.), *Patrimoine et passions identitaires*, 285-296. París: Fayard / Editions du Patrimoine.

______.(dir.). 2000. *Domestiquer l'histoire. Ethnologie des monuments historiques*. París: Editions de la Maison des sciences de l'homme.

______. (dir.). 2010. *Les monuments sont habités*. París: Editions de la Maison des sciences de l'homme.

FUKUYAMA, Francis. 1992. *La Fin de l'Histoire et le Dernier Homme*. París: Flammarion.

GAUCHET, Marcel. 2007a. *L'Avènement de la démocratie. I : La Révolution moderne*. París: Gallimard.

______. 2007b. *L'Avènement de la démocratie. II : La crise du libéralisme*. París: Gallimard.

______. 2010. " Trois figures de l'individu ". *Le Débat*, n°160, 72-78.

GEERTZ, CLIFFORD. 1998. " La description dense " traduction A. Mary. *Enquête*, n.° 6, 73-105.

GUILLAUME, Marc. 1980. *La politique du patrimoine*. París: Galilée.

HARTOG, François. 2003. *Régimes d'historicité. Présentisme et expériences du temps*. París: Le Seuil.

HEINICH, Nathalie. 2009. *La fabrique du patrimoine : De la cathédrale à la petite cuillère*. París: Editions de la Maison des sciences de l'homme.

HERTZFELD, Michael. 1991. *A Place in History: Monumental and Social Time in a Cretan Town*. Princeton: Princeton University Press.

______.2009. *Evicted from Eternity: The Restructuring of Modern Rome*. Chicago: University of Chicago Press.

INGOLD, Tim. 2001. "From the Transmission of Representations to the Education of Attention". En Harvey w HiteHouse (dir.), *The Debated Mind: Evolutionary Psychology versus Ethnography*, 113-153. Oxford: Berg.

JEUDY, Henri-Pierre (dir.). 1990. *Patrimoines en folie*. París: Editions de la Maison des sciences de l'homme.

______.2008. *La Machine patrimoniale*. París: Circé.

LEGRAIN, Laurent. 2010. " Transmettre l'amour du chant ? Cris, éloquence et complaintes dans une famille ordinaire de Mongolie rurale " *Terrain*, n°55, 54-71.

LENCLUD, Gérard. 1987. " La tradition n'est plus ce qu'elle était… Sur les notions de tradition et société traditionnelle en ethnologie ". *Terrain*, n.° 9, 10-123.

MACÉ, Marielle (dir.). 2010. *Du style !* Edición temática de la revista *Critique*, n.° 752-753.

OZOUF, Mona. 1989 [1976]. *La fête révolutionnaire, 1789-1799*. París: Gallimard.

POULOT, Dominique. 2006. *Une histoire du patrimoine en Occident*. París: PUF.

RYLE, Gilbert. 1971. *Collected Papers*. Londres: Hutchinson.

SCHWINT, Didier. 2002. *Le savoir artisan. L'efficacité de la mètis*. París: L'Harmattan.

SLOTERDIJK, Peter. 2005 [2003]. *Sphère III. Ecumes*. París: Hachette " Pluriel ".

SOULET, Jean-François. 2009. *L'histoire immédiate. Historiographie, sources et méthodes*. París: Armand Colin.

TAYLOR, Charles. 2008. *Le malaise de la modernité*. París: Cerf.

TORNATORE, Jean-Louis. 2010. " L'esprit de patrimoine ". *Terrain*, n° 55, 06-127.

UPTON, Dell. 2001. " Authentic Anxieties ". En Nezar A LsAyyAd (dir.), *Consuming Tradition, Manufacturing Heritage. Global Norms and Urban Forms in the Age of Tourism*, 298-306. Londres: Routledge.

PRIMERA PARTE
Polifonías

El destino de los patrimonios

Henri-Pierre Jeudy

¡Qué sorpresa al ver este año una mujer de carne y hueso lavando ropa de verdad en un lavadero decorado con maniquíes! Ahí estaba, rodeada por dos muñecos embalsamados vestidos a la antigua, simbolizando la transmisión patrimonial de un oficio dado por perdido. Es cada vez más frecuente invitar a pueblerinos a que vivan en decorados de teatro, aquel que construyeron para su propia supervivencia. Para evitar el miedo de la petrificación que produce la patrimonialización, se repite sin cesar a los participantes que la memoria está viva, la conservación es evolutiva y que para preservar lo que podría desaparecer, es necesario anticiparse al futuro... En primer lugar, se les pide compartir explícitamente qué sentimientos colectivos les suscita ver el pasado en imágenes. ¿Para qué hablar de defender las identidades regionales que solo acentuarían las diferencias entre regiones? El discurso que promueve las relaciones entre patrimonio e identidad solo desencadena un proceso de legitimación institucional que le da sentido a la angustia por la desaparición de las herencias. Lo que realmente está en juego socialmente en la conservación patrimonial es cómo resistir sentimentalmente al deterioro, al abandono, a la decrepitud, a las fisuras que agrietan las paredes. Más allá de su organización institucional, ¿el patrimonio no es simplemente una cuestión sentimental?

Las personas que abren sus puertas para permitir que se visiten lugares habitualmente cerrados al público o incluso secretos, procuran compartir una atmósfera de intimidad fundada, al parecer, en el respeto al pasado.

Ahora bien, no tienen ninguna intención de vivir como antaño. Solo toman del pasado su aura arquitectónica, la de los objetos, incluso la de los jardines: todo lo que al parecer "tiene alma". Los edificios modernos son estigmatizados como símbolos de un modernismo que no tiene ese "calor humano". Este sentimentalismo social no sale a la luz porque revela un rechazo algo reaccionario respecto de las metamorfosis de la época presente. En cierto modo es incluso inconfesable, y solo se reconoce ostensiblemente durante las jornadas del patrimonio, en las cuales este sentimiento parece unirnos en una misma comunidad. Todo puede entonces ser exhibido a la mirada ajena: todo lo que con pasión fue sometido a la protección, restauración, mantenimiento casi obsesivo de las huellas del decorado de tiempos antiguos. Es la demostración pública, conmovedora, de los vínculos sentimentales con el pasado, que podemos representarnos en el presente gracias a la potencia metafórica de los lugares y objetos. Pero esta actualización del decorado pasado puede bastarse a sí mismo. ¿Se debe a una necesidad de vivir la cotidianidad de nuestra época actual dentro de un marco anacrónico?

Los lugares abandonados, los baldíos, las iglesias y molinos degradados parecen ser menos atractivos porque representan la impotencia de la conservación patrimonial. La restauración empedernida se presenta como una victoria frente al declive del campo o los barrios urbanos. Todo lo que evoca la ruina aparece como un fracaso de la comunidad para producir una bella imagen pública del patrimonio. Sin embargo, son más bien los vestigios y no los sitios reconstituidos los que provocan esa extraña nostalgia que interpela la memoria. Al contrario, el tabú contemporáneo respecto de la ruina se funda sobre la clara voluntad de subordinar el "deber de la memoria" a la ostentación patrimonial. Los escombros, los rastros de deterioro, son vistos como señales de dejadez del territorio, a tal punto que el trabajo de preservación se vuelve profiláctico. Cuando se restauran fábricas abandonadas se transforman normalmente en centros culturales para exhibir arte contemporáneo. Es una forma de demostrar que la patrimonialización no solo es retrospectiva: también permite multiplicar los nuevos escenarios destinados a las aventuras artísticas de anticipación. Los edificios en ruinas pueden servir como decorado, pero para eso tampoco deben realmente parecer "ruinas", deben funcionar como decorado. Los vestigios abandonados entre los yuyos están condenados a desaparecer, como cementerios olvidados de nuestras memorias perdidas.

El sentimentalismo patrimonial

¿Por qué razón aquello que no fue objeto de preservación patrimonial no tendría "alma"? Las prácticas de la conservación terminan por engendrar efectos de similitud. "Volver a hacerlo igual" resulta lógicamente en algo similar, pero esa autenticidad original no garantiza que tenga "un alma". Las viviendas recicladas, los viejos objetos desoxidados, los vergeles medievales recreados, las estatuas blanquecidas en las plazas de los pueblos… Todo esto delinea un paisaje rural pensado como un catálogo de identidades regionales para las vacaciones de verano. Y lo único incongruente son las ruinas desconocidas, las que no se transformaron en punto turístico visitado por su historia. ¿Qué provincia elegiría hoy mostrar en sus afiches institucionales un paisaje que no represente los frutos de su restauración patrimonial? La estética del abandono no está de moda. La perfección del decorado sirve para sugerir que todos sus habitantes están vivos y dedican su energía y dinero a cuidar lo que fueron acumulando.

El sentimentalismo patrimonial conlleva un consenso político basado en una representación pública, perenne, de la cohesión de la sociedad. Lo estimulante de ese sentimentalismo hace pensar que hacemos todos lo mismo y contentos de hacerlo. Esta iniciativa pacificadora es por lo tanto ineludible: pone a la angustia por la desaparición por encima de toda expresión de conflicto. ¡Un sentimentalismo imposible de criticar! Sería visto como un ataque al amor que debemos tenerle a todo lo que tiene un alma. Estamos efectivamente hablando de un culto. Este culto se legitima en muchos pueblos por la multiplicación de sitios protegidos con la regla perimetral alrededor de sus edificios e inscriptos en el Registro de Monumentos Históricos, dándoles la posibilidad de renovar permanentemente su territorio. Esta puesta en escena de la conservación se transformó en la base misma del consenso político, su único valor: respetar el pasado, formalizado a través de una monotonía patrimonial en aumento. Se trata probablemente del sentir común de poder preservarse a uno mismo, ante un mundo cuyo futuro incierto es aplacado por la garantía de lo que conseguimos y no queremos perder.

En una época en la que todos los cuidados se destinan a la conservación del patrimonio, la preocupación por su degradación o desaparición puede surgir por la invasión de masas de turistas a sitios naturales o históricos. ¡Qué paradójico! El objetivo democrático más común de las políticas culturales es justamente el acceso a la cultura para todos y por lo tanto el objetivo, más mercantil, de lograr cierta rentabilidad de los sitios y monumentos. La afluencia de turistas es la demostración de que un sitio o un edificio patrimonial se consagró, que su restauración fue exitosa. Pero al mismo tiempo, los turistas pueden volverse la causa de alguna calamidad en la preservación debido a su comportamiento y sobre todo a su cantidad en aumento. Hace largo rato que las ruinas de Pompeya están en peligro por los destrozos que generan los visitantes. Se tomaron medidas de protección. Las grutas de Lascaux ya fueron reconstruidas "idénticamente" para salvar el modelo original de un riesgo ineluctable, pero manteniéndolo como certificado de garantía de la autenticidad del sitio. Otras copias podrían realizarse, incluso fuera de la provincia de Dordogne. Y hace un tiempo se informó que incluso el Mont Blanc corría el riesgo de dañarse por la afluencia de caminantes durante el verano. Un intendente de la región declaró que el Mont Blanc era un sitio solo para aquellos que lo merecían y que no debería ser de tan fácil acceso. Esa podría ser la divisa del futuro: el patrimonio se merece, no se debe poder acceder a él sin mostrar algún "certificado".

Pero los turistas prefieren las emociones que despierta el Mont Blanc o el Palacio de Versalles antes que las sensaciones sutiles y variadas de los paisajes vegetales y baldíos industriales de las distintas regiones de Francia. Al ser imposible multiplicar las copias de todos los sitios más famosos si se quiere cumplir con los imperativos de una conservación óptima, ¿será necesario llegar al punto de elegir qué turistas los visitan? ¿Sería entonces deseable "moralizar" la relación social con el patrimonio, desarrollando una ecología de su uso? Es difícil imaginar que podamos recurrir a valores morales para proteger los edificios patrimoniales de la masa de turistas sin reinstaurar cierta "sacralidad". Desde hace algunas décadas, la polivalencia de sus usos se debe a una desacralización, necesaria para demostrar que toda construcción, civil o religiosa, es digna de consagrarse patrimonialmente. Las iglesias pueden volverse salones de baile o salones de exposición. Y las municipalidades muchas veces no saben bien qué hacer con ellas. Un intendente propuso incluso demoler un templo porque mantenerlo le salía demasiado caro a la comunidad. Ya sean grandes monumentos que atraen multitudes de visitantes o edificios restaurados sin una finalidad determinada, el mismo efecto de banalización cultural se perpetúa al acumular los bienes patrimoniales, cuya función primigenia ya no puede mantenerse por el solo hecho de respetar su autenticidad histórica.

Cabe preguntarse entonces si la predisposición mental que supone una patrimonialización sistemática no está en realidad produciendo nuevas ruinas: las de edificios restaurados que nunca servirán porque ya hay demasiados. ¿Estaremos ante un retorno a las ruinas, fruto de los excesos de la conservación patrimonial? A todo esto, se agrega también el desarrollo de una estética del abandono que reflejan las viviendas efímeras, como las casas en cartón de las personas en situación de calle, que llegaron a ser parte de una exposición pública. Recordemos que, en el verano del 2000, un artista invitó a un grupo de *homeless* a instalarse en la explanada de la catedral de Notre-Dame para emular un pueblo nómada. Por unas semanas, se volvieron artesanos de la vida social en situación poscatastrófica, y compartieron los métodos de supervivencia indispensables en caso de que un desastre se produzca. Del Arco del Triunfo a la casa en cartón de un *homeless*, todo puede considerarse entonces como objeto patrimonial. Es la *fiesta del voyerismo cultural*. El hecho de que "todo pueda considerarse patrimonio" condiciona nuestra mirada, perdemos esa sensación de que las cosas también nos miran. La equivalencia general de los modos de percepción de lo patrimonial –lo que podríamos llamar "la mentalidad patrimonial"– acaba por excluir la eventualidad de encontrarse con alguna mínima incongruencia que nos llamaría la atención y, sobre todo, nos enojaría.

Aunque podamos convencernos de que no estamos "en modo turista" al compartir lo nuestro, no son más que los efectos lógicos de una institucionalización de los sentidos, para acostumbrarnos y convencernos de la racionalidad convencional de nuestros gustos. Solo expresamos divergencias de percepción, rechazos o elogios como puntos de vista que deberían diferenciarnos. Pero en la era del exhibicionismo cultural basado en el principio de la sobreexposición, ¿cómo nuestra mirada aún puede percibir la singularidad de lo que ve? Las cosas ya no nos miran, aprendemos a verlas como espejos de nosotros mismos para que ya no sean más que objetos culturales. Todo lo que se presenta como cultura está destinado entonces a ser presentado ante la mirada pública para satisfacer el disfrute de una organización especulativa a la cual nada debería escaparle. Así sucede la captura de nuestra mirada.

Detenerse en el tiempo

El patrimonio siempre fue la desfiguración del sueño. Al seguir reglas para clasificarlo, la condensación de sus rastros pierde su fuerza de extrañeza. Esa alteridad que nos fascina, que nos inquieta, como cuando un sueño acaba de despertarnos: el patrimonio intenta serle una triste copia brindando el testimonio de un pasado recauchutado. Si al soñar somos capaces de vislumbrar nuestro destino gracias a una sorprendente colisión temporal, el patrimonio también podría hacernos creer que la historia es en definitiva la narración de un deseo perdido, robado a la memoria. Por suerte, la memoria tiene una invariable tendencia a la catástrofe, ama sus propias brechas, venera sus confusiones. Si la memoria se adecuara al orden patrimonial ya no tendría la libertad de engañarlo, estaría sometida a su única voluntad de restitución. Su inmaterialidad le da una ventaja: es capaz de no revelar sus trampas al tomar al olvido como cómplice.

El deber de la memoria le dio una fuerza patética al gran decorado de los santuarios de restauración del pasado. Se subvirtió el orden de la transmisión a fuerza de ataques de mala conciencia e irrupciones de falsa culpabilidad. No fue necesario recurrir a la metafísica, aún menos a la religión, para que la apoteosis de la redención corone las ruinas del pasado, desde que estas se yerguen por todos lados. ¡Los sitios conservados y las memorias rehabilitadas tienen que estar impecables! Memorias limpias como espejos de monumentos pulidos. La transparencia de la conmemoración inflexible solo puede ser fructífera si permite que descansen las conciencias a través de la imagen tranquilizadora de un mundo que ya nada tiene para reprocharse. En el marco de este gran frente en favor de rehabilitar los olvidados de la historia y en contra de la impunidad de los tiranos, también estaba de regreso la militancia política, un valor cívico que luego del derrumbe de las ideologías y la recomposición del paisaje ético se encontraba marchito. A lo mejor fue elogiable torturar la buena conciencia de la historia, revelar públicamente todos los crímenes impunes, pero ese rememorar también detuvo definitivamente el tiempo. El presente muere si solo la actualización perpetua del pasado incita a reescribir sin cesar la historia.

Ya que en definitiva la historia terminó, alcanza con revisitarla para que esas rehabilitaciones se multipliquen y estar así convencidos de que tiene sentido, justamente ese sentido que nos fue confiscado. Y ese goce de lo retrospectivo ocurre en el seno de un decorado patrimonial cada vez más cuidado, cuya restauración inmaculada aleja cualquier fantasma de una catástrofe o el miedo tenaz de la desaparición. El patrimonio es como un pueblo florecido en verano, una imagen reconfortante ante cualquier amenaza de desastre. Para que haya garantías de una felicidad inquebrantable, la magnificencia artificial de las paredes blancas y las rotondas decoradas deben revelar cuán lejos están los tiempos trágicos.

El pueblo de Soulaines d'Huys, en el departamento de Aube, fue objeto de una restauración patrimonial de lo más cuidada desde que su territorio aloja uno de los más grandes depósitos de desechos nucleares. El dinero otorgado a la municipalidad por haber tomado un riesgo tan grande se destinó en su mayoría a que ese pueblo se volviese un verdadero modelo de exhibición patrimonial. Con innumerables flores colocadas en vasijas de barro o en pequeños bebederos de roble, luminarias antiguas con placas indicando el nombre de las calles en letras doradas y carteles brindando información relevante, este decorado teatral propone una mirada inesperada de la historia reconstruida de un pueblo que no estaba destinado a vivir esta teatralización de su recomposición. Se impone poco a poco la sensación de caminar por un pueblo reconstruido luego de una terrible catástrofe. A pocos kilómetros, es posible visitar el depósito de desechos nucleares. La transparencia posarqueológica impone que los desechos peligrosos de las sociedades modernas no estén ocultos al público. Esta sobreprotección patrimonial parece indicar que, si no existe un riesgo cero y ocurre algún desastre terrible, siempre se podrá volver a vivir "como antes". Se petrificó el pueblo para que perdure la imagen inmutable de su autenticidad. Da igual si la catástrofe ya se produjo o si llegará algún día, ya que se ofrece una figura idealizada de la supervivencia a los habitantes y turistas, gracias al perfecto *trompe-l'œil* de la conservación patrimonial. El slogan promocional de la municipalidad podría ser: "el patrimonio será el gran vencedor de la catástrofe". Conjurar la angustia de un futuro demasiado incierto se volvió la finalidad esencial de la prospección patrimonial. Sin embargo, la tranquilidad mortífera que nos invade al caminar por este pueblo hace pensar que el goce al admirar una conservación tan ejemplar no siempre tiene un efecto terapéutico. Y a la noche, cuando camiones y hombres de blanco traen los desechos nucleares, comienza una vez más el teatro ficticio de una realidad oculta, en las tinieblas. Y lo que el futuro nos reserva ya se encuentra ahí, almacenado.

¿En qué momento el goce colectivo de *detener el tiempo* se volvió la expresión más común de la conservación patrimonial? ¿Debemos pensar que el patrimonio conjura realmente el miedo de alguna catástrofe? Estas escenografías locales hacen que *revisitar la historia* se vuelva una actividad turística reconfortante. Posibilita el *viaje retrospectivo* que demuestra que lo que fue no solo es muy interesante, sino que también es testigo de nuestros presuntos temores del futuro. Al parecer, la gestión de la memoria colectiva es artífice de esta restitución a veces gélida del pasado, en tanto modelo de una representación futurista de la posteridad. En las antípodas de una apología del progreso, asistimos a la confirmación ostensible de una desconfianza inconfesable respecto de lo que las sociedades modernas son capaces de producir en el futuro, con cierto entusiasmo respecto de las atmósferas patrimoniales.

La transmisión retroactiva

Lo predominante es la escena retroactiva de la transmisión. Es más sencillo transmitir lo que ya fue transmitido. Al tomar lo que ocurrió en la historia como olvido u ocultamiento, la organización contemporánea de la transmisión impone una mentalidad procedimental, en vez de suscitar el atractivo tradicional por la arqueología. Reconstruir el sentido de la historia, a veces dudosa, sirve más que nada para legitimar la restitución patrimonial. La estrategia del orden actual de transmisión de volver sobre sí mismo le da el poder de caracterizar cómo debería ser el futuro sin tener que explicar el por qué. Su capacidad de anticipación no es de ninguna manera visionaria, solo le permite salir de su propia obsesión de *"ir hacia atrás"*, neutralizando el miedo al futuro a través de la exhibición de un pasado recompuesto que perdura. La pregunta insidiosa: "¿qué demonios deberíamos transmitir hoy?" podría dejarnos perplejos. ¿Cómo decidir en el presente sobre lo que quedará en los próximos siglos? Con el fin de hacer olvidar la ausencia de perspectiva a futuro, *la velocidad de patrimonialización invade la escena pública.* Ya nada escapa a la consagración patrimonial: los habitantes de los pueblos y pequeñas ciudades ejercen cada día su actividad patrimonial, cuidando exageradamente sus viviendas, plazas y callecitas. Se transmite una representación del tiempo presente con la imagen de un pasado vuelto magnificente por sobreabundancia. Toda creación contemporánea debe teñirse inmediatamente de los colores del pasado solemne. El marco patrimonial permite justamente integrar lo que fue construido hoy tal como si hubiese sido una obra emblemática del pasado. Automáticamente, todas las señales del futuro se vuelven idénticas, perdiendo así el vínculo sentimental que puede provocar la nostalgia.

Gestionar la transmisión de forma colectiva garantiza su propia finalidad ante cualquier percance. Es una forma de convencerse de que no habrá catástrofes. Pero no alcanza con un decorado: no solo se restauran los sitios visibles con esmero, también los rastros inmateriales, una vez acopiados, tienen un potencial increíble de pruebas para futuras operaciones de rememoración. Esos rastros ya de por sí memorables no corren ningún riesgo de desaparecer, pero su acumulación demuestra una lucha incesante contra el olvido. Ya sean visibles o virtuales, estas iniciativas de conservación no obstaculizan ni los territorios ni las memorias, y sorprendentemente terminan creando su propio efecto gravitatorio. Lo resguardado se encuentra tan disponible que transmitirlo se transforma en el certificado general de garantía del presente, sin lo cual este se volvería inmediatamente pasado. En contra de esta autosuficiencia, afirmar que el destino de la transmisión nos escapa pese al esmero por darle un sentido, parece casi inmoral ante el imperativo universal del "deber de memoria". Sin embargo, ninguna sociedad, por bien organizada que esté, puede pretender gestionar por anticipado lo que transmite.

Las herencias materializadas en monumentos, en obras de arte, en textos, propuestas como espejos de uno mismo, de la sociedad en la que vivimos, forjan el marco cotidiano de lo que existe, de lo que quedará. Todo el mundo se convence de que está presente en el mundo gracias a la reflexividad patrimonial. Si no sé para qué estoy en la Tierra, si el mundo me parece insensato, el decorado patrimonial que me refleja a mí mismo me otorga un sentido preeminente al tiempo que corre. El patrimonio poseería entonces la facultad de actualizarme, de hacerme presente en el mundo vienen cuanto me hundo en la desesperanza. No me transformo yo mismo en el objeto patrimonial (aunque esto podría ocurrir), sino que entro en el imperio de la conservación retrospectiva que anula la angustia de un futuro insensato. ¿La reflexividad no será una trampa del pensamiento? Supone que toda aventura mental empieza por captarse como espejo de uno mismo. Esto permite enarbolar un fundamento universal para todas las sociedades: las ideas que surgen, que podríamos tener, solo circularían a partir de su disponibilidad patrimonial. Esperan hasta tener la forma apta para el decorado de la sociedad que les sirve de espejo. De esta manera, la sociedad garantizaría su porvenir al no dejar nunca de reflejarse como espejo de sí misma. Esto es lo que nos imponen desde Hegel: ¡sin reflexividad, no hay salvación! Al ser el principio de autoconservación una fuente de goce infinita, será imposible apartarse de aquel sin correr el riesgo de hundirse en la irracionalidad. La reflexividad tiene la ventaja indiscutible de permitirnos creer en una construcción perpetua de sentido y de conservación. Cuando el futuro solo es el producto de una reflexión retro especulativa, conquistar una inteligibilidad futura solo parece ser posible a través de la perfección de un orden especulador que ofrece ese goce mórbido de la inmutabilidad.

Las concepciones actuales de conservación del patrimonio material y la inestabilidad de las memorias colectivas son antinómicas. Resguardar las memorias es posible gracias a la libertad de interpretación, a la pluralidad de sus modos de expresarse, a un cierto juego de identidades. Por eso podemos hablar de "teatros de la memoria", como si las escenas de reconstitución oral pudiesen engendrar sus propias peripecias en el presente. La memoria se vincula fundamentalmente con el imaginario, no siempre con una autenticidad originaria, y revela sin cesar sus propias posibilidades de actualización. Surge entonces un interrogante fundamental: ¿qué finalidad darle a esta colección de "patrimonios inmateriales"? ¿Preservar la autenticidad de una o varias tradiciones y así poder transmitirlas puede ser su única finalidad? ¿Un "nuevo trabajo" sobre los patrimonios inmateriales no supone acaso reflexionar sobre las prácticas contemporáneas de conservación? Con estas preguntas queremos decir que se volvió necesario tener en cuenta de qué manera las personas y las comunidades abordaron la conservación y la representación de sus memorias durante los últimos años. Según nuestro punto de vista, el enfoque etnográfico no puede por lo tanto estar separado de una reflexión epistemológica. El desafío es tomar como punto de partida los efectos de la reflexividad para entender cómo sobreviven las personas y las comunidades "museo".

El futuro de los patrimonios

¿Cómo pueden los arquitectos pensar el futuro de una ciudad? La leyenda cuenta que Lucio Costa, el famoso arquitecto brasileño, propuso su proyecto de Brasilia dibujando un avión en una hoja de papel… Es cierto que parece más fácil arrancar de la nada para levantar una ciudad. Imaginarse el futuro *ex nihilo* permite que uno no tenga que enfrentarse con lo que ya está. Y tampoco se puede comparar con la *tabula rasa* que permite pensar el futuro sobre las ruinas de un pasado aniquilado. Hoy en día, sabiendo la potencia que ejercen los patrimonios en la metamorfosis urbana, vemos que el imaginario de los arquitectos se mide más bien a través de una ficción del vacío, esencial para predecir lo posible. El proyecto del "Grand Paris", por ejemplo, mostró una tendencia a preservar "lo que ya estaba" lo mejor posible. Los arquitectos parecen esforzarse al máximo en querer destacar lo que ya estaba "optimizando lo existente". En este caso, adoptarían más bien una actitud negativa del vacío. Su objetivo no es impulsar lo que podría "hacer patrimonio" si no imaginar lo que su intervención aportaría al espacio urbano, desde sus potencialidades. Como nunca antes, la ejecución de una obra arquitectónica y urbanística debe representar una idea del futuro, de lo que podría ser "la ciudad del mañana". ¿Es posible entonces seguir confiando en la mente de un arquitecto, cuyas intenciones visionarias podrían generar temor, al estar en juego el destino de los habitantes de una ciudad? ¿Su singular capacidad de anticipación garantiza su impronta internacional?

La mirada que podamos tener sobre las grandes obras de una ciudad nos lleva a suponer que la reestructuración del espacio urbano es el resultado de una voluntad política. La obra en tanto concreción de un proyecto sería idealmente la demostración pública de pensar el futuro de una ciudad. Las representaciones del pasado y el futuro de una ciudad se ocultarían detrás de la febrilidad de las obras, como si "la espesura del tiempo" amenazara con ser un obstáculo para una nueva construcción, pese a que "en todas las ciudades sentimos los lugares por el tiempo concentrado en ellos" (Christian de Portzampac). Si el arquitecto toma en consideración la historia de un territorio o un edificio, solo lo hará preservando la idea de patrimonio en tanto representación común y reconfortante. Pero siempre deberá hablar de lo "vacío" o "sin forma" ya que ese "encantamiento conceptual" le permite simular un derrumbe posible de la dimensión patrimonial del lugar o edificio abordado. La mera presencia del patrimonio le otorga la estabilidad de los vínculos espaciales. Le sirve como referente temporal perdurable. Reconfigurar un territorio urbano es la única manera de poner en práctica la dimensión proyectual del patrimonio, necesaria para el reconocimiento público de las metamorfosis de una ciudad. ¿Cómo pueden los símbolos arquitectónicos contemporáneos combinarse con los restos edificantes de la conservación patrimonial? ¿El desafío estético es construir el patrimonio del mañana?

Las obras arquitectónicas más recientes de las ciudades europeas fueron creadas en respuesta al espíritu patrimonial que caracteriza nuestra época. Una obra futurista puede insertarse en el espacio urbano de los barrios históricos de una ciudad. En las grandes aglomeraciones, un arquitecto contemporáneo puede ocasionalmente lograr el efecto de centralidad al magnificar restos patrimoniales. Cuanto más triunfe la imagen de conservación de una ciudad, más se arriesgará a replegarse en la reflexividad patrimonial que conduce al atavismo. Y se llega así a la situación en la que una gran cantidad de ciudadanos exclaman con nostalgia al hablar del "París de antaño" en los barrios, al que ya no ven como lo recordaban. Esos mismos ciudadanos viven por lo tanto en una ceguera voluntaria, rechazando cualquier cambio, que toman enseguida como una ofensa violenta para sus costumbres perceptivas. Aunque el arquitecto "arregle" los vacíos y las fallas del espacio urbano, es él ante todo quien impone su visión a futuro de una ciudad. Su imaginario se enfrenta entonces a las representaciones habituales de los ciudadanos. Sin embargo, aunque París siga siendo un mito, también debemos tener en cuenta que conserva cierta elasticidad, una capacidad para absorber lo que podría modificar su composición. En su momento, el centro Pompidou fue un escándalo. Hoy, París sin Pompidou ya no sería París. Todas las obras de arquitectura contemporánea terminan siendo aceptadas por el público, aunque provoquen rechazos violentos. Lo mismo ocurre con las obras de arte in situ. Muchas personas estimaron que las columnas de Buren eran un sacrilegio, pero esas mismas personas se opondrían ahora a sacarlas del Palais Royal. Aunque haya habido innumerables críticas al museo del Quai Branly, construido por el arquitecto Jean Nouvel, esta obra ya se convirtió en uno de los más bellos símbolos del porvenir. El Grand París diseñado en el Forum des Halles muestra cómo los arquitectos deben imaginar las transformaciones del espacio urbano, "pensar la ciudad" del mañana, y no limitarse únicamente a construir nuevos edificios que sean símbolos del futuro.

Freud solía decir que si debía elegir una ciudad que represente el inconsciente, optaría por Roma. La superposición de rastros patrimoniales le da "espesor" al tiempo. Y a muchos arquitectos les gusta la metáfora originaria de la ruina ya que les permite construir la ficción de una arqueología urbana. El arquitecto Antoine Grumbach decía que la nueva ciudad que le gustaría construir sería "las ruinas de una ciudad que habría existido antes de la ciudad nueva". Serían las ruinas de una ciudad que nunca existió, los restos de una memoria que no tiene un lugar propio. ¿En qué se transforma la ciudad en tanto mito ante las transformaciones urbanas? El mito de París no solo se basa en la constelación de representaciones del pasado, también extrae su dinámica simbólica al poner la aglomeración parisina en una perspectiva de futuro. ¿El imaginario de los arquitectos hace una *mise en abyme* del mito, como si los rastros mnésicos colectivos e individuales pudiesen superponerse indefinidamente, al igual que las imágenes condensadas en un sueño? En el caso del Grand Paris, la búsqueda por borrar la separación de realidades morfológicas con las periferias produjo la eventualidad de un cambio verdadero en las representaciones colectivas de París. Las metamorfosis urbanas provocan el desarrollo de un policentrismo, yendo en contra del bastión simbólico del centro patrimonial. Cuando Jean Nouvel declara: "París, ciudad mítica, no debe dejarse desbordar por cuestiones urbanas sin resolver", da a entender que el mito de París debe contaminar con su *aura* a las miles de comunas de la aglomeración parisina. ¿La potencia mítica de una ciudad puede triunfar pese al riesgo de su encierro patrimonial?

Transmitir, verbo intransitivo
El camino hacia la patrimonialidad

Nicolas Adell

El nuevo lugar que ocupan los fenómenos de transmisión en la configuración patrimonial actual (véase la introducción) originan, en mi opinión, cierto fervor patrimonial. Y lejos de hacerlo desaparecer o debilitarlo por sobreabundancia (si todo es patrimonio, entonces nada lo es),[1] al contrario pienso que el patrimonio alcanzó en estos tiempos su máximo esplendor, reflejándose en las actividades más minúsculas y los objetos más irrisorios, sin perder con eso su "brillo". Esperamos haber insistido lo suficiente con Yves Pourcher en la introducción general sobre los actos y aspectos afectivos que configuran el patrimonio. Estos tienen la función de variar las intensidades para ajustarse a las realidades de situaciones particulares en las que algún colectivo debe prevalecer sobre otro (por ejemplo, cuando considerarse "auvernés" es menos importante que ser parte de una familia de artesanos o miembro de un colectivo aficionado a la astronomía), en las que debe apelarse a cierta genealogía o recordar un pasado entre tantos posibles.

Esta dimensión electiva de las pertenencias históricas o culturales proviene sin dudas de prácticas antiguas y relevadas hace ya largo tiempo. ¿No es justamente ese el principio de las tradiciones: producir "filiación invertida" y conformar "retroproyecciones"?[2] Pero lo innovador está en la nueva idea de continuidad patrimonial entre monumentos y prácticas,

---

[1] Ese era el sentido de la célebre advertencia de M. Guillaume 1980.

[2] J. Pouillon, 1975, p. 160; G. Lenclud 1987, pp. 117-119.

entre la catedral y la cucharita,[3] para retomar el título de una obra reciente de N. Heinich (2009).[4] En el período comprendido entre la regulación de los Bienes de Interés Cultural (Monumentos Históricos) y la Convención de la Unesco de 2003 sobre la "salvaguardia del patrimonio cultural inmaterial" se vivió una modificación patrimonial radical. Quisiera detallar la lógica de este cambio examinando un caso en particular: el "compañerismo" [*compagnonnage*],[5] esa agrupación de obreros dentro de sociedades iniciáticas que custodian la formación profesional, mediante sistemas establecidos como el Tour de Francia del compañerismo. El nuevo lugar que ocupa la transmisión y su relación con el enfoque patrimonial serán esclarecedoras.

El giro que ocurre en el período entre la etapa de los "Monumentos Históricos" (llamada "Monarquía de Julio") y la del Patrimonio Cultural Inmaterial (de ahora en más, PCI) es a mi entender mucho más que una transición de lo material a lo inmaterial, de lo monumental al objeto más banal ("de la catedral a la cucharita"). En realidad, este giro es más complejo y podría dividirse en tres momentos o, mejor aún, en tres actitudes: el patrimonio, la patrimonialización y la patrimonialidad. Como sucede muchas veces, la cronología no es suficiente para dar cuenta también de simultaneidades en desequilibrio, en las que un pensamiento domina y otros se retraen, que se dan en situaciones, lugares, o incluso, tiempos de desacuerdo puntuales.

El patrimonio de los monumentos

El primer momento es el de la producción de patrimonio, es decir, los "compañeros" como productores de patrimonio. Este momento se encuadra en el marco general de los "Monumentos históricos", la primera modalidad del enfoque patrimonial. Esta relación del "compañero" con el monumento es esencial y se dio de diversas maneras. En primer lugar, se supone que los compañeros son los artesanos principales de los grandes monumentos de la Historia. Se perciben como los herederos de los constructores de catedrales. Desde la segunda mitad del siglo XIX hasta nuestros días, su reputación como obreros y artesanos del más alto nivel hizo

---

[3] Haciendo referencia al título de libro de Nathalie Heinich (2009): *La usina del patrimonio. De la catedral a la cucharita.* [Nota del traductor]

[4] Existen varias obras con gran cantidad de ilustraciones sobre las obras maestras de los compañeros. La de L. Bastard (2008) es una de las mejor documentadas y con gran calidad en sus reseñas.

[5] Asociación obrera a nivel nacional en Francia creada por la masonería que contemplaba un periplo obligatorio de los aprendices en Francia y otros países para finalizar el compañerismo de un oficio. [Nota del traductor]

que muchas veces les asignasen la construcción o la restauración de obras importantes: la estatua de la Libertad, la Torre Eiffel, etc.

Pero los compañeros también producen sus propios monumentos, las obras maestras, que fueron marcando *su* historia en todos los niveles, tanto para la persona que lo realiza (ya que esa obra le permite acceder al estatuto de compañero; es un hito biográfico), como para la comunidad compañerista en general. Las obras maestras son efectivamente bastante frecuentes a principios del siglo XIX, hasta entrados los años 1920, y son más importantes que las "pequeñas" obras maestras que se realizan para uno mismo, que por mucho tiempo no fueron obligatorias. Esto indica, a mi entender, el impacto que producen las dimensiones monumentales más adecuadas a un colectivo que a un individuo. Encontramos entonces obras maestras que retratan artes y oficios (en particular aquellos que incluyen "ritos" de iniciación como los carpinteros, los ebanistas o los talladores de piedras). Eran lugares de identificación, que funcionaban como emblemas y podían también indicar eventos de alcance colectivo. Por ejemplo, la compañía carpintera del Deber realizó una obra que se volvió famosa y se conservó desde entonces, en honor al abogado que los había defendido durante la huelga de 1845. Se organizaban concursos entre diferentes "ritos" para representar una ciudad, es decir, para tener la exclusividad del contrato en ese lugar, y las obras maestras (y las riñas) eran el teatro de esos conflictos. También se ejecutaban obras maestras para representar artes y oficios específicos de una ciudad: los techadores de Angers, los carpinteros de Burdeos o de Tours, entre muchos otros, tienen sus propias obras maestras emblemáticas gracias a las cuales la "gran" Historia no se olvida. Estos monumentos compañeristas, tal como los otros "históricos", tienen la función de cristalizar el Tiempo. Los carpinteros de Burdeos diseñaron los principales monumentos de la ciudad, mostrando de esta manera la voluntad de ser parte de una historia más general, no compañerista, del lugar. Los techadores de Angers recordaron la Gran Guerra en su obra realizada entre 1913 y 1922, donde se entrelazan los eventos de amplitud nacional y la historia personal del maestro de obra, Alfred Bonvous. Esta obra maestra hecha para todo un gremio tiene dos inscripciones: "Nunca olvidemos 1914" y "Bonvous Angevin Llave de los Corazones [el nombre compañerista de A. Bonvous] para Angevin Coeur de France, mi hijo muerto en Verdun". Se alcanza así un nivel excepcional de cruce de referencias e intenciones.

Luego, cuando el compañerismo itinerante ya tiene una mayor exigencia formativa y se llega al desarrollo de la excelencia técnica (en una época en la que precisamente surgen discursos sobre los malos obreros y las clases peligrosas[6], y la mecanización está a la orden del día), la obra maestra individual adquiere importancia, al punto de volverse rápidamente una condición para alcanzar el grado de aprendiz (pero solo sistematizado por algunas corporaciones, en la primera mitad del siglo XX). Este criterio sigue vigente hoy en día. Sin embargo, el pasaje a lo individual también conserva el espíritu "colectivo" de las obras maestras anteriores, desarrollando al mismo tiempo nuevas destrezas. La obra maestra individual permite mostrar lo que uno heredó y volverse parte de una cadena de transmisión del bagaje técnico y cultural. Es el perfecto ejemplo de esta relación remota entre patrimonio y transmisión: exhibe una herencia, la culminación de una transmisión, el resultado de una acción finalizada. Y es también el momento propicio para mostrar su apego a la comunidad, al compartir el conocimiento de su historia, las costumbres dentro del compañerismo. Se puede incluir en la obra maestra algún aspecto del imaginario compañerista, símbolos, alegorías, demostrando que el aprendiz domina los saberes que caracterizan a su grupo. Por otra parte, de la misma manera que el monumento histórico no pertenece a quienes lo realizan, la obra maestra del compañerismo, una vez terminada, nunca es propiedad del que la ejecutó, y tampoco aquella realizada individualmente para volverse iniciado. Engrosa el "patrimonio" (en su acepción jurídica) de la sociedad del compañerismo a la que pertenece el joven aprendiz.

Existen entonces múltiples ecos entre la modalidad patrimonial de los Monumentos Históricos y las obras maestras del Compañerismo, aunque quede aún mucho por investigar. Al igual que los Monumentos Históricos, se da una importancia central al Tiempo. Él rige la lógica patrimonial; es a él a quien se quiere mostrar y proteger. El patrimonio de los Monumentos Históricos es un patrimonio plagado de eventos cristalizados, un patrimonio intrincado compuesto de elementos sin su contexto, solo yuxtapuestos con el fin de lograr una continuación, un escenario para la Historia. Así es como en Bretaña se disponen hileras de piedras para representar la época de los últimos druidas al lado de una iglesia del Roussillon que ilustra los albores del arte románico.

El Museo de los Monumentos franceses de Alexandre Lenoir quizás sea el mejor ejemplo de esta cuestión. Creado en 1796 para reunir las obras de arte que se encontraban en los edificios descartados por los revolucionarios, este museo está pensado cronológicamente (lo que importa, es la "clasificación cronológica", decía Lenoir), con una sala para el siglo XV y otra para el siglo XVI. En definitiva, se busca proteger al Tiempo de sí mismo. Es lo que manifiesta a la perfección un viajero alemán, Schultes, durante

---

[6] Ver la obra clásica de L. Chevalier (1958).

una visita a Francia a principios del siglo XIX, al conocer el museo de los Monumentos franceses situado en los Petits-Augustins de París. Ese museo le parece admirable y de él surge este sentir: "No quiero monumentos bien hechos, bien ejecutados, diseminados al azar; quiero que se expongan en lugares donde estén a salvo del tiempo".[7] No creo que haya que leer acá un deseo de anular el Tiempo;[8] al contrario, se pretende más bien ponerlo entre comillas (lo opuesto de poner entre paréntesis) para remarcar su carácter absoluto. El museo muestra el paso de los siglos, pero cada siglo debe estar detenido, eternizado en un monumento o una serie de monumentos. El transcurso del Tiempo y la sucesión de edades debe entenderse, descifrarse por la alternancia de los estilos, no debe ser percibido como consecuencia de una degradación o una erosión demasiado evidentes. Es un Tiempo que se mide según "los valores del arte y de la historia", un Tiempo intelectual y no un Tiempo basado en la emoción que genera la apreciación subjetiva de un "valor de antigüedad", empleando la tipología de Aloïs Riegl.[9]

Ese Tiempo intelectual, ese Tiempo que se mide y se cuenta, es exactamente el mismo de las obras maestras del Compañerismo. No solo expresan eventos (colectivos o individuales: fechan), verdaderamente también representan Tiempo. Desde finales del siglo XIX, lo primero que se indica respecto de estas obras o del trabajo que implicaron, es la cantidad de horas necesarias para realizarlas: 200 para una maqueta para la Adopción (el primer nivel de iniciación); 500 a 800 para el trabajo de Recepción. Ni que hablar de las miles de horas pasadas para llevar a cabo las grandes obras maestras: la obra de los techadores de la ciudad de Angers que ya mencionamos representa "3771 horas", según el cartel que la acompaña. Se ve claramente la influencia de las nuevas contabilidades horarias del tiempo de trabajo y en particular del tiempo obrero, pero tampoco hay dudas de que darle tanta importancia al conteo de un trabajo no remunerado obedece a otras implicancias y reglas, en particular a la relación esencial entre la obra maestra y el Tiempo. Esta regla se verifica de tal manera que es posible determinar si una obra es "monumental" para el Compañerismo dependiendo de si el conteo de horas está presente o no. Y muchas veces los resultados van en contra del sentido común: aunque podríamos pensar

---

[7] Citado en D. Poulot 1997 [1986], pp. 1529-1530.

[8] Es la postura de D. Poulot 1993a, p. 44.

[9] A. Riegl, 1984 [1903]. Ya existen en la actualidad varios comentarios de este texto fundamental, en particular en los prólogos de las reediciones de la obra en alemán y en sus traducciones al francés y al italiano. Para un enfoque crítico más reciente, se podrá recurrir a D. Fabre 2000b; J. Davallon 2006, pp. 57-88. Y para un panorama completo de la obra de Riegl, cf. S. Scarrocchia 1995.

que los objetos de la vida del compañero, muchas veces de enorme valor, son obras maestras por evidenciar mucha paciencia y cuidado para su elaboración (los bastones, los objetos-recuerdos como cantimploras, jarras, cuadros entregados en aniversarios o conmemoraciones), no están acompañados de ningún conteo. En cambio, una obra escrita como la *Enciclopedia de los oficios* [*Encyclopédie des Métiers*] sí incluye este conteo. Aún más revelador, algunos compañeros se tomaron el trabajo de contabilizar las horas necesarias para edificar las grandes catedrales, señal inequívoca de que el monumento se relaciona con la hora y apela a ese Tiempo intelectual y medido.

Pero la voluntad de representar el Tiempo es más honda entre los compañeros y se acerca aún más al espíritu de los Monumentos Históricos. Al igual que los museos de ese entonces, como el de Lenoir, que ponían el Tiempo a salvo y exhibían su transcurrir, los compañeros, que aún no cuentan con sus propios museos, tienen sin embargo lugares para albergar el Tiempo, espacios donde se hace presente, tal como lo indican sus denominaciones: los cofres de secretos, las "cajas" donde los compañeros guardan objetos que representan el Tiempo no dispensado para las obras maestras, el Tiempo sensible (el de las "ruinas"), que no es ni debe ser contabilizado y que se preserva por su "valor de antigüedad", aunque haya sido ampliamente reinventado. Se conserva en ellos la historia de la comunidad, sus leyendas, sus reglas, las cartas; a veces, se condensaba todo esto en un libro, el *Deber* o la *Regla*, verdaderos "archivos-monumentos".[10]

Estas dos representaciones del Tiempo no implican a los mismos espectadores: el Tiempo en "ruinas" es sobre todo para uso interno, reservado a los iniciados; el Tiempo contabilizado, monumental, sí puede ser mostrado. Algunas obras maestras se hacían justamente con ese fin, para funcionar como representaciones públicas. Durante las fiestas patronales de las artes y oficios del compañerismo, se realizaba un desfile en el que era transportada la gran obra maestra de la corporación de esa ciudad. Esta costumbre se perdió, pero se mantiene en algunos lugares, como lo hacen los carpinteros de Toulouse, por ejemplo. El hecho de exponer un objeto patrimonial subsiste también en la práctica muy difundida de repartir la foto de la fiesta patronal entre amigos y familia, recuperando las intenciones esenciales de los antiguos desfiles: exhibir el espíritu del oficio, mostrar sus aptitudes, expresar sus valores (de orden, del trabajo bien hecho, etc.). Para esa foto, todos están vestidos con el uniforme de compañero (con los bastones y los colores respectivos, emblemas del compañerismo) y normalmente rodeados de obras maestras.

---

[10] Sobre esta noción, me permito remitir a N. Adell 2009.

Tal como los monumentos y los museos del tipo Guizot, los desfiles y las fotografías más vigentes, son "depósitos de valores".[11] Estos valores, con mucho peso moral o moralizante para los compañeros (la familia, el honor, el Deber, la fraternidad, etc.), también contenían un aspecto técnico, relacionado con la excelencia artesanal y las virtudes pedagógicas que aún priman en el compañerismo. Y si los compañeros deciden participar en las exposiciones industriales de la segunda mitad del siglo XIX y sobre todo a partir de los años 1870-1880, es con la idea de que sus obras son "modelos de enseñanza", como lo manifiesta un carpintero durante la exposición de Lyon en 1882. Son lugares en los que una transmisión de saberes puede darse.

De esta forma, la transmisión consumada, detenida e impresa en la obra maestra se complementa con una transmisión por venir, como si la obra maestra fuese el lugar de cristalización de los saberes y tuviera como objetivo principal expresarlos para ponerlos a disposición. Pero ese proceso de cristalización no deja lugar al aspecto dinámico, contextual, "espeso" de la transmisión. El ámbito del patrimonio (en este caso representado sobre todo por las obras maestras) y de la transmisión de saberes es compartido; no se superponen. La transmisión es lo que ocurre antes y después de la obra maestra. El ser humano no tiene un lugar significativo dentro del patrimonio monumental que son las obras maestras. Un compañero carpintero lo explicita: los "modelos de enseñanza" no son los compañeros, son las obras; no es el ser trabajando, ni siquiera el trabajo mismo; lo que se debe copiar es el producto terminado (es un "modelo" en la primera acepción del término). ¿La copia no será entonces para los oficios técnicos la forma de poner al Tiempo a salvo de sí mismo, como lo ambicionaba el museo de Lenoir en el campo de los Monumentos Históricos? ¿Reproducir idénticamente no es una manera de parar el tiempo? Esto trae a colación otro argumento respecto de la estrecha proximidad, esta vez, de orden lógico, entre las obras maestras del compañerismo y el patrimonio de los Monumentos Históricos.

Sin embargo, de manera imperceptible, se va desarrollando un nuevo régimen patrimonial conformado a partir de estas exposiciones técnicas sumadas a la tradición del desfile, fundada más bien en el "entre todos" (el espíritu del oficio). Se emplean nuevas herramientas, se llevan a cabo otras funciones. En el modo "patrimonio", lo que primaba era el monumento (la obra maestra), los oficios técnicos cristalizados en obras para ser copiadas, el Tiempo. En el nuevo modo "patrimonialización", los seres humanos van a pasar al primer plano (y no el monumento), la identidad y la puesta en

---

[11] La expresión es de D. Poulot 2001, p. 30.

escena de su espectáculo (y no las técnicas y su reproducción), el Yo (y no el Tiempo).

La patrimonialización o el patrimonio en acto

Las exposiciones serán el punto de inflexión en este paso de la competencia técnica a la identidad, de los monumentos a los seres humanos, que se produce especialmente al principio del siglo XX. Señal de ello (aunque siempre sea más sencillo leer los acontecimientos desde nuestro presente) es la Exposición Universal de 1900 en París, considerada un momento bisagra. Los compañeros parisinos quisieron que se arme un pabellón de los compañeros del Deber con todos los oficios mezclados, para exponer "las grandes obras maestras de sus ancestros".[12] Ya no está en juego un solo cuerpo de oficios, la enseñanza de una técnica que requiere replegarse en una sola corporación; se trata de la identidad del compañero. Está claro que en "las grandes obras maestras de nuestros ancestros", el acento está puesto en los ancestros. El desplazamiento de tono es consecuente: de los monumentos hacia los seres humanos. Pero el proyecto fracasó, debido a la falta de aportantes.

Y este fracaso es interesante ya que resulta tan significativo como el proyecto de cambio. Al pasar del siglo XIX al siglo XX, el compañerismo se encuentra en un estado lamentable: la competencia de los sindicatos, el auge de las asociaciones, la mecanización contribuyen a ponerlo fuera de combate, a volverlo anticuado y colocarlo "fuera del Tiempo", en su sentido más fuerte. El historiador E. Martin Saint-Léon no duda al afirmar en 1901 que el compañerismo atraviesa sus últimos días.[13] Y efectivamente, solo quedaban pocas decenas de representantes en los primeros años del siglo XX. En esa época, el sentimiento de ser de "los últimos" se hace más fuerte que nunca, una situación de urgencia que lleva muchas veces a reflexionar sobre uno mismo, a tomar conciencia de sus especificidades (más allá de las distinciones entre cada cuerpo de oficios). Es dentro de este contexto crepuscular que debe entenderse el proyecto del pabellón de los compañeros del Deber en 1900. Incluiría también como precursor, como síntoma de este estado de ánimo, la creación de una estructura del compañerismo en 1889, diez años antes: la Unión compañerista de los deberes unidos (*Union compagnonnique des Devoirs unis*), que reunía varios

[12] L. Bastard, 2007, p. 51.

[13] E. Martin Saint-Léon, 1977 [1901], p. 17.

cuerpos de oficios, dejando atrás sus particularismos rituales, simbólicos para lograr así una uniformidad en la identidad compañerista.[14]

Esta reflexión sobre uno mismo (un uno mismo en peligro) puede tomar varias formas. Empieza por una reflexión de los compañeros sobre la historia, las leyendas, los símbolos que a partir de ese momento ganan mayor visibilidad. En los años 1910-1920-1930, los compañeros amplifican sus misterios. Se inventan títulos en algunas corporaciones, se modifican las jerarquías, para agrandar el esoterismo y dar la impresión de antigüedad: el Dignitario, por ejemplo, el Gran Maestro en los talladores de piedras del Deber de Libertad. Los emblemas compañeristas (el bastón, los colores) son declarados y se vuelven "cabalísticos" (*sic*).[15] El patrimonio compañerista se dirige lentamente hacia el dominio de conocimientos misteriosos, la capacidad de interpretar alegorías, de realizar ciertos gestos rituales (por ejemplo, una danza de reconocimiento llamada *guilbrette*), de utilizar un vocabulario específico y de seguir algunas costumbres otrora frecuentes, que los compañeros se encargaron de conservar. La relación con el pasado se transforma y también, inevitablemente, el objeto de la transmisión cultural compañerista. Esta relación se vuelve al mismo tiempo más objetiva y afectiva. Los compañeros no dejan de recordar su cercanía con los Antiguos, rompen las fronteras de la leyenda y de la historia, del presente y del pasado, al armar escenografías cargadas de sentimientos. La presencia de los Antiguos ya no solo se mediatiza a través de las obras maestras; se vuelva más "viva". Es con este espíritu que, en 1929, para los 500 años de la liberación de Orleans por Juana de Arco, algunos compañeros teatralizaron una escena del imaginario compañerista que habría ocurrido en el lugar hoy ocupado por la catedral de Orleans, en la que se muestra la escisión entre dos ritos diferentes. Y no dudan en incluir algunos personajes claves que se remontan a un supuesto origen muy remoto del compañerismo, como el rey Salomón y su arquitecto Hiram. Al mismo tiempo que ocurrían esas escenas anacrónicas, otros compañeros, del mismo rito compañerista, el Deber de Libertad, "respaldaban lo que sucedía con documentos auténticos", para "consolidar la veracidad de las transmisiones verbales que nos fueron dadas por los más viejos".[16]

Se trabaja sobre la identidad colectiva, a través del espectáculo de la historia y del mito, voluntariamente entreverados. Nunca hubo tanto interés

---

[14] Los estudios sobre el compañerismo abordan demasiado poco las especificidades de esta agrupación que hoy reúne un poco menos de 1000 compañeros. Hasta donde yo sé, solo un trabajo universitario lo estudió específicamente: H. Caro 2010.

[15] Leer el prólogo muy evocador de Jean de Pierrefeu a. Bernet 1928.

[16] *Ibid.*, p. 67.

por las leyendas como en estas épocas de crisis institucional. Se lleva al pasado (el chequeado, pero también el deseado y soñado) todo el espesor de recursos que ya no se encuentran en el presente, llegando así a un entrecruzamiento extremo de referencias. Ya no alcanza con transmitir contenidos cristalizados; deben ser vividos. Y todas estas acciones deben llegar y ser transmitidas. De este modo, si la obra maestra estabilizaba contenidos para que sean imitados, el espectáculo del compañerismo estabiliza acciones y situaciones para que sean repetidas. Desde la narración hasta la fotografía, pasando por la exposición y más tarde, por el cine, se recurre a todas las formas de transmisión. R. Vergez, uno de esos protagonistas de los años 30, será el creador de la primera película sobre el compañerismo: *La Pendule à la Salomon*, dirigida en 1961 por Vicky Ivernel. No se trata de un documental sino de una novela de Vergez. La intención es mostrar acciones y suscitar emociones. La promoción de la película lo atestiguaba claramente, presentando *La Pendule à la Salomon* como "una película de acción pura y violenta a la vez". Lejos están las obras maestras como "modelos de enseñanza".

El conflicto ahora es el "drama identitario": se actúa una identidad en crisis, y esto implica de cierta manera seguir un "guion" (ya sea un texto, una imagen, una película) de un modelo preparado o descubierto para la ocasión. Nos encontramos ante algo determinante: se crea una *distancia* que representa la primera consecuencia de pensar sobre uno mismo. De alguna forma, la antigua reproducción que proponían las obras maestras no generaba los recursos necesarios (crítica, distancia, variantes, etc.) como para pensar con una profundidad verdaderamente histórica. Con este nuevo enfoque que espectaculariza a la comunidad, se logra un análisis más crítico de los textos, un examen más detallado de los gestos, de las costumbres, de las palabras, de los usos. Para recrear las leyendas del compañerismo, es necesario primero elegir alguna de sus versiones, cómo vestirse, sus atributos, etc. Paradójicamente, el regreso afectivo a los "ancestros" crea las condiciones de surgimiento de un aparato crítico, permitiendo medir con mayor exactitud la transformación entre el compañerismo antiguo y el actual; y también, el nacimiento de una mayor conciencia histórica. Esta nueva dimensión permite el despliegue de una patrimonialización de sí mismo. Al ponerse en perspectiva dentro de una comunidad que hasta entonces había sido continua (por imitación, por copia) entre un "nosotros" antiguo y un "mosotros" moderno, se vuelve posible identificar lo patrimonial incluso en las prácticas más comunes y los usos más simples.

La patrimonialidad o la vida buena

Esta fuerte reflexividad hizo que los compañeros de principios del siglo XX desarrollaran precozmente museos, un lugar cada vez más esencial para exhibir identidades colectivas. Los museos del compañerismo ya se proyectan a principios de siglo y se llevan a cabo a partir de 1930. Y si el primer gran museo del compañerismo se inaugura en Tours en 1968, no es por falta de interés de los compañeros por este tipo de institución. Al contrario, al acordarle mucha importancia y por lo que significaba en cuanto a la patrimonialización, no lograron ponerse de acuerdo fácilmente con el realizador del proyecto Roger Lecotté, responsable durante muchos años del fondo masónico de la Biblioteca Nacional y gran aficionado del folklore. Esto queda demostrado por la multiplicación de "museos del compañerismo" a partir de los años 70 (hay una decena en la actualidad), cada uno con su propio programa museográfico.

En paralelo a la puesta en museo del patrimonio del compañerismo (o de una parte de él), el discurso sobre la transmisión también evoluciona, volviéndose ya un valor en sí mismo. En la segunda mitad del siglo XX, y sobre todo a partir de los años 80, se trata cada vez menos de transmitir algo (ya sean contenidos técnicos o actos del compañerismo como tradiciones, locuciones, etc.), sino más bien de transmitir por transmitir. En 1986, el periodista Edmond Sirvente hace una entrevista a dos importantes compañeros que contribuyeron mucho en la renovación del compañerismo en los años 40 y 50: Marcel Bris y Jean Bernard. Así lo resume: "el compañerismo es un medio o más bien un soporte ejemplar de transmisión de valores universales y eternos".[17] Al llegar a este punto insuperable de generalidad ("universal y eterno"), ¿el objeto de transmisión no se vuelve "imposible de hallar", para retomar la expresión de D. Chevallier e I. Chiva?[18] Se alcanza una dimensión en la que incluso los objetos desaparecen y en la que transmitir se vuelve necesariamente intransitivo. Edmond Sirvente agrega resumiendo las ideas de J. Bernard: "la transmisión es más que un deber moral, es una necesidad del espíritu". En una frase, el objeto "universal y eterno" tan inasible termina por desaparecer del todo. Como por contagio, la transmisión ya considerada como un valor en sí, generó una transformación del campo del patrimonio en el seno del compañerismo, estrechamente vinculados. Tal como la transmisión, el patrimonio también se volvió un "valor en sí mismo": la patrimonialidad. De esta forma, ya no existe en el

---

[17] E. Sirvente, 1986, p. 215. El texto que mejor desarrolla este concepto es el de J. Bernard 1975.

[18] D. Chevallier, I. Chiva, 1991.

compañerismo una "vida buena" (es decir, moralmente satisfactoria) sin transmisión o sin patrimonialidad.

Ahora podemos entender mejor el gran impacto que tuvo el programa del PCI para los compañeros, un acontecimiento que desde mi punto de vista concluye definitivamente el giro ético realizado por los organismos internacionales de regulación del patrimonio desde principios de los años setenta.[19] En efecto, es donde mejor se ve la idea de un patrimonio para todos e, incluso, de una solidaridad en el patrimonio. Esa solidaridad no solo se manifiesta en las operaciones de preservación de elementos específicos de la naturaleza o de la cultura por la comunidad internacional sino también en la voluntad de redistribuir el mapa patrimonial de forma más equilibrada. Las nociones de patrimonio oral y patrimonio inmaterial implementan esta idea al integrar culturas no monumentales. Pero este giro moral también supone la idea que el objeto patrimonial no tiene por qué ser siempre *lindo* (quizás ni debería serlo),[20] pero siempre es *bueno* ya que permite tomar conciencia de uno mismo, de su historia, de su valor; le da "sustento" a las identidades colectivas. Y pareciera que es precisamente en el plano de la vida colectiva en donde una "vida buena" equivale cada vez más una vida con patrimonialidad.

Los compañeros, o algunos de ellos, iniciaron por sus propios medios las candidaturas para figurar en la Lista Representativa del PCI, sin esperar siquiera el llamado de los organismos nacionales o de expertos. Luego de haber sido abandonado, ese proyecto volvió en 2009 y fue elevado en noviembre de 2010 por la Unesco bajo el título: "el compañerismo: red de transmisión de saberes e identidades a través de los oficios". Pero en realidad existe un programa más general dentro del compañerismo para gestionar la diversidad de expresiones del pasado en el que la dimensión ética tiene cada vez más importancia, creando nuevas formas patrimoniales.

En 2005, nace el proyecto "Centro de la memoria" en Angers. Inaugurado en diciembre de 2009, este espacio reúne varias historias y memorias: es

---

[19] Para leer una presentación de este "giro" podrá remitirse a N. Adell 2011. También hay comentarios con esta orientación en J.-M. Chaumont 1991, D. Poulot 1993 y J. Musitelli 2003. Pero no comparto completamente el análisis de Chaumont y Poulot al considerar que la perspectiva ética constituye lo "negativo de los discursos propios de las identidades". Habría que precisar que se trata de las "identidades tradicionales" basadas en colectivos enraizados (el oficio, la familia, la empresa, la nación, etc.). No obstante, los métodos y los recursos identificatorios actuales proponen identidades más pasajeras, más flexibles: podemos encontrar recursos identitarios dentro de un movimiento transitorio de solidaridad, un momento de emoción por alguna causa, etc. Cf. las observaciones de M. Augé 1994.

[20] Al profundizar sobre este tema, N. Heinich (2009, pp. 219-232) mostró cómo la belleza se vuelve un "criterio excluido" por la clasificación patrimonial.

un centro de exposición de objetos de compañeros, documentación sobre la historia del compañerismo y de los oficios, pero también un nuevo espacio en donde se conserva el conjunto de los archivos de los compañeros de la Asociación Obrera. En ese lugar se encuentra entonces todo lo referido al Pasado, haciendo realidad aquella ocurrencia con algo de verdad de Henry Rousso[21] fantaseando con la creación de un "ministerio del Pasado" o de una "Secretaría de Estado del Tiempo Perdido",[22] ante la destrucción de las políticas patrimoniales y de los patrimonios.

Pero esta acumulación del Pasado también superpone referencias y memorias. El "Centro de la memoria" fue pensado en homenaje a un antiguo compañero panadero, René Edeline (1914-2005), que había coleccionado más de 1000 objetos provenientes del compañerismo y que constituyen el fondo de esta exposición. Es decir, también se homenajea la memoria de un Antiguo; en este caso está claro que el interés patrimonial sucede a través de algunos seres excepcionales que toman la posta y lo ponen en obra; "héroes" en los que se ve el deber de transmitir y de encarnar la "vida buena" del compañerismo, superando inclusive sus normas; una vida con fuerte patrimonialidad. Para otorgarle toda la amplitud necesaria, era menester salirse de la pequeña colección privada, "romper con las exposiciones inmóviles reservadas a unos pocos privilegiados de la calle Grenelle al 187 en París", tal como decía Michel Guisembert en su discurso de inauguración como primer consejero de la Asociación Obrera: es una vez más "patrimonio para todos". Esta es una de las características del camino hacia la patrimonialidad.

Vemos en este Centro de la memoria, síntesis de un paseo memorioso, la dimensión verdaderamente polifónica del patrimonio:[23] encontramos el lamento por la pérdida, el rescate ceremonial de la última voz (hace ya dos siglos que los compañeros son los "últimos", que están desapareciendo), la convocatoria a herederos (otra de las misiones del Centro de la memoria: "que los jóvenes compañeros entiendan mejor la historia y las tradiciones del compañerismo", como dice en el programa). En la Federación compañerista de Oficios de la Construcción, otra organización dentro del compañerismo, hace varios años que los jóvenes compañeros deben completar su iniciación con un curso de historia del compañerismo dictado por un Antiguo.

---

[21] Henry Rousso (1954) es un historiador francés, autor de diversos trabajos sobre la Francia de Vichy. [Nota del traductor]

[22] H. Rousso, 2003, p. 375.

[23] La expresión dialoga con las observaciones de M. Bakhtine 1978, p. 18.

No hay dudas de que las próximas generaciones son los primeros destinatarios de estos nuevos gestos y espacios. La solidaridad en el patrimonio (de eso mismo se trata: de un patrimonio equitativo) es ante todo una solidaridad intergeneracional. Y esta necesidad de una relación renovada entre las generaciones provoca lo que Jean Davallon denomina la locura de la conservación: hay que guardarlo todo.[24] En el Tiempo y en la Identidad (las dos otras eras) había una distancia (objetiva respecto de las obras de arte respecto al Tiempo; crítica y afectiva respecto de los Antiguos en cuanto a la Identidad) que suponía seleccionar. En esta nueva relación con el pasado, abolir la distancia también supone el fin de la selección. Porque si el patrimonio es vida, ¿cómo saber lo que realmente nos importa? Cualquier *acontecimiento* (la vida), cualquier *elemento* (el patrimonio) pueden generar un impacto, influenciar un recorrido y su presencia siempre será necesaria (ya que no sabemos lo que seríamos sin ellos).

Veo en esta nueva conciencia patrimonial la emergencia de una idea paradójica de un patrimonio latente, ignorado, que solo aguarda que se den las circunstancias adecuadas para revelarse. Nuestro espesor es solo aproximativo ya que la medida exacta solo puede calcularse desde cierta distancia. En realidad, si lo estamos conservando todo, es porque no sabemos cómo estará constituido el patrimonio humano del mañana. Como me decía Michel Guisembert, es necesario "aprender las buenas costumbres" de la conservación, de la preservación. Es decir: por un lado, no presumir que el patrimonio de hoy será todo el patrimonio de las futuras generaciones; por otro, concientizarse de que "cada día que pasa es un día más de historia". En mi opinión, no hay mejor manera de formular esa conciencia que se tiene de su propio espesor patrimonial que conlleva una parte latente. Esto lleva a preguntarnos sobre los criterios de la Unesco para determinar cuál es el Patrimonio Cultural Inmaterial. En todas las comisiones de expertos, se insiste mucho en que el patrimonio debe ser "reconocido" y "reivindicado" por los individuos o las comunidades. ¿Pero qué sucede entonces con la categoría de "patrimonios ignorados"? ¿Cómo asirse de la voluntad de los compañeros del Tour de France de reconocer *a priori* todo el Pasado y todo el Presente para que nada le escape al enfoque patrimonial futuro, en donde al día de hoy, todos los objetos nos son conocidos?

Se puede por lo tanto leer del Centro de la Memoria y sus múltiples intenciones, una "identidad inquieta", como lo denomina F. Hartog.[25] Hay una inquietud creciente en torno a preguntarse qué son fundamentalmente los compañeros, en un contexto de disensiones internas (es un fenómeno

---

[24]   J. Davallon, 2006.

[25]   F. Hartog, 2003, p. 164.

endémico pero que estos últimos años va tomando importancia), de recomposiciones necesarias de su fórmula (admitir mujeres, por ejemplo). No hay dudas de que la pasión del compañerismo por el patrimonio no se debe tanto a un deseo de exponer lo que tienen sino a decir, y decirse, lo que son,[26] es una característica que atraviesa todos los regímenes patrimoniales.

Sin dudas, esta inquietud alimenta la reflexividad tan importante que caracteriza a los compañeros. Ya fue mencionado respecto del Centro de la Memoria: se trata también de un establecimiento con vocación pedagógica destinada a los "jóvenes compañeros" para que conozcan mejor la historia y las tradiciones del compañerismo. Pero esto se hace aún más evidente si analizamos una invención más reciente: el Instituto de la Transmisión. El título en sí ya da mucha tela para cortar y nos hace reflexionar sobre cómo el acto de transmitir en estas comunidades con pasión patrimonial y reflexiva es un gesto central, absoluto, intransitivo. Y, por lo tanto, digno de ser llevado a nivel de institución.

¿A qué se aboca el Instituto? "A pensar diferentes métodos para transmitir saberes", me responden. O mejor, se trata, y sigo citando al compañero responsable del Instituto, "de formar y acompañar a las nuestras y los nuestros que tienen la misión de transmitir" (sin precisar lo que será transmitido). Es decir, formar formadores. La transmisión en si se volvió efectivamente el foco de atención, se transmite, se vuelve objeto patrimonial capaz de tener su propia identidad. "El Instituto, prosigue el responsable, será de alguna manera el garante de la especificidad del procedimiento de formación propuesto por los Compañeros del Deber". Aún más radical: "la transmisión es la marca sagrada de los Compañeros del Deber". Se abordan claramente problemáticas de identidad, pero también de reflexividad. Una de las finalidades reivindicadas por el Instituto, tal como lo indica su texto fundador (siempre hay un texto-programa dentro del compañerismo), es "revelarle al formador lo mejor de su persona". Imposible ser más explícito respecto a la cuestión reflexiva de esta operación.

Efusiones patrimoniales

Transmitir, verbo intransitivo; intensidad reflexiva; abolición de la distancia en relación con el Pasado: Estas son a mi entender las características de la patrimonialidad según el PCI. Pero también, de forma más general, según el nuevo interés patrimonial de varias comunidades a semejanza

---

[26] Sobre el patrimonio relacionado más con el *ser* que con el *tener*, cf. las observaciones de F. Hartog (2003, p. 165), D. Fabre (1996, p. 3) y P. Nora (1997 [1992], p. 4713).

del compañerismo. Y estos aspectos se inscriben en un proceso aún más amplio en el que se individualizan referencias,[27] que constituyen una esfera, un "rasgo propio"; en definitiva, una identidad con fronteras (aunque no todas las sociedades consideren necesariamente a las personas de esta manera).[28] Se produce como una efusión de Uno, que puede estar en todas partes, en un gesto, en la palabra más insignificante que se vuelve palabra sobrecargada de significados. Por intensificación, de alguna forma, llegamos al punto de fisión en el que los individuos se vuelven "dividuos" (palabra de G. Deleuze), seres divisibles al infinito. Esto ya completa considerablemente la disyunción clásica entre individuo público y persona privada. En efecto, nos lleva a pensar en una persona con tantos seres como campos de la vida social: un ser recreativo, un ser cultural, un ser profesional y también un ser de comidas, un ser de intercambios, un ser de consumo, un ser de descanso, etc.

Con esta coyuntura, asistimos al aumento consecuente de los "frentes para existir" dándole sustento e institucionalización al programa del Patrimonio Cultural Inmaterial. En este nuevo régimen de patrimonialidad, los conflictos identitarios son inevitables y pueden tener casi cualquier origen, creando distancias o reforzando tensiones ya existentes. Es lo que ocurrió últimamente por ejemplo en las relaciones entre Israel y el Líbano: la guerra migró en el ámbito gastronómico y un plato en particular, el humus. Los israelíes lo presentan como su plato nacional, pero los libaneses lo niegan. Se habla de "usurpación del patrimonio culinario"; el conflicto se cristaliza con récords mundiales: se discute quién hará el humus más grande. ¡En 2006, los israelíes hicieron un plato de 400 kg y los libaneses respondieron en 2009 con una pileta de humus de más de 2 toneladas!

Esta anécdota podría sacarnos una sonrisa, pero en realidad traduce el potencial excepcional de conflictos contenidos en la multiplicación de los "lugares de lo propio". Abolir la distancia con relación al Pasado y al Tiempo en general (la solidaridad intergeneracional se ocupará del futuro) genera en contrapartida grietas en el Presente, crea parcelas dentro de lo que ocurre en el Instante, es decir, en el Espacio. El verdadero quiebre patrimonial ocurre en esa conversión espacial del campo del patrimonio, en detrimento de la vida social en general.[29] La cuestión del *lugar* se vuelve central. Ya no se trata tanto de poner fechas, de autentificar, de renovar, de

---

[27] M. Augé, 1992.

[28] Para conocer las modalidades de otras sociedades, cf. M. Strathern 1999, T. Ingold 2000 y P. Descola 2005.

[29] Es el argumento central de M. Augé 1992.

que algo dure cueste lo que cueste; se trata más bien de considerar *vivir, recorrer, practicar* el elemento patrimonial.[30]

Bibliografía

ADELL, Nicolas. 2008. *Des hommes de Devoir. Les compagnons du Tour de France (XVIIIe - XXe siècle)*. París: Editions de la Maison des sciences de l'homme.

_____. 2009. " L'archive-monument ". *Les Cahiers d'Adèle*, n.° 3 " Archives ", 22-31.

_____. 2011. " La patrimoine, l'éthique, l'identité ". *Ricerca folklorica*, n.° 63.

AUGÉ, Marc. 1992. *Non-lieux. Introduction à une anthropologie de la surmodernité*. París: Le Seuil.

_____. 1994. *Le sens des autres. Actualité de l'anthropologie*. París: Fayard.

BAKTHINE, Mikhaïl. 1978. *Esthétique et théorie du roman*. París: Gallimard.

BASTARD, Laurent. 2007. " Concours et défis chez les compagnons d'autrefois; la serrure de Marseille ". *Fragments d'histoire du compagnonnage*, n.° 9, 7-73.

_____. 2008. *Chefs-d'œuvre de compagnons*. París: De Borée.

BERNARD, Jean. 1972. *Le Compagnonnage, rencontre de la jeunesse et de la tradition*. París: PUF.

BERNET, Albert. 1928. *Joli Cœur de Pouyastruc*. París: Editions des Initiations Ouvrières.

CARO, Héloïse. 2010. *Déchiffrer un monde. Etude de l'Union Compagnonnique des Devoirs Unis*, memoria de master 2 en Antropología social e histórica, Universidad de Toulouse II – Le Mirail.

CHAUMONT, Jean-Michel. 1991. " Introduction ". *Hermès*, n.° 10, 120-123.

CHEVALIER, Louis.1958. *Classes laborieuses et classes dangereuses à Paris pendant la première moitié du XIXe siècle*. París: Plon.

CHEVALLIER, Denis, Isaac CHIVA. 1991. " L'introuvable objet de la transmission ". En Denis CHEVALLIER (dir.), *Savoir faire et pouvoir transmettre*, 1-11. París: Editions de la Maison des sciences de l'homme.

---

[30] Es con esta perspectiva que se verifica realmente la "etnología de los monumentos históricos". Cf. D. Fabre 2010.

DAVALLON, Jean. 2006. *Le don du patrimoine. Une approche communicationnelle de la patrimonialisation*. París: Lavoisier.

DESCOLA, Philippe. 2005. *Par-delà nature et culture*. París: Gallimard.

FABRE, Daniel. 1996. " Introduction ". En Daniel FABRE (dir.), *L'Europe entre cultures et nations*, 1-6. París: Editions de la Maison des sciences de l'homme.

______. 2000. " Ancienneté, altérité, autochtonie ". En Daniel FABRE (dir.), *Domestiquer l'histoire. Ethnologie des monuments historiques*, 195-208. París: Editions de la Maison des sciences de l'homme.

______. 2010. " Habiter les monuments ". En Daniel FABRE, Anna IUSO (dir.), *Les monuments sont habités*, 17-52. París: Editions de la Maison des sciences de l'homme.

FABRE, Daniel, IUSO Anna. 2010. *Les monuments sont habités*. París: Editions de la Maison des sciences de l'homme.

GUILLAUME, Marc. 1980. *La politique du patrimoine*. París: Galilée.

HARTOG, François. 2003. *Régimes d'historicité. Présentisme et expériences du temps*. París: Le Seuil.

HEINICH, Nathalie. 2009. *La fabrique du patrimoine. " De la cathédrale à la petite cuillère "*. París: Editions de la Maison des sciences de l'homme.

INGOLD, Tim. 2000. *The Perception of Environment. Essays in Livelihood, Dwelling and Skill*. Nueva York: Routledge.

LENCLUD, Gérard. 1987. " La tradition n'est plus ce qu'elle était… Sur les notions de tradition et société traditionnelle en ethnologie ". *Terrain*, n.° 9, 110-123.

MARTIN SAINT-LÉON, Etienne. 1977[1901]. *Le compagnonnage. Son histoire, ses coutumes, ses règlements et ses rites*. París: Librairie du compagnonnage.

MUSITELLI, Jean. 2003. " Le patrimoine mondial, entre universalisme et globalisation ". En Henry ROUSSO (dir.), *Le regard de l'Histoire. L'émergence et l'évolution de la notion de patrimoine au cours du XX e siècle en France*, 313-329. París: Fayard / Editions du Patrimoine.

NORA, Pierre. 1997 [1992]. " L'ère de la commémoration ". En Pierre NORA (dir.), *Les lieux de mémoire*. París: Gallimard. tome 3, 4687-4719.

POUILLON, Jean. 1975. " Tradition : transmission ou reconstruction ". En Jean POUILLON , *Fétiches sans fétichisme*, 155-173. París: Maspero.

POULOT, Dominique. 1993. " Le patrimoine des musées : pour l'histoire d'une rhétorique révolutionnaire ". *Genèses*, n.° 11, 25-49.

_____. 1997 [1986], " Alexandre Lenoir et les musées des monuments français " . En Pierre NORA (dir.), *Les lieux de mémoire*. París: Gallimard. tome 1, 1515-1543.

_____. 2001. " La morale du musée : 1789-1830 ". *Romantisme*, n.° 112, 23-30.

RIEGL, Alois. 1984 [1903]. *Le culte moderne des monuments*. París: Le Seuil.

ROUSSO, Henry. 2003. " Conclusion générale " . En Henry ROUSSO (dir.), *Le regard de l'Histoire. L'émergence et l'évolution de la notion de patrimoine au cours du XX e siècle en France*, 365-376. París: Fayard / Editions du Patrimoine.

SCARROCCHIA, Sandro. 1995. *Alois Riegl : teoria et prassi della conservazione dei monumenti. Antologia di scritti, discorsi, rapporti, 1898-1905 con una scelta di saggi critici*. Bolonia: Accademia Clementina-Clueb.

SIRVENTE, Edmond. 1986. " La tradition et l'esprit du compagnonnage " . *La France*, n°32, 210-217.

STRATHERN, Marilyn. 1999. *Property, Substance and Effect. Anthropological Essays on Persons and Things*. Londres: Athlone Press.

SEGUNDA PARTE
Visibilizar

Edificar lo "inmaterial"
Migraciones de una creencia patrimonial
en la región del Languedoc

Gaetano Ciarcia

Calificar un patrimonio de "inmaterial", como se suele hacer en los programas que dependen de la Unesco, habilita la promoción de fenómenos antropológicos, poniendo en valor emblemas o soportes físicos que originalmente no eran "objetales" pero sí objetivables. Como señala el ex secretario general del Icomos (Consejo Internacional de Monumentos y Sitios), transmitir el patrimonio de una esencia intangible implica incorporarlo inevitablemente dentro de un "bien".[1] Esta operación de preservación de un ser dinámico pero invisible perteneciente a la vida cultural equivale también a reconocer la dimensión implícita que estructura tradiciones y expresiones orales; incluidas las lenguas, las artes del espectáculo, las prácticas sociales, los rituales y los eventos festivos, los conocimientos y las prácticas relativas a la naturaleza y el universo y los oficios vinculados a la artesanía tradicional.[2] Si bien la antinomia al origen de esta cuestión pudo reivindicarse como una auténtica herramienta heurística, la necesidad de conectar la lógica simbólica con indicios concretos o rastros materiales también debe volver visible o tangible la fluidez "inmaterial" de estos bienes.

---

[1] J.-L. Luxen, 2003. Para un análisis del proceso de definición de la noción de "patrimonio inmaterial", ver: C. Bortolotto 2008.

[2] Cf. *Convención para la salvaguardia del patrimonio cultural inmaterial*, capítulo I, artículo 2, párrafo 2, París, Unesco, 2003, https://unesdoc.unesco.org/ark:/48223/pf0000132540_spa

Entre 2005 y 2007, el Departamento de etnología del Ministerio francés de la Cultura y la Comunicación me encargó el estudio de la noción de *patrimonio cultural inmaterial*, adoptada oficialmente por la Unesco en 2003. En los últimos años, este concepto se fue desarrollando en lo creativo a escala planetaria en las esferas políticas, administrativas y asociativas.[3] Esta experiencia me llevó a pensar lo *inmaterial* como tipo ideal (ya que define y establece la institucionalización burocrática de las formas globalizadas de atribución patrimonial), reflejado y utilizado en la actualidad por diversos actores implicados en la gestión de contextos donde se dan nuevas formas de ritualización. Durante esta misión del ministerio, realicé investigaciones en ciudades históricas de Benín meridional, Ouidah, Abomey y Porto Novo; en Martinica y en el Parque natural regional de la Narbonesa en el Mediterráneo. Los ejemplos que utilizaré para plantear mi problemática se refieren a dos situaciones que analicé en este último territorio: la creación de una fiesta de la antigua frontera occitano-catalana en las Corbières marítimas y la restauración aún en proceso del islote de la Nadière en la laguna de Bages-Sigean.

La fiesta de la antigua frontera occitano-catalana dentro del parque natural regional de la Narbonesa en el Mediterráneo

El parque natural regional (PNR) de la Narbonesa en el Mediterráneo, sindicato mixto de gestión desde el 2000, certificado en 2003 luego de 10 años de preparativos, es el resultado de un proyecto llevado a cabo por la Agencia mediterránea del medio ambiente (AME), ente creado por el Consejo regional de la Provincia de Languedoc-Rousillon en 1991. El territorio del PNR se compone de tres zonas físicas: una zona que abarca el complejo de lagunas, el litoral, el Macizo de la Clape y el cabo de Leucate; el Piedemonte; la zona de garriga con su planicie, el Macizo de Fontfroide y las Corbières marítimas. En esta área de una geografía y economía tan heterogéneas, las políticas culturales apuntan a que cohabite el patrimonio arqueológico y monumental, etnológico y vernáculo, y el lingüístico, con sus referencias a la identidad occitana. El Parque de la Narbonesa es el organismo que organiza eventos fomentando nuevas formas de configuración territorial, con vistas a promover la creación artística de eventos culturales. El programa "Los archivos de lo sensible" pretende precisamente

---

[3] Ese estudio originó dos publicaciones: G. Ciarcia, 2006 y 2007.

reinventar la inmaterialidad del pasado, por medio de una versión más flexible de la idea de inventario.[4]

El Etnopolo de Carcasona, que comprende la Aglomeración de Narbona, el Departamento del Aude, la Región de Languedoc-Roussillon y el GARAE (Grupo del Aude para la investigación y animación etnográfica) apoya la investigación y el relevamiento etnohistórico de aspectos emblemáticos de diversas identidades presentes en ese territorio de más de 70 comunas. Se prioriza la conservación de "fondos" o *corpus* ya existentes mediante las palabras e imágenes de actores y conocedores de la región: pescadores de las lagunas, cazadores de aves acuáticas, viticultores de las Corbières, trabajadores de las salinas. Un trabajo de recopilación de escritos, testimonios orales y audiovisuales que son estudiados por los investigadores para catalogar así las memorias, prácticas, representaciones y oficios locales. El destinatario oficial de todo este material es el Archivo departamental del Aude, pero también se puede consultar por Internet, en las municipalidades, en la biblioteca y mediateca de Narbona y en el centro de documentación del PNR. El soporte audiovisual también es prioritario ya que constituye una herramienta de conservación pensada para producir una serie de retratos de "personas-recursos" y difundirlos en proyecciones públicas en los pueblos, museos y escuelas.

La noción de "patrimonio inmaterial" que se utiliza en los documentos del PNR ilustra el intento de unir los diversos marcos naturales con los usos sociales susceptibles de expresarlos. Al igual que la estética del paisaje, que supone procedimientos de preservación, también el territorio, en tanto entidad física cultural, supone transmitir las memorias aún activas del pasado, en las cuales debería encontrarse la fuente de un desarrollo a veces desconocido. Este espacio común debería forjarse a través de la difusión del saber de algunos de sus habitantes, aquellos considerados emblemáticos. En ese sentido, los conservadores e investigadores implicados en el trabajo de inventariar consideran crucial realizar esos retratos documentales de los transmisores del patrimonio, intérpretes contemporáneos de la historia local. Por eso la organización de la Fiesta de la antigua frontera occitano-catalana es de gran importancia dentro de las operaciones de valorización emprendidas por el PNR y la más propicia para analizar los modos operatorios del "patrimonio inmaterial" en su terreno de aplicación. Durante una década, esta fiesta se realizó todos los años a inicios del verano en el pueblo de Feuilla en las Corbières marítimas. Pero en enero de 2009, 2 años después de mis investigaciones en el terreno, me enteré de que la

---

[4] Para ver una presentación detallada del territorio y de las actividades del PNR, se puede acceder a www.parc-naturel-narbonnaise.fr

Región Languedoc-Roussillon y el Departamento de l'Aude acababan de oponerse oficialmente a la denominación de *antigua frontera*, al considerar que expresa una "división antigua [...] que divide la Región [...] y es contradictoria con los esfuerzos de la Región para proponer una imagen unificada de su territorio".[5] Con nuevas directrices, la fiesta celebra ahora el reencuentro occitano-catalán. Por lo tanto, una frontera inventada en un límite "imposible de encontrar",[6] se volvió simbólicamente eficaz debido a su éxito, pero también políticamente incorrecta y no memorable para las instituciones de referencia.

Haremos un recuento de la historia patrimonial muy reciente del paisaje de las Corbières que, según la perspectiva del estatuto del PNR de la Narbonesa, apuntaba a ser una de las "Puertas de Occitania". El objetivo de este programa era poner en valor los vestigios e inventariar sitios de la antigua frontera occitano-catalana y de sus vías de circulación. Ajeno al éxito que suscitó la creación de un país cátaro,[7] el proyecto "Corbières, Porte d'Occitanie" (Corbières, puerta de la Occitania) buscaba el desarrollo de circuitos turísticos focalizados en el límite histórico entre España y Francia (puede verse actualmente desde los castillos de Leucate y Fitou), pero también en una frontera "milenaria" más antigua, como al entender de algunos parecen confirmarlo las ruinas de la ciudad fortificada de Pech Maho.

En 2003, el PNR de la Narbonesa pidió a Marc Pala un informe detallado de los vestigios de las vías y las fronteras de Les Corbières. Marc Pala es miembro de la asociación "Amigos del patrimonio cultural de Sigean y de las Corbières", geólogo profesional, arqueólogo *amateur* y viticultor. Este informe se publicó en 2008 en la colección *Les Carnets du Parc*.[8] Según los responsables de la política cultural del PNR, el tema de la "antigua frontera" era una problemática que lograría nuclear a todas las comunas en cuestión. Con esa premisa, Marc Pala fue elegido por su conocimiento del territorio, con miras a resignificar con una mirada antropológica moderna la noción de frontera histórica y realizar una recalificación cultural del área.

En 1258, el tratado de Corbeil entre Francia y el reino de Aragón establece que las Corbières serían la línea de demarcación entre los dos países.

---

[5] La fuente de esta información es un correo electrónico enviado por Marion Thiba, responsable de las acciones culturales del PNR de la Narbonesa, que relevaba las conclusiones de una reunión en la que habían participado todas las instancias implicadas en la organización de la Fiesta de la Antigua Frontera.

[6] Sobre la noción de "frontera imposible de encontrar", ver C. Bromberger, A. Morel 2000; T.K. Schippers 2000.

[7] M.-C. Garcia, W. Genieys, 2005.

[8] M. Pala, 2008.

Estos confines se mantuvieron durante cuatro siglos hasta el tratado de los Pirineos en 1659. En la actualidad, el antiguo límite recorre aproximadamente la demarcación del departamento del Aude y los Pirineos Orientales y corresponde al límite sur del territorio del Parque. Las ruinas de un sistema de fortificaciones y de numerosas vías de comunicación permiten relevar actividades como el pastoreo, el *chaufournage*,[9] la producción de vidrio y la carbonería. Pala establece dos ejes para representar este límite del pasado, un lugar marcado por el conflicto, pero también por los intercambios: el eje este-oeste, que desde la prehistoria denota la existencia de una frontera entre los pueblos sucesivos que quisieron ocupar ese territorio; y el eje norte-sur atravesándolo, con la *via domitia* como trazado preponderante. Junto a toda la documentación sobre los distintos períodos históricos que fueron transformando ese paisaje, las observaciones directas de Pala también están acompañadas de fichas monográficas de sitios históricos, un inventario, fotografías y bibliografía. En el informe previo a la publicación del libro, la clasificación de los lugares distinguía entre sitios que no deben ser revelados al público con el fin de preservarlos, sitios por restaurar o excavar, sitios por poner en valor y sitio para excavar y poner en valor.[10] En ese texto, la frontera se considera como un lugar inmemorial de tránsito y despertar cultural. Se define también como un espacio de gravitación identitaria y en permanente devenir, en base al inventario comentado de los sitios fortificados, los puestos de vigilancia, los edificios religiosos, las localidades y las principales vías. Pala investiga y participa en la valoración del territorio, reescribe la historia con una visión siempre predictiva. Y se manifiesta deliberadamente ambivalente: tomando en cuenta que se construyó un límite, falso o ficticio, la búsqueda de una política de patrimonialización de la frontera requiere darle forma a esta entidad histórica y geográfica. Esta forma de teatralización arqueológica también implica refrendar la memoria de las diferencias/parecidos entre occitanos y catalanes, pero también entre las culturas de un espacio del pasado, que hoy solo puede ser imaginado. Se discute asimismo la relación con la hegemonía lingüística y cultural que irónicamente llaman "hexagonal". El origen jurídico y militar de esa separación se transforma en una representación contemporánea de la idea arquetípica de una frontera natural e histórica, reinventada y simultáneamente parte del pasado y del presente. Con esta estrategia deliberada de justificación patrimonial, se asocia la ficción de la política a la "verdad" morfológica del lugar. De este modo, Pala realiza una búsqueda inventiva para perpetuar una frontera desaparecida,

---

[9] Actividad agrícola en la que se calentaban las semillas. [Nota del traductor]

[10] M. Pala, 2005.

con el fin de que se vuelva un reservorio de identificaciones contemporáneas. Se recrea una frontera que se extinguió para siempre para constituir un lugar antropológico de fundación territorial moderna que incite a una renovación económica y cultural, inspirada por la puesta en valor de las identidades y de los productos locales. Pala interpela también la cultura que debe anticipar y sostener un desarrollo económico, por medio de la frontera, percibida como extensión y duración y atravesada por intercambios. El intento de volver presentable (en la memoria, lo festivo y lo turístico) un antiguo límite político explica la voluntad de crear un territorio en donde la *ficción patrimonial autentifica* la función del PNR y sus actores. Se transforma en un recurso vigente, sobre el que el PNR de la Narbonesa invirtió durante 10 años.

En 1998, la asociación "Amis du patrimoine" creó la Fiesta de la antigua frontera occitano-catalana en el pueblo de Embres. Se trasladó luego a Fitou y más adelante a Feuilla, siempre con una comuna diferente en estrecha colaboración: Leucate, Sigean, Narbona. A partir de 2003, pasó a celebrarse únicamente en el pequeño pueblo de Feuilla, en plena garriga, a 35 km al sur de Narbona y a 10 km del litoral, en la parte sur del territorio que abarca exactamente el sector oriental de la antigua frontera. Durante mis investigaciones (2006-2007), el pueblo contaba con alrededor de 80 habitantes, de los cuales más de una decena tenían nacionalidad extranjera. El punto culminante de esta manifestación consistía en una caminata acompañada por un comentario histórico, seguida por eventos gastronómicos, conferencias, actividades lúdicas y espectáculos artísticos. El PNR había pensado esta jornada para equilibrar la oferta cultural entre el litoral y la zona rural y favorecer así el turismo, siguiendo el principio del "desarrollo sostenible", varias veces mencionado en los documentos que pude consultar. Las operaciones previas para desmalezar los antiguos caminos y que sean nuevamente accesibles representaba para los benévolos implicados en la preparación de la fiesta una iniciación a la microtoponomía del territorio. En el pasado, este territorio había sido muy poco "intervenido" y explorado casi exclusivamente por los cazadores de la zona. Los organizadores renovaban siempre los itinerarios con el propósito de familiarizar a los visitantes con un entorno salvaje (la garriga), frecuentado durante siglos por pastores, militares, bandidos y leñadores. Al volver a darle vida a un límite que debe ser atravesado, los caminantes se enfrentaban también a un entorno físico en el que las relaciones sociales eran escasas en comparación con las descripciones que daban los guías sobre el lugar como un sitio de gran intercambio. Los visitantes podían admirar una naturaleza en estado salvaje nuevamente accesible gracias a las podadoras y los machetes que habían abierto los caminos. Hoy, esta naturaleza "restituida" a los visitantes debería sugerir que existieron caminos y modos de vida que desaparecieron. Así, adquiere el estatuto de pequeña "área cultural". Por medio de estas marcas materiales diseminadas, los caminantes tienen la posibilidad de rememorar pequeñas historias durante un paseo en día feriado. Transmitidas durante la caminata por sus "últimos" poseedores y perseguidores, las anécdotas parecen surgir de la inmaterialidad conquistada a los tiempos remotos.

Durante mi investigación, y pese al temor reciente de los responsables de las políticas culturales de la Región y del Departamento, esta forma de reconocimiento patrimonial, a mi entender, no daba indicios de provocar una fuerte reactivación identitaria. La presencia de muchos extranjeros (incluso, la presidenta del Comité de la Fiesta era suiza) parecía más bien favorecer la percepción de que el evento era una puesta en escena de la historia. Por lo tanto, esta fiesta para los antiguos y nuevos habitantes de Feuilla representaba un espacio recreativo emblemático de la valoración patrimonial en curso, un desdoblamiento de la idea de frontera devenida inmaterial al ser celebrada.

La Nadière, la isla anterior

El litoral es una de las temáticas privilegiadas del Parque Natural Regional de la Narbonesa en el Mediterráneo. Con transformaciones que a lo largo de las décadas modificaron lagunas e islas, es uno de los entornos que asocia al mismo tiempo la valorización de las prácticas materiales y la práctica de la dimensión simbólica de los contextos considerados originarios, fundadores de modos de vida culturales a preservar. Siguiendo esta perspectiva, la isla de La Nadière, de 5000 m², situada en la laguna de Bages y Sigean y parte de la comuna de Port-La-Nouvelle, se volvió un lugar significativo para la memoria territorial del Parque.

Desde el lanzamiento de la famosa "Misión Raíz" en 1963, esta parte del litoral del Languedoc se fue desfigurando en cuanto a la preservación de su entorno natural. Las reformas turísticas impulsadas por la Misión, fruto de una voluntad política, apuntaban a crear una nueva Costa Brava en el sur de Francia. Los nuevos balnearios como Port Barcarès o Port Leucate hicieron que desaparezca una parte de las lagunas centrales y sus "islas". En este sentido, La Nadière representa hoy el lugar que se salvó de la explotación turística inmobiliaria del litoral. Se transformó en la prioridad de una política cultural "patrimonial" que apunta a dar un nuevo valor al paisaje y a sus símbolos. Actualmente, La Nadière se considera "un lugar privilegiado de memoria colectiva por los valores patrimoniales que encarna, conteniendo valores consensuados dentro de una cultura común de la laguna", según las palabras de un investigador de la historia social de la isla.[11]

Desde finales del siglo XVIII hasta la Segunda Guerra Mundial, vivían en La Nadière familias de pescadores originarios de la actual comuna de Gruissan. A partir de los años 1960, la asociación "Los amigos de La Nadière" ("Les amis de la Nadière") realizó distintas actividades puntuales de rehabilitación de la isla, catalogada en 1947 como sitio protegido por la Prefectura. Los múltiples intentos por conservar casas antiguas, la mayoría en ruinas fue uno de los aspectos conflictivos que conllevó la aspiración por redescubrir y valorizar un patrimonio por venir. El PNR firmó un acuerdo con la comuna de Port-La-Nouvelle para concluir un trabajo de documentación histórica que devino en los "Archivos de lo sensible", con el fin último de publicar el "Cuaderno del Parque", a cargo de los etnólogos Christiane Amiel y Jean-Pierre Piniès, y de Anne Laurent, autora de un estudio sobre la historia de la isla. Al mismo tiempo, una película documental realizada por los mismos Christiane Amiel, Jean-Pierre Piniès y por el cineasta Jean-Michel Martinat presenta el testimonio de antiguos y nuevos habitantes, poniendo en escena las memorias de tres generaciones de pescadores vinculados a La Nadière.

Tal como la Fiesta de la Antigua frontera, el pedido de estudio de La Nadière se apoya en el artículo 19 del Estatuto fundador del Parque, que promueve el conocimiento de los oficios del territorio en consonancia con las categorías de patrimonio material e inmaterial. Es interesante subrayar que se relaciona la inmaterialidad de los bienes a conservar, archivar y valorizar con la dimensión "moral" de sus formas de transmisión: "[...] implementar un programa de inventariado y de recolección de todo el patrimonio construido, del patrimonio material (archivos, herramientas, etc.) e inmaterial (memoria oral) para compilarlo en distintos soportes multimedia y constituir los "archivos sensibles del territorio accesibles para todos"" (artículo 19, párrafo tres, estatuto del PNR). Según el estatuto, el patrimonio inmaterial tiene la virtud de resguardar y mostrar las singularidades de los lugares como en filigrana, conservados (ahora o en el pasado) por las memorias orales. La originalidad escondida, olvidada o desconocida de los vestigios arquitecturales es la razón para valorizarlos En miras de sensibilizar a las colectividades locales respecto de sus especificidades culturales, la conservación integrada al territorio funciona como una pedagogía de la pertenencia a través de la memoria. Informar o sensibilizar equivale en este sentido a comunicar las herramientas susceptibles de transformar a los habitantes en actores de su territorio y lectores "expertos" de sus paisajes,

---

[11] A. Laurent, 2004, p. 7.

de su "arqueología" que deben aprender a *reconocer* y *rememorar*. Subyace la idea de restaurar una identidad histórica cultural por medio de objetos considerados representativos.

Un proyecto del mismo Parque prevé con lujo de detalles un dispositivo museográfico dedicado a la isla que funciona como exhibición permanente y centro de análisis. Este espacio se ubicaría en Port-La-Nouvelle, debido a la imposibilidad de construirlo *in loco* por la fragilidad de su medio ambiente. La exposición se basaría en el archivo de fuentes documentales (cartas, documentos, fotografías, tarjetas postales, objetos que atestigüen las vidas materiales pasadas) relacionadas con la fundación de la comunidad de pescadores; la presentación del sitio geográfico y su arte de la pesca; la vida diaria en la isla; la historia de la pasarela que la conecta al continente; la finalización de su ocupación permanente; las biografías de sus últimos habitantes; los esfuerzos por preservar el patrimonio construido; el interés actual de las instituciones; la mirada sobre la isla en la literatura. Este recorrido se completaría con un largavista que permita el "descubrimiento" de la isla de lejos, y una maqueta para tener una perspectiva panóptica. Esta visión museística desde el "continente" se integraría con la organización de una visita guiada a la isla, en cooperación con los pescadores, con un número limitado de visitantes para evitar potenciales daños por una sobreocupación. Los organizadores prevén también programas de "descubrimiento acompañado" reservados a pocos turistas y con un aporte pedagógico adicional para grupos escolares.

Los investigadores a cargo de realizar el proyecto de exposición propusieron una doble problemática basada en el contexto histórico y geográfico de La Nadière: "la insularidad emblemática" y "la tierra imposible". Esta elección se debe a la ubicación de la isla. La Nadière fue un espacio de dimensión insular variable, elegida por sus primeros habitantes por ser un lugar de buena pesca, con una pasarela hoy destruida. Los descendientes de sus últimos habitantes la relacionan con una vida regida por la pobreza, la promiscuidad del hábitat y la precariedad de las instalaciones que obligaban a sus habitantes a refugiarse en Port-La-Nouvelle cuando azotaba la lluvia, las inundaciones o el viento particularmente fuerte. El islote era el satélite pobre de la ciudad portuaria, muy próxima y a la vez distante. Hoy en día, La Nadière se presenta como un lugar físico "fotogénico" que le confiere visibilidad, gracias a las ruinas de casas originarias y a la conservación de archivos sensibles que promueve el PNR.

Al final de la guerra, que coincidió con la partida de las últimas familias, las casas de la isla se volvieron propiedad casi exclusiva de la asociación de los "Amigos de La Nadière", creada en 1963 por el doctor Pierre Conte. Hasta la década del 80, la asociación intentó rehabilitar la isla, renovando parcialmente algunas casas que fueron también víctimas de robos. Hoy en día, la isla parece estar totalmente abandonada, pero sus ruinas se restauran ocasionalmente, con escombros que acrecientan el deterioro de años. Yves Durand, el sucesor del doctor Conte en "Amigos de la Nadière", es el impulsor de estos trabajos y también el heredero del fondo documental que pertenecía al fundador de la asociación. En una nota publicada en *Le Midi Libre*, Yves, agente inmobiliario en Sigean, declaraba que la isla de la Nadière es "un patrimonio cultural regional, un auténtico y privilegiado espacio de la memoria que por muchas razones constituye un lugar muy especial en este medioambiente excepcional de lagunas, pero también muy sensible, que debemos preservar".[12] Sin embargo, aún no están muy claras las acciones concretas para "restituir el hábitat de forma sostenible y volver el sitio perenne"[13] como figura en un documento de la asociación. El Consejo regional sí financió un proyecto de rehabilitación: durante siete meses, se realizó una pasantía de formación profesional destinada a 12 personas desempleadas. Para ponerla en práctica, el Servicio departamental de arquitectura y patrimonio (SDAP) llevó a cabo un relevamiento arquitectónico. Para el proyecto de renovación, la Asociación anunció que "reconstruir parte de las casas de los pescadores sería el puntapié para la restauración de todo el pueblo, dándole una identidad y una actividad relacionada con la vida en la laguna y la observación de la fauna y la flora".[14] En la época de mi informe, "Los amigos de la Nadière" eran propietarios de una treintena de parcelas catastradas; la mayoría habían sido donadas por familias de la isla al doctor Conte. En los años 60, cuando las casas ya mostraban señales de abandono, la comunidad de pescadores había hecho esa donación en señal de agradecimiento a los servicios de este médico que era considerado un benefactor.[15]

Las dificultades surgieron en 2003, cuando la asociación emprendió las obras de restauración. Los organizadores no consiguieron financiamiento para 2004 y las malas relaciones con los empleados marcaron el 2005. Durante mis investigaciones (2006-2007), los responsables de la asociación

---

[12] Citado por A. Laurent, 2003, p. 3. Durante mis investigaciones en la región, pedí entrevistarme con Yves Durand, pero no quiso encontrarse conmigo, y me indicó que tenía toda la información disponible en las oficinas del PNR.

[13] Cf. Asociación "Les amis de La Nadière" ["Los amigos de La Nadière"] Proyecto "Musée village Historique de Pêcheurs" ["Museo pueblo Histórico de Pescadores"] documentación interna de la Asociación, 2004.

[14] Asociación "Les amis de La Nadière" ["Los amigos de La Nadière"] Proyecto "Musée village Historique de Pêcheurs" ["Museo pueblo Histórico de Pescadores"] *op. cit.*, página no numerada.

[15] Cf. A. Laurent, 2005.

tenían sus dudas respecto de futuras acciones de valorización, exceptuando la necesidad de tener un guardia permanente en la isla. Pero la ley prohíbe esa presencia debido a los riesgos de inundación. Los "Amigos de La Nadière" evaluaban también iniciar una actividad turística local, pero era complicado por las dificultades físicas, técnicas y administrativas para acceder a la isla para todo el público. Es interesante destacar que comenzaron a proliferar otras asociaciones con vocación patrimonial en la comuna de Sigean, como "La asociación de los amigos del patrimonio cultural de Sigean y de las Corbières Maritimes", "Los guardianes de la memoria" y una asociación dedicada a hacer conocer y valorizar la isla de la Aute. En el marco del proyecto de los "Archivos de lo sensible", todas estas asociaciones podrán cooperar en la búsqueda de testimonios de la vida en las islas y las orillas de la laguna de Sigean.

Según Soazick Le Goff-Duchateau, el experto enviado por el Estado para estudiar si el proyecto era viable, arquitecto de los edificios de Francia del SDAP, la cantera estimada a cuatro años debería permitir la recuperación consecuente de un lugar muy frágil, sin que se ocupe ni visite en ese lapso. El SDAP, admitiendo que la renovación presentaría complicaciones considerables y que el valor inmobiliario de las ruinas de esa "ciudad" de las lagunas era modesto, reconoció sin embargo que el interés arquitectónico del sitio estaba estrechamente ligado a la dimensión afectiva de la memoria que impacta en el presente. Por otra parte, tampoco podían ser ignorados los problemas inherentes a la propiedad catastral. Sobre este tema, la DRAC recomendó en una reunión que se cree una asociación propietaria para todo el sitio. En ese contexto, los usos patrimoniales potenciales podrían ser fuente de conflicto, debido a los límites fácticos y legales del ordenamiento, así como a la fragilidad física del lugar. Por esta razón, el SDAP tiene como objetivo garantizar la restauración impidiendo la desaparición de lo construido, pero también la degradación de su medio ambiente. Las medidas que limiten el flujo de visitantes también deben ser acompañadas por la adopción de una perspectiva pedagógica que pueda ilustrar el pasado de la vida social de las lagunas y las aspiraciones de aquellos que se reivindican como los propietarios legales de las construcciones en curso.

La comuna de Port-La-Nouvelle también colaboró al adquirir la primera casa restaurada de la isla, luego de las obras de la asociación "Amigos de La Nadière". Yves Bonhoure, el viceintendente a cargo de la conservación de las islas de Sainte-Lucie y La Nadière en la época de mi investigación, me había comunicado que el gobierno de Port-La-Nouvelle apoyaba las acciones de la asociación presidida por Durand, pero que también eran conscientes de las dificultades ambientales que representaba poner la isla en valor. Me habló del dilema que presentaba la tentación de abrir el sitio para los turistas frente al peligro de su empobrecimiento debido a una frecuentación masiva. En su opinión, la única posibilidad para preservar la originalidad y la "fuerza" del lugar era diseñar un "recorrido único", incluso obligatorio, para los visitantes.

En el transcurso de mi trabajo, el arquitecto de los edificios de Francia me compartió todos los obstáculos que debían afrontar los representantes del Estado para llevar adelante una política prudente de rescate de los vestigios. En relación con los equilibrios ambientales, esta puesta en valor implica varios contrapuntos negativos. Por ejemplo, permitir que a la isla puedan acceder visitantes se opone a la actividad de pesca en la laguna; además, el SDAP debe controlar que la renovación de lo ya construido no provoque veleidades inmobiliarias. De este modo, en un enfoque de valorización patrimonial, el mismo servicio debe alentar, por un lado, la puesta en escena arquitectónica de la memoria de ese lugar a través del relevamiento y por el otro, la reparación eventual de ruinas. Asimismo, debe establecer un escudo jurídico respecto de su explotación comercial.

En cuanto al futuro patrimonial de La Nadière, no se sabe si los "Amigos de La Nadière" tendrían intenciones de poner el lugar en valor ya que planean ser nombrados gestores del área por la comuna de Port-la-Nouvelle, y declararon asimismo no tener proyectos inmobiliarios después de la renovación. Afirmaron haber recibido pedidos para utilizar el lugar como espacio fotográfico y para exposiciones de artistas o artesanos. Según la asociación, la Fundación Banco Popular estaba dispuesta a financiar la restauración de las casas ya construidas por cerca de €160 000 en tres años. El 7 de junio de 2005, esta Fundación había enviado un arquitecto al lugar para que haga un informe, en el que se constataba que el lugar era "muy interesante desde el punto de vista histórico y etnológico".[16] Se sugería por lo tanto enviar una misión de estudio para "relevar lo ya existente" y efectuar un "análisis arqueológico del área". Al cabo de esta misión, el experto del banco señalaba que "pareciera faltar en primer lugar una visión clara de la finalidad del proyecto, así como respaldo intelectual" y que es "indispensable contar con un proyecto global". El 18 de julio de 2005, el subprefecto organizó una reunión en donde propuso que la comuna de Port-la-Nouvelle, con la ayuda del SDAP y del PNR, presente un pliego de condiciones para evaluar las posibilidades de establecer un programa (historia del área, diagnóstico preciso, programa previsto, previsión financiera). La comuna se encargaría de la obra y el SDAP coordinaría técnicamente el estudio. El

---

[16] "L'île de la Nadière. Projet d'étude de programmation" ["La isla de La Nadière. Proyecto de estudio de planeamiento"] documento de trabajo, PNR de la Narbonesa en el Mediterráneo, sin fecha, p. 1.

PNR, dentro de su función de seguimiento institucional y científico para la creación de una exposición permanente en la isla de La Nadière, tendría como tarea agregar otras propuestas al pliego de condiciones y participar en la realización del estudio (pidiendo, por ejemplo, financiamiento en la DRAC y en la Región).

En el plano simbólico, se observa una situación polémica con La Nadière que pareciera indicar que su puesta en valor patrimonial provoca actitudes muy distintas según los actores involucrados. Algunos descendientes de los últimos habitantes de la isla me comunicaron que se habían sentido expropiados, y sentían incluso una amenaza implícita a sus memorias más íntimas. Durante las entrevistas que les realicé, percibí que desconfiaban más de los escritos eruditos actuales sobre la historia de la isla que sobre los potenciales intereses inmobiliarios en esas tierras. Al renunciar a todo intento de una nueva ocupación física de la isla, puntual o permanente, estas personas se consideran herederas morales de sus antiguos habitantes. Por un lado, buscan una confirmación o una prueba en el trabajo de los investigadores de un aura que emane huellas tangibles, aunque estén en ruinas, de una historia familiar marcada por el sufrimiento y la miseria. Por otro lado, aparentemente perciben que esos trabajos podrían confiscarles la memoria. Temen que las empresas patrimoniales relativicen las vivencias llenas de privaciones de sus familiares. De forma implícita, se consideran los poseedores "autóctonos" de un *corpus* memorial que proviene de las palabras de sus antepasados, hoy muertos o muy ancianos, que cosecharon hace mucho tiempo y quisieron conservar. Es por eso que se sienten excluidos dentro de esa función que heredaron (pero también desarrollaron a través de su actividad de recolección de recuerdos orales y escritos) en tanto testigos e informadores legítimos. Durante el proceso de archivo de la historia social de la isla, esa actitud emocional se plasmó en una mayor sensibilidad hacia las reconstrucciones genealógicas: "esta gente [los últimos habitantes] está viva" me dijo una descendiente de isleños. Con este señalamiento, ella quería manifestar que, a su parecer, eventuales errores en la reconstrucción de los lazos parentales podrían tener consecuencias importantes en su ámbito familiar y no eran solo un detalle. Para mostrar su desacuerdo en relación con los estudios y las iniciativas en marcha, esta misma interlocutora había organizado durante el verano de 2005 una exposición en Port-la-Nouvelle junto a una compañía de teatro donde mostraba los objetos que según ella representaban la memoria de la isla de la cual se consideraba una de las herederas.

Dentro de la memoria popular, "la figura de los *últimos* habitantes es un leitmotiv que señala el final de una epopeya",[17] pero algunos autores locales consideran que es un tema "sensible". Los conflictos latentes en este micropatrimonio son el espejo de otras problemáticas identitarias y sociales cuyo legado inmaterial aún puede tener un substrato material activo, e incluso virulento.

Giovanni Levi, en el libro *Le pouvoir au village* [*El poder en el pueblo*], estudió la duración y las formas de difusión de un legado considerado espiritual por una comunidad. El historiador italiano aborda las creencias "mágicas" y las acusaciones de brujerías en un pueblo piamontés del siglo XVII.[18] Revela cómo lo "inmaterial" (tal como indica el título en italiano: *L'eredità immateriale*) tiene autoridad al ser el objeto antropológico significativo de la intriga a través de la cual los actores de un contexto histórico dado proyectan ese poder invisible que se da en la transmisión de cualquier calidad abstracta, pero también sensible, que tenga eficacia social. En la actualidad, la ciudad de Port-La-Nouvelle y el territorio del PNR se volvieron el anfiteatro donde se expresa lo que sucederá con la historia y el futuro del legado patrimonial cuyo simulacro es a partir de ahora La Nadière. El aprovechamiento potencial de esta área vuelve particularmente sensibles a las genealogías dichas inmateriales (por suerte, en una escala proporcional y fenomenológicamente más reducida y mucho menos dramática que el contexto que describe e interpreta Levi). La identificación con el legado espiritual del pasado o su apropiación catastral, discursiva y simbólica puede poner en juego problemáticas políticas comunes que implican y a veces oponen a: los poseedores "indígenas" de las memorias familiares (los descendientes de los últimos habitantes de la isla); aquellos que siguen la línea del PNR de la Narbonesa y de su responsable cultural que buscan darle valor a la memoria cultural; los que buscan testimonios históricos y etnológicos en el marco del trabajo de objetivación científica del PNR; los emprendedores atentos a potenciales repercusiones comerciales (la asociación de los "Amigos de la Nadière"); los garantes administrativos de las obras de restauración (El viceintendente a cargo de la isla de la Nadière y de la isla de Sainte-Lucie; el arquitecto del SDAP).

En este contexto, entre los aspectos de la transmisión de la memoria de generación en generación también deberá incluirse la dimensión patrimonial y pública de un bien portador de una cualidad "inmaterial", al constituirse como recuerdo de un pasado a preservar para todos aquellos implicados emocional, institucional o económicamente. De esta manera,

---

[17] C. Amiel, J.-P. Piniès [sd], p. 2.

[18] G. Levi, 1989 [1985].

la inmaterialidad consensuada y a veces conflictiva también tiene peso en las estrategias locales de reapropiación metafórica o tangible de un lugar que, por el momento, se encuentra perdido. Esta transfiguración podría realizarse a través de la edificación patrimonial de una singularidad "autóctona" relacionada con el ambiente lacustre de antaño y con su organización social, pese a la fragmentación y al paso del tiempo de las diversas representaciones en el terreno.

El equilibrio frágil en el "futuro pasado" de La Nadière pareciera deberse a la difícil reciprocidad entre las pretensiones de cada interlocutor que pude encontrar. Retomando el nombre del programa general del PNR de la Narbonesa en el Mediterráneo, se podría llegar a la conclusión de que estamos ante "archivos de lo sensible" pero también ante "archivos sensibles". La isla interior de La Nadière, rodeada de tierras, se volvió también una isla anterior, como una ciudad fantasma en miniatura en la que la imaginación arquitectónica y museística debería permitir algún día que se conserven sus ruinas y se pueda disfrutar de su aura. Aunque para los diversos actores implicados, la atmósfera de un tiempo pasado que se percibe al observarla de cerca y de lejos merece una puesta en valor, sus formas aún están veladas. Su proceder incierto se enturbia con los enfoques nebulosos y ambiguos involucrados: culturales, institucionales y familiares. Los archivos de lo sensible, considerados ante la conservación de ruinas como receptáculos modernos de un microcosmos del pasado, también pueden considerarse como archivos donde la sensibilidad se estructura en un ida y vuelta con la construcción escrita o visual de sus significaciones simbólicas. El legado inmaterial que se conserva en los archivos y se despliega de las vivencias de antaño, a través de su reescritura y de la dramatización de su historia, pareciera dar lugar a un desarrollo futuro de recursos materiales y simbólicos de su memoria durable.

En cuanto a las prácticas de culturización que se basan en construir una creencia en lo inmaterial, promovidas por la implicación del PNR de la Narbonesa en el Mediterráneo que intentamos caracterizar en el caso de La Nadière, podemos concluir que hay una necesidad de conjugar el consenso político local con el reconocimiento público, escrito y visual del alcance invisible, intangible y sin embargo "espectacular" (Kojève, *infra*) de un legado, en este caso, evocada por el modo de vida desaparecido de los pescadores de anguilas de la laguna de Bages y de Sigean. "Archivar" La Nadière, a través de la producción de documentos escritos y visuales, y sus proyectos inmobiliarios y de museos que pretenden transfigurar la dimensión venerable de un tiempo pasado, despierta a fin de cuentas las razones de ser contemporáneas de un mundo imaginado como "tradicional". Según Alexandre Kojève, "toda Tradición en sentido propio, es decir, con un valor y una realidad *políticas*, es necesariamente *oral* o espectacular (directa). Por su naturaleza, el escrito se *despega* de su soporte material, de su autor que lo fija en el tiempo [...]".[19] Transponer al papel una sociedad "tradicional" puede propiciar muchos usos políticos; en lo etnológico, se verifican también fenómenos de "oralización" tradicionalista y de teatralización de escritos eruditos o literarios. No obstante, los dichos de Kojève interrogando con algo de provocación la relación entre la escritura y la "tradición" nos hacen reflexionar sobre el proceso de inmaterialización de la autoridad del pasado, en la que todo "archivo" está implicado, a veces contra su propio *corpus*. Los epifenómenos patrimoniales, fruto de esta construcción, son significativos en el caso del islote de La Nadière y de la antigua frontera occitano-catalana. Al edificarlos, parece ser que las autoridades regionales e intelectuales locales tomaran consciencia de que el desarrollo también pasa por otras formas de turismo dentro de un territorio que *debe* ser considerado solidario, pese a su diversidad, diferencias, fronteras, insularidades. Respecto de la difusión de este impulso patrimonial, la invención cercana del país cátaro estableció la apelación de origen "controlada". Pero en el PNR de La Narbonnaise, los denominadores culturales comunes a futuro de su territorio parecen provenir más bien de un intercambio permanente, al mismo tiempo histórico, geomórfico, artístico, de las múltiples influencias que se fueron estratificando en una región con diversas colectividades; y un poco como en las fronteras de antaño, con una identidad imposible de encontrar.

---

[19] A. Kojève, 2004 [1942].

CIARCIA, Gaetano, 2006, *La perte durable. Rapport d'étude sur la notion de "patrimoine immatériel"* Carnet du Lahic n° 1, París, Lahic/Mission à l'ethnologie, Ministerio de la cultura: http://www.lahic.cnrs.fr/IMG/pdf/Ciarcia_perte_durable-2.pdf

CIARCIA, Gaetano, 2007, *Inventaire du patrimoine immatériel en France. Du recensement à la critique*, Carnet du Lahic n° 3, Paris, Lahic/Mission à l'ethnologie, Ministerio de la cultura: http://www.lahic.cnrs.fr/IMG/pdf/Carnet_no3-2.pdf

GARCIA Marie-Carmen, GENYIES William, 2005, *L'invention du Pays Cathare. Essai sur la constitution d'un territoire imaginé*, París, L'Harmattan.

KOJÈVE Alexandre, 2004 [1942], *La notion de l'autorité*, París, Gallimard-NRF.

LAURENT Anne, 2003, "En quête de l'île mystérieuse…l'île de La Nadière sur l'étang de Bages-Sigean " Presentación del proyecto de investigación (para preparar el DEA en sociología-antropología), Universidad de Perpignan.

LAURENT Anne, 2004, " Proposition d'étude en réponse à la commande du PNR de la Narbonnaise en Méditerranée ".

Bibliografía

AMIEL, Christiane y Jean-Pierre PINIÈS. [sd]. " Projet d'exposition L'île paradoxale . PNR de la Narbonnaise en Méditerranée.

Association " Les amis de La Nadière ". 2004. Projet " Musée village Historique de Pêcheurs ", documento interno de la Asociación.

BORTOLOTTO, Chiara (dir.). 2008. *Il patrimonio immateriale secondo l'UNESCO: analisi e prospettive*. Roma: Instituto poligráfico e Zecca della Stato.

BROMBERGER, Christian y Alain MOREL. 2000. " L'ethnologie à la preuve des frontières culturelles ". En C. BROMBERGER, A. MOREL (dir.), *Limites floues, frontières vives*, 3-24. París: Éditions de la Maison des sciences de l'homme.

CIARCIA, Gaetano. 2006. *La perte durable. Rapport d'étude sur la notion de " patrimoine immatériel "*. Carnet du Lahic, n.° 1. París. Lahic/Mission à l'ethnologie, Ministerio de la cultura: http://www.lahic.cnrs.fr/IMG/pdf/Ciarcia_perte_durable-2.pdf

______. 2007. *Inventaire du patrimoine immatériel en France. Du recensement à la critique*. Carnet du Lahic n.° 3, Paris. Lahic/Mission à l'ethnologie, Ministerio de la cultura: http://www.lahic.cnrs.fr/IMG/pdf/Carnet_no3-2.pdf

GARCIA, Marie-Carmen, y William GENYIES. 2005. *L'invention du Pays Cathare. Essai sur la constitution d'un territoire imaginé*. París: L'Harmattan.

KOJÈVE, Alexandre. 2004 [1942]. *La notion de l'autorité*. París: Gallimard-NRF.

LAURENT, Anne. 2003. " En quête de l'île mystérieuse…' île de La Nadière sur l'étang de Bages-Sigean " . Presentación del proyecto de investigación (para preparar el DEA en sociología-antropología), Universidad de Perpignan.

______. 2004. " Proposition d'étude en réponse à la commande du PNR de la Narbonnaise en Méditerranée " .

______. 2005. " La communauté de pêcheurs de l'île de La Nadière. Étude de référence documentaire " . PNR de la Narbonnaise en Méditerranée.

LEVI, Giovanni. 1989 [1985]. *Le pouvoir au village. Carrière d'un exorciste dans le Piémont du XVIIe siècle*. París, Gallimard.

LUXEN, Jean-Louis. 2003. " La dimension immatérielle des monuments et des sites avec références à la Liste du patrimoine de l'Unesco ". Victoria Falls, 14e Assemblée générale et symposium scientifique de l'Icomos: http://www.international.icomos.org/victoriafalls2003/luxen_fre.htm

PALA, Marc. 2005. *Voies et frontières à l'époque médiévale dans les Corbières orientales*. Narbonne: PNR de la Narbonnaise en Méditerranée.

______. 2008. *L'ancienne frontière. Entre mythe et histoire, un espace de l'entre-deux*. Narbonne: Parc naturel régional de la Narbonnaise en Méditerranée, coll. " Les Carnets du Parc " , n.° 8.

PNR de la Narbonnaise en Méditerranée, sin fecha, " L'île de la Nadière. Projet d'étude de programmation " , documento de trabajo, PNR de la Narbonnaise en Méditerranée

SCHIPPERS, Thomas. 2000. " Trouver la bonne distance " en C. BROMBERGER, A. MOREL (dir.), *Limites floues, frontières vives*, 27-37. París: Éditions de la Maison des sciences de l'homme.

UNESCO. 1993. *Resolución 27 C/3.13*. 27ª Sesión de la Conferencia General de la Unesco. *Convención para la salvaguardia del patrimonio cultural inmaterial*. 2003. París, http://www.unesco.org/culture/ich/index.php?pg=00006

Del PSC al PCI al Museon Arlaten
Un museo centenario en la era
de las nuevas patrimonialidades

Sylvie Sagnes

El museo es la institución que se ocupa más explícitamente de conservar el patrimonio y de garantizar su transmisión. Era entonces de esperar que fuese parte de esta obra, cuyo propósito es precisamente preguntarse por las atribuciones actuales de la transmisión (¿su criterio, su problemática, su objeto?) en los procesos que desembocan en los factores para determinar un PCI. Dicho esto, poder traducir de qué manera la cuestión del PCI impacta en el campo de los museos es una tarea más bien utópica, al menos en Francia, y no alcanza solo con una escucha atenta del arrebato en el que vive actualmente el patrimonio. No existe, al menos por ahora, un museo sobre el PCI. Pero más allá de las denominaciones y usos, el mundo de los museos franceses se siente muy implicado con esta nueva categoría patrimonial.[1] La FEMS (Federación de los Ecomuseos y de los Museos de la sociedad) y la AGCCPF (Asociación General de los Conservadores de las Colecciones Públicas de Francia) ya abordaron este tema cuando la DMF (Dirección de los Museos de Francia) entregó un cuestionario dirigido a los museos de la sociedad y ecomuseos, para "evaluar la sensibilidad

---

[1] No sucede lo mismo en Portugal, por ejemplo, donde los museos son los primeros implicados respecto del PCI. El "Instituto dos Museus e da Conservação", creado en 2007 por el ministerio de cultura de ese país, está a cargo del inventario del PCI, subsidia investigaciones, propone formaciones para los profesionales de los museos y a gran escala, encabeza campañas de sensibilización del PCI para los investigadores y la comunidad en general (encuestas de comprensión y conferencias como las publicadas en P. Ferreira da Costa 2009).

de los conservadores en relación a lo inmaterial".[2] Los resultados de esta encuesta esbozan un horizonte interesante para entender cómo la institución museística se apropia del PCI, cómo lo digiere, cómo lo interpreta. Las respuestas, además de revelar cierto malestar con relación a esta noción, considerada borrosa, poco clara, paradójica (material/inmaterial) o incluso inadaptada a nuestra cultura (sobre todo respecto de la noción de "tesoros vivientes"), muestran una dificultad para distinguir e identificar lo inmaterial como tal en las colecciones pero, paradójicamente, revelan también la importancia del concepto inmaterial. Chiara Bortolotto, quien amplía la mirada a la experiencia norteamericana y europea, identifica dos interpretaciones posibles de la inmaterialidad en el universo museístico, según el "régimen patrimonial":[3] en el régimen clásico (el de los museos civilizadores) lo inmaterial de las prácticas sobre los objetos se da por la mediación, es decir, por las actividades guiadas, las fuentes multimedia, los espectáculos, etc.;[4] en el "nuevo" régimen (en donde se cristaliza la idea de elección y gestión en conjunto del patrimonio) se relaciona más bien con la participación de todos los portadores/ejecutores de ese patrimonio, en todas las etapas de la patrimonialización y su puesta en valor.

Partiendo del principio de que la mejor manera de aprehender el centro es desde sus márgenes, nuestra propuesta consiste en superar este primer análisis y tomar un museo como muestra de partida, en este caso el Museon Arlaten, en el que no está planteada la cuestión del PCI, al menos no esencialmente. La noción de PCI aparece con timidez, de forma progresiva; podríamos incluso hablar de un proceso más o menos pasivo de aculturación, de incorporación más o menos inconsciente. Pareciera que el PCI atravesara sin atropellos ni dolor la cultura científica del museo, dándose a entender como una forma actualizada de hablar de patrimonio etnológico. Esta desviación, esta reducción léxica podría fácilmente ser percibida en tanto esclerosis, inmovilismo. Y, sin embargo, el Museon Arlaten está en plena renovación. ¿Qué repercusiones tienen estos intentos de modernización en esta posmodernidad patrimonial del PCI? ¿A qué reinvención de la transmisión nos enfrenta?[5]

---

[2] M.-F. Calas, 2008, p. 35.

[3] C. Bortolotto, Comunicación presentada en el marco de "Patrimonio Cultural Inmaterial y Museos. Experiencias norteamericanas y europeas". Taller organizado junto a Daniel Fabre (LAHIC, EHESS) y Laurier Turgeon (IPAC, Université Laval), Museo del quai Branly, 26-27 de enero 2010.

[4] Sobre este punto, ver también: Y. Bergeron, 2010.

[5] Los estudios que se presentan en este artículo sintetizan aquellos desarrollados por S. Sagnes 2009.

El Museo de Mistral: el brazo armado de la transmisión

El Museo Arlaten, inaugurado en 1899, es considerado uno de los primeros museos etnográficos de una provincia (si no el primero). Fue obra de Frédéric Mistral, autor de una obra maestra literaria y lexicográfica en dialecto provenzal y fundador de una asociación, "Félibrige", que milita por la preservación y promoción del provenzal, no solo en la Provenza, sino también en todo el sur francés. Esta otra causa, la del regionalismo provenzal y del regionalismo a secas, concepto que él inició,[6] también atraviesa a este museo que, por lo tanto, no es un museo cualquiera…

Siguiendo el espíritu de Mistral, el proyecto del Museon complementa su obra literaria, para que "el pueblo entienda eso íntimo y sagrado que llamamos el espíritu y la tradición de raza". Se trata, hoy como mañana, de obrar por el renacimiento del provenzal. Y, más exactamente, de visibilizar, de hacer tangible la cultura del Sur de Francia. Los objetos reunidos en el museo son testigos irrecusables y perennes de los modos de vida y de pensamiento del lugar, las pruebas concretas de una singularidad con pretensiones irreductibles. Para reformularlo a la medida de las problemáticas de este libro, podríamos decir que Mistral plantea un legado identitario y se sirve del museo para garantizar su transmisión. Los primeros herederos serán sus contemporáneos, y en primera fila los habitantes de Arles, al estar implicados por triplicado en este museo, ya que son al mismo tiempo los destinatarios, los sujetos que se quiere exhibir, pero también sus actores, puesto que se los llama para constituir las colecciones con sus donaciones. El Museon Arlaten y el público *arlésien* mantuvieron esta triple relación durante todo el siglo XX.[7] Y especialmente durante el período de la ocupación alemana en Francia. Vichy eligió a Mistral como caballito de batalla de la Revolución nacional y el Museon participó en el renacer petainista bajo la dirección del curador Fernand Benoît y del pintor Léo Lelée para convertirse en el lugar experimental del folclore aplicado a la vida social.[8]

En la posguerra, el Museon Arlaten se hunde en el letargo del que solo escapa con la ola ecomuseológica de los años 1970 y 1980. El encargado en ese entonces de los museos de Arles, Jean-Maurice Rouquette, propuso implementar unas salas en el último piso dedicadas al "mundo rural provenzal", a la manera de Georges-Henri Rivière. Siguiendo la moda de los

[6] A.-M. Thiesse, 1988, 1991.

[7] D. Séréna-Allier, 2000, 2001.

[8] D. Séréna-Allier, 2009.

hilos de nylon,[9] el Museon también adoptó las consignas de los museos de sociedad de ese momento: transmitir, educar, implicarse. Y debemos señalar que la ciudad de Arles en su conjunto sigue estos preceptos. Todos sus museos y los Encuentros fotográficos creados en 1969 por Lucien Clergue trabajan activamente en la mediación y la acción cultural (sería interesante algún día reconstituir este proceso).

Los efectos concretos de este impulso en el Museon Arlaten solo se hicieron visibles a partir de 1991. Es la época en la que Dominique Séréna asume como curadora del museo. Egresada de Historia, especialista del siglo XVIII, formada en museología por Georges-Henri Rivière, Séréna trabaja desde 1978 en museos de Arles y junto a su público. En 1991, se hace cargo del museo, bastante venido a menos: sin electricidad en el primer y segundo piso, sin teléfono, con 40 centímetros de agua en el sótano, solo un encargado y cuatro cuidadoras como personal, sin inventario ni presupuesto. La nueva curadora empieza por la estantería, es decir, llena las vitrinas pedidas en su momento por Rouquette y aún vacías. Implementa un servicio educativo y comienza a armar exposiciones temporarias que ponen en valor a las colecciones. La exposición permanente sigue idéntica, o casi: solo se retiraron algunos objetos de las vitrinas.

Pese a tener que recuperar tanto tiempo perdido, Dominique no pierde de vista las problemáticas más avanzadas de su profesión. Participa asiduamente en los seminarios de Emilia Vaillant sobre la historia y el devenir de los museos de sociedad, en los que ordena "hacer el duelo del fundador". Sigue también de cerca las indicaciones de la DMF, difundidas a partir de 1992 a través de Jacques Sallois, que alienta los museos a que realicen PSC (Proyectos científicos y culturales).[10] Para la DMF, los PSC son un instrumento para encuadrar la explosión de la oferta museal de los 80 y 90. Sin embargo, los curadores a cargo lo consideran de dos maneras. Algunos rezongan al verlo como una forma de control y de coerción; otros, como el Museon Arlaten, se acomodan a las directivas y ven los PSC como un medio para estar a la altura de las nuevas evoluciones más o menos brutales que sus instituciones deben enfrentar cada vez más a menudo: multiplicación de la oferta museal y su consecuente concurrencia; transformación del

---

[9] A partir de los años 1960, Rivière es el precursor de la "nueva museología", en la que el objeto habla por sí mismo. Para ponerlo en valor, la vitrina ideal consiste simplemente en un fondo negro con el objeto suspendido adelante por hilos de nylon casi imperceptibles. [Nota del traductor]

[10] El PSC es un documento de orientación general destinado a definir la política de un museo para los próximos 3 a 5 años, a partir de un balance crítico de la institución. El diagnóstico incluye distintos aspectos, como la historia del museo, el desarrollo e inserción del establecimiento en el entorno social, económico y político. Ver: M.-H. Joly 2009.

público debido a la renovación generacional y el auge del turismo mundial, con implicancias no solo cuantitativas, si no también cualitativas (evolución de la demanda); sometimiento progresivo a las leyes del mercado, equivalente al imperativo de gestionar para tener siempre más importancia, en todos los enfoques (financiero, logístico, recursos humanos, tiempo).[11] Los museos precisamente deben trabajar duro en vistas de la renovación y diversificación de la oferta, la recepción del público y la creación de nuevas modalidades de mediación (recurrir a las nuevas tecnologías), así como el desarrollo interno de técnicas de *management* y *marketing*. Adaptarse a estos cambios no es algo sencillo, pero el museo no puede ignorarlos, ni en Arles, ni en otras partes.

Lo imposible y necesario y el duelo

Pero en el Museon Arlaten el asunto es aún más complicado debido a la imposibilidad de "hacer el duelo del fundador". La necesidad de cambio choca con la función identitaria que ejerce el Museon para los *arlésiens*, que no estarían dispuestos a renunciar a esa imagen que el museo refleja de ellos mismos y que vienen a contemplar, con cierto narcisismo: "Los viejos *arlésiens*" se hallan en este lugar, solo eso. […] Hay cierta intimidad, esta es nuestra casa, acá nos hallamos, acá están NUESTRAS tradiciones. […] Al menos, a mí me gusta respirar este polvo, porque es MI polvo".

Como explica otra interlocutora, el Museon Arlaten "para los *arlésiens* no es un museo como cualquier otro, es una extensión de ellos mismos, de la vida de sus familias, de los recuerdos de sus abuelos". Los habitantes de Arles están muy pendientes del material de cada colección ya que son los objetos cedidos por las propias familias y consideran por eso al museo como una extensión, sagrada, de sus altillos. Para ellos, el Museon será por siempre un "museo tesoro", que alimenta su nostalgia sin dejar de alimentar la de las generaciones venideras. En efecto, el Museon es un museo que preserva y al que se le confía los recuerdos de la familia, ahora y siempre.

Los encargados del Mantenimiento[12] elevan el museo a un mayor grado de dignidad y lo consideran como mínimo "piedra angular de nuestra tradición". Los mantenedores, movidos por la ambición de "transmitir" y

---

[11] J.-M. Tobelem, 2005.

[12] El "Mantenimiento" designa un grupo de asociaciones e instituciones que a partir del impulso de Mistral y el Félibrige, velan por el mantenimiento y la transmisión de la lengua y tradiciones provenzales. En la larga lista de marcadores culturales que perpetúan los militantes de la identidad provenzal, figura el idioma, pero también la *bouvine*, la carrera *camarguaise*, la práctica del *galoubet tambourin*, la *farandole* y otras danzas folclóricas, las artesanías locales (la *santonnerie*, la cestería, la ebanistería, la joyería, etc.), las fiestas *calendales*

"como sus predecesores, de hacer pasar esta tradición de generación en generación", apelan al "espíritu de la transmisión" como motor de sus acciones.

Pero los *arlésiens*, de sala en sala, no solo experimentan y atestiguan su autoctonía. El museo también sirve como marco de sus recuerdos de infancia y por lo tanto de una historia personal, más allá de lo familiar. Los más ancianos lo recuerdan como su terreno de juego y las nuevas generaciones, que no gozaron de esa libertad de movimientos, no por eso son menos sensibles a ese lugar. La visita al museo les deja una marca indeleble en sus memorias de niños. Para los pequeños *arlésiens*, simboliza un viaje, el Museon Arlaten obrando como "sublime máquina del tiempo", como lo califica con tanta belleza Christian Lacroix.[13] El Museon se entromete en las existencias de los que lo visitan, como espacio de juego, como refugio de las imaginaciones rebosantes, como marco de una enseñanza más o menos intencionada de la "arlesianidad", para dejarles esa huella para siempre.

No será entonces de extrañar que el Museon Arlaten exponga actitudes deferentes rozando lo religioso: "Nuestras colecciones tienen un alma, hay un alma en este museo", insiste Henri, intentando explicar este fenómeno: "Cuando visito el Museon Arlaten, me doy cuenta de que algo comienza a resonar". Janine confirma este sentir: "Este museo representa para los viejos *arlésiens* nuestros ojos, nuestras manos, nuestra respiración. Acá están nuestros ancestros, nuestras raíces. Cuando ya no sabemos adónde ir… Yo, elijo entre ir a rezar a Saint-Trophime o ir al Museon Arlaten. Para mí, es lo mismo, es paz para mi alma…" Concebida como regenerativa, la visita al museo puede volverse una visita a uno mismo.

Para aquellos que están familiarizados con la sociología contemporánea en la pareja, y saben de la importancia del "amor a primera vista" para la búsqueda inconsciente de uno en el otro, podrán encontrar la traducción del idioma romántico en este contexto: así, a Clément le gusta decir "me enamoré de muy chico de este museo". Y también puede expresarse en el campo vocacional, como el mismo Clément lo ejemplifica con convicción, con tan solo veinte años: "Desde chico, mi sueño, mi deseo profundo, es trabajar para este museo. […] Estoy dispuesto a cambiar de carrera, haría cualquier cosa por entrar". Las intenciones de Clément no son una excepción. Otros en Arles también lo anhelaron: un joven Christian Lacroix, por ejemplo. Todos conocen su primera vocación de curador, que lo hizo frecuentar muy joven y con frecuencia los museos de Arles en general y en

y otras festividades… Una enumeración infinita en la cual cabe destacar el mayor de los emblemas provenzales: el uniforme *arlésien*.

[13] http://www.christian-lacroix.fr/francais/biograph/cdforma.htm

particular el Museon Arlaten… El gran costurero incluso inició los estudios correspondientes en la Sorbona y en la Escuela del Louvre. Y Elisabeth, la novena reina de Arles, supo seguir el mismo camino al dirigir el Museo del tejido provenzal Souleiado en Tarascon, aunque no haya seguido esa formación.

Más allá de los avatares de cada vida, se comprende con estos casos que el Museon Arlaten tiene una función de llamado a filas. Esa intensidad repercute en las representaciones que suscita la función de curador del museo. Dominique Séréna recuerda la época en la que asumió como curador y las representaciones que se hacían de su cargo trasparecían a través de invectivas repetidas: "usted debe ser como una madre para las colecciones". Es entendible que un museo que aspira a sus visitantes al punto de que deseen pasar del otro lado de las vitrinas requiera de la disponibilidad y el apego incondicional de una madre. También se entiende por qué podría haber cierta resistencia a la idea de una transformación.

Sin embargo, se escuchan voces discordantes, lejos de la DMF, pero también en Arles, alegando que el Museon es "algo extraño". "Fijo", "rígido", "demodé", el museo de Mistral está lejos de tener la unánime adhesión de los *arlésiens* que denuncian "el polvo", la falta de iluminación y ese aspecto tipo "bazar". Critican tanto la forma como el fondo. "Cultura, sí, pero no para ayer, para mañana"; algunos incluso se atreven a llamarlo "museo de reaccionarios y fachos". En "arlesía" como en museología, el Museon genera debate.

El PCI al encuentro del compromiso

Un necesario e imposible duelo fue la base paradójica de las decisiones principales de la política museal del Museon Arlaten durante los años 1990: respetar lo heredado, lo cual no quita, según su curadora, "el derecho al inventario intelectual". En los hechos, esta postura se tradujo en un enfoque global y desapegado de las colecciones. Dominique Séréna se inclina por lo tanto a la historia de la institución, contextualiza sus etapas, destaca sus funciones identitarias. Para el Museon Arlaten, este quiebre es determinante. Ya no se trata de producir elementos de identificación y alimentar sentimientos de pertenencia: se debe explicitarlos y darlos a pensar tal como se cristalizaron en el museo. La idea de "museo del museo" que explicita el PSC es el punto de llegada de este cambio objetivista y "reflexivista". ¿Cómo ocurre? Aprovechando las colecciones y presentaciones ya dispuestas, algunas ya centenarias; la idea rectora es conservar el legado de Mistral y de sus sucesores y superponerle o intercalarle otros dispositivos museográficos que desnudarán las razones por las cuales esos objetos fueron elegidos y expuestos en sus inicios. Ya no se trata solo de mostrar objetos, también serán parte del museo sus objetivos, las elecciones museográficas, su ideología, la recepción y las decisiones.

Todo indica que, en el universo de los museos, nunca se llegó al punto de patrimonializar la construcción de una identidad. El Museo de la Historia de Francia,[14] situado en el Hotel de Soubise, estuvo cerca de vivir una operación similar. La intención de su proyecto de renovación era romper con su propósito principal de presentar los documentos fundacionales de la conciencia nacional. El departamento de acción cultural y educativa de los AN (Archivos Nacionales) preparó una puesta en perspectiva epistemológica de las maneras de escribir la historia de Francia.[15] En enero de 2009 y por intervención del Presidente de la República, el PSC que desarrollaba esta idea quedó en el olvido…

Para la curadora y su equipo, el museo del museo es una manera de distanciarse de su identidad, "ese concepto molesto constitutivo de la idea de museo".[16] Se generan dos puntos de vista. Por un lado, se intenta armonizar con una disciplina hermana, la etnología y los etnólogos, para ir más allá de las creencias, las representaciones, los discursos performáticos de la identidad, al criticar los fundamentos basados en el sentido común (esencia, naturaleza, verdad, unicidad, permanencia) y suscribirse a este enfoque desencantado, pero en mayor conformidad con la realidad, que concibe a cualquier identidad como fundamentalmente plural, cambiante, relativa. Precisamente en un museo "de la identidad", el replanteo deberá ser consecuente.

Esta incomodidad deliberada no se debe solo a la voluntad de estar en sintonía con las últimas investigaciones. También subyace el temor al "encierro oscurantista en la identidad",[17] el miedo al triunfo de "la ignorancia, la indiferencia o la desvalorización implícita del otro".[18] En Arles, más que en cualquier otro lado, se sabe que "algo huele a podrido en los museos de la identidad",[19] ya que el Museon mismo desempeñó un papel importante durante la Francia de Vichy con el propósito de sobrevalorar a sí mismo en detrimento del otro. Haber aprendido perfectamente la lección de historia local y nacional explica el porqué de su desenlace radical (el

---

[14] Antes de 1938, denominado Museo de los Archivos y originariamente (en 1867) Museo de paleografía, de diplomacia y sigilografía de los Archivos del Imperio.

[15] A. James-Sarazin, 2004.

[16] S. Chaumier, 2005.

[17] P. Mairot, 1998, p. 164.

[18] S. Chaumier, 2005, p. 24.

[19] P. Mairot, 1998, p. 164.

museo del museo), impidiendo cualquier sospecha. Y también lo explica la actualidad. La propuesta del PSC tiene que ver al mismo tiempo con la emergencia de un cierto provenzalismo preocupante, que se ocupa más que nada en fustigar a los occitanos.

Desde un punto de vista más patrimonial, ocurre una doble operación. Se genera un nuevo patrimonio y al mismo tiempo convierte en patrimonio las maneras de hacer y recibir a un museo, de transmitir y heredar una cultura. Sería una equivocación pensar que se trata solamente de una cuestión estilística, tan solo una ingeniosa "mise en abyme". Este nuevo patrimonio se aparenta mucho al PCI tal como lo describe el "nuevo" régimen patrimonial, al menos en lo que respecta al profesional productor que también es portador/especialista, demostrando de esta manera una nueva conciencia patrimonial respecto de su práctica, al objetivarla y transformarla en bien cultural.

Esta operación también "monumentaliza" el museo intocable de Mistral, o más bien "monumentaliza de hecho" la deferencia de los *arlésiens* en relación con el museo. De hecho, esta monumentalización también se asemeja a los procesos de autonomización y objetivación de un bien cultural, que rigen la designación de PCI, dentro del "nuevo" régimen patrimonial. La hiperdeferencia, como la monumentalización, no alcanza para presumir ser un PCI. En cambio, la donación de objetos de los *arlésiens* al Museon sí constituye un indicador fuerte. Es la única puerta que los profesionales del patrimonio dejaron al público "natural" para que sigan siendo actores de su museo. Esto no significa que les alcance. ¡Para nada! Acá entra en discusión cuáles son los límites del compromiso porque si bien los dos museos coexistieron primero en las páginas del PSC y luego en las salas del hotel Castellane, esta coexistencia no siempre se trasladó al pensamiento. No solo difieren las orientaciones actuales de la política de recolección y las intenciones de los donantes (o vendedores) contemporáneos;[20] también ocurren otras tensiones que atraviesan el universo social inmediato del museo y que sería imposible detallar en esta publicación.[21]

Aunque se lo presenta aleatorio, frágil, variable y modificable, el compromiso de Arles hacia el Museon Arlaten sigue siendo de gran interés. Dependerá de este museo fósil no morir de a poco en esta modernidad inadaptada. La nueva vida que se le da en las bambalinas del PSC moviliza modalidades que son implícitamente las mismas que las del PCI. Sin saberlo realmente, este museo *produce* PCI o varios PCI, mejor dicho, hasta volverse él mismo un PCI y volverse un museo-monumento y un museo

---

[20] V. Dassié, 2009.

[21] El tema del idioma en el museo es un debate vigente. Sobre este punto, ver S. Sagnes.

del museo, según las ocurrencias. Este devenir múltiple del museo debe interesarnos no tanto por ejemplificar una apropiación diferenciada del patrimonio, algo que podría ser previsible en esta modernidad de individuos, sino más bien por la objetivación implícita del hecho y de la función de transmisión del que proviene.

Bibliografía

BERGERON, Yves. 2010. " L'invisible objet de l'exposition. Dans les musées de société en Amérique du Nord ". *Ethnologie française*, XL, 3, 401-411.

CALAS, Marie-France. 2008. " L'immatériel et les musées. Première approche à partir d'une enquête auprès des musées ". *Culture et recherche*, n.° 116-117, 35-37.

CHAUMIER, Serge. 2005. " L'identité, un concept embarrassant, constitutif de l'idée de musée ". *Culture et musées*, n.° 6, 21-42.

DASSIÉ, Véronique. 2009. " Le Museon Arlaten: objets ethnographiques, objets d'affection entre collections privées et publique ". En S. SAGNES (dir.), *Images mentales, représentations de l'identité : le Museon Arlaten*, Informe final en el Consejo General de Bouches-du-Rhône, 96-141. París / Carcassonne: IIAC (UMR 8177) - Equipo LAHIC (CNRS, EHESS, Ministerio de la Cultura).

FERREIRA DA COSTA, Paulo (dir.). 2009. *Museus e Património Imaterial. Agentes, fronteiras, identidades*. Lisboa: IMC.

JAMES-SARAZIN, Ariane. 2004. " Pour un musée des archives : l'exemple français " www.wien2004.ica.org.

JOLY, Marie-Hélène. 2009. " Le Projet Scientifique et Culturel a-t-il de l'avenir ? ". *La Lettre de l'OCIM*, n.° 124, 8-14.

MAIROT, Philippe. 1998. " Identités et musées de société " en J. LE GOFF (dir.), *Patrimoine et passions identitaires*, 163-173. París: Fayard / Editions du patrimoine.

SAGNES, Sylvie. 2009. " A chacun son Museon Arlaten " ; " Entre échos et discordances : le musée revisité ". En S. SAGNES (dir.), *Images mentales, représentations de l'identité : le Museon Arlaten*. Informe final en el Consejo General de Bouches-du-Rhône.), 26-39; 40-81. París / Carcassonne: IIAC (UMR 8177) - Equipo LAHIC (CNRS, EHESS, Ministerio de la Cultura).

______. " Unité et/ou diversité de la (des) langue(s) d'oc : histoire et actualité d'une divergence " Lengas.

SÉRÉNA-ALLIER, Dominique. 2000. " Mistral et la renaissance de la Provence : l'invention du Museon Arlaten ". *La pensée de Midi*, n.º 1, 32-39.

_____. 2001. " Le Museon Arlaten face à l'histoire ". *Le Monde alpin et rhodanien*, n.º 1-3, 145-157.

_____. 2009. " 1936-1941: Fernand Benoît au Museon Arlaten (1891-1969) : une muséographie mistralienne revisitée ? " en J. CHRISTOPGE, D.-M. BOËLL, R. MEYRAN (dir.), *Du folklore à l'ethnologie*, 323-333. París, Editions de la Maison des sciences de l'homme.

THIESSE, Anne-Marie. 1988. " Le mouvement littéraire régionaliste ". *Ethnologie française*, XVIII, 3, 220-232.

_____. 1991. *Ecrire la France. La littérature régionaliste de langue française entre la Belle Epoque et la Libération*. París: PUF.

TOBELEM, Jean-Michel. 2005. *Le nouvel âge des musées. Les institutions culturelles au défi de la gestion*. París: Armand Colin.

El saber-hacer y el saber-callar
Secreto y transmisión de las prácticas
relojeras en el Arco jurasiano suizo

Hervé Munz[1]

> *Toda palabra o discurso que sea dicho o callado,*
> *instala y pone en juego grupos o categorías sociales que*
> *se relacionan con el poder-decir y el saber-decir, que*
> *definen según una lógica aún por descubrir,*
> *los poder-hacer y los saber-hacer.*
>
> Jean Jamin[2]

Si bien "el problema de la transmisión es consubstancial con el proyecto antropológico", como indica D. Berliner,[3] la transmisión de la industria relojera en el Arco de Jura suizo aún no fue estudiada socio-antropológicamente, salvo por los trabajos de Noël Barbe y Richard Lioger[4] y de Laurence Marti[5]. Mi investigación[6], poniendo el foco en las dinámicas de

---

[1] Quisiera agradecer a Nicolas Adell por haberme invitado con generosidad a escribir en esta obra, así como a Bernard Knodel, Ellen Hertz y Julie Perrin por hacer una relectura paciente del texto.

[2] J. Jamin, 1979, p. 10.

[3] D. Berliner, 2010, p. 11.

[4] N. Barbe, R. Lioger, 1999. Obra que trata también sobre la industria relojera en el Arco jurasiano francés.

[5] L. Marti, 1996 y 1999.

[6] Este estudio es parte de un programa de investigación coordinado por el Instituto de etnología de la Universidad de Neuchâtel intitulado "El patrimonio cultural inmaterial (PCI):

adquisición e implementación de las habilidades constitutivas de la práctica relojera, se pregunta acerca de los procesos de transmisión del oficio y pone en tela de juicio la manera en que estos son apoyados por políticas públicas e iniciativas privadas.

En el ámbito relojero, el problema de la transmisión se enfrenta muchas veces con la cuestión del secreto. En el día a día, el secreto dicta las modalidades de organización de la industria y sus procesos sociales, técnicos y políticos. Al encarar el problema de la transmisión de este oficio, se llega a una proliferación de discursos sobre el secreto, como cuando se evoca la historia de la relojería suiza, los valores que le son propios y las formas que adquiere en la actualidad. Existe por lo tanto una temática bien específica sobre el secreto en el discurso de los actores relojeros. Las operaciones de encubrimiento incluso estructuran una gran variedad de situaciones. El secreto tiene gran importancia en el ambiente relojero del Arco jurasiano, en tanto objeto de discurso y problemática de su práctica.

Este trabajo aborda sobre el tema de la transmisión y la práctica relojera a la luz de la reflexión sobre el secreto. Se propone repensar la transmisión estudiando las maneras en que la actividad relojera obra en torno al secreto. Inevitablemente, debo precisar una cuestión sobre la dificultad que supone transmitir un secreto por la naturaleza misma de él. El secreto no será definido como un contenido de un saber relativo a la técnica relojera que fue prohibido o vedado, sino como una "práctica social" que regula el acceso a un "objeto" (discurso, información, procedimiento técnico), que nunca está del todo vedado. El secreto se encarna en "juegos de resguardo/exteriorización"[7] que "se pueden ver, percibir y finalmente comprender en las distintas prácticas, alianzas, exclusiones y pertenencias, donde se manifiesta lo que está escondido y lo que se pone en valor", como señala Giraud.[8]

La práctica del disimulo también hace emerger lo que se busca hacer visible. Se cristalizan así distintas problemáticas que intentaremos plasmar para entender cómo la dialéctica de lo visible caracteriza el sector relojero del Arco jurasiano y organiza sus intercambios. Para ello, plantearemos la problemática del vínculo entre secreto y transmisión en tres ejes. Primero, cómo el discurso de la práctica relojera subyace en el secreto y cómo a cambio la práctica alimenta al secreto. Observaremos luego cómo el secreto

---

¿el don de Midas?" [*Le patrimoine culturel immatériel (PCI): le don de Midas ?*]. Me llevó a confrontar el paradigma del PCI con las formas de la práctica actual de la relojería en el Arco jurasiano suizo.

[7] A. Petitat, 2000, p. 8.

[8] C. Giraud, 2005, p. 260.

opera en la transmisión de los saberes, en las posiciones sociales y en las representaciones que estructuran el ambiente de la relojería jurasiana. Finalmente, examinaremos cómo el diálogo entre secreto y transmisión permite describir el proceso social de producción de valor de la actividad relojera.

El secreto relojero en tanto práctica de resguardo

Durante las observaciones realizadas en talleres de relojería, tuve la oportunidad de realizar entrevistas formales e informales con diversos ejecutantes. Durante estos intercambios, las prácticas de resguardo aparecieron en diversas temáticas, que sin embargo nunca ocurren de cualquier manera ni en cualquier momento. El discurso establecido del secreto relojero tiene sus reglas, de las que conviene esbozar brevemente sus aristas.

La cuestión del secreto se menciona con frecuencia entre los relojeros del Jura durante la etapa de adquisición y transmisión del oficio: lo que no se dice, lo que no se muestra, lo que se hace "con disimulo" parece haber sido parte del aprendizaje y de los primeros pasos en este medio. Sin embargo, ese secreto tiene un sentido bien definido cuando caracteriza las relaciones durante el aprendizaje con colegas mayores o maestros: el secreto se vuelve un motivo que ancla, que territorializa un universo particular, con sus nociones específicas. Así lo atestiguan las declaraciones de W., maestro relojero a cargo de un centro de formación de relojería: "en el taller en el que empecé a trabajar como relojero, hace treinta años, tenía un colega mayor, un antiguo… Y no puedo afirmar que haya sido muy generoso con su conocimiento… Al principio, cuando necesitaba consejos, algún truco para realizar una operación… le preguntaba: '¿pero cómo hacen esto?'… y me respondía: '¡Con sudor y lágrimas!'". Este testimonio es sintomático del de muchos otros relojeros que vinculan el secreto y la transmisión del oficio, que podemos agrupar en tres categorías principales. En primer lugar, el secreto está vinculado con las generaciones más antiguas de relojeros y está encarnado en las figuras humanas del "antiguo" y del "viejo relojero". Son ellos quienes detentan el saber y determinan su acceso y difusión. En segundo lugar, el secreto no solo depende de la capacidad de esos relojeros; también entran en juego el orgullo del relojero, su obstinación e incluso a veces su arrogancia: ¡los "antiguos" le daban muchísimo valor a lo que sabían y hacían! La fórmula "… y murieron con sus secretos" que mencionó varias veces uno de mis informantes muestra cuantos lamentos y nostalgia suscitaron esos silencios. Por último, la postura de que la tematización del secreto referida sistemáticamente a las prácticas relojeras es parte de un tiempo pasado y extinto que se desmarca claramente del presente. Una gran cantidad de mis interlocutores exclamaron que "llegó la hora de compartir el conocimiento", que "¡no tenemos nada que esconder!", "¡ahora, está todo a la vista!", dejando bien en claro sus opiniones.

Apelar al secreto permite que los practicantes conformen una filiación profesional, la cual pone de relieve las formas y dificultades que enfrentaron para adquirir su destreza. Los talleres de relojería de antaño aparecen como lugares cerrados sobre ellos mismos, cuyo obrar se mantiene en secreto y con un acceso muy restringido. Este discurso permite entre otros efectos valorar todo el proceso subyacente en el que los practicantes actuales lograron adquirir sus conocimientos. Mostrar el secreto en tanto obstáculo o freno al proceso de adquisición de las distintas habilidades permite destacarlas, al conocer las dificultades encontradas para repetirlas y aprenderlas. Sin que sea el relato común a todos los relojeros jurasianos, sí se posiciona como criterio compartido dentro de la relojería actual, en la jerarquía de saberes, y ayuda a construir una exclusividad necesaria para darle "nobleza" a la práctica.

La construcción discursiva del secreto relojero como puesta en escena del pasado demuestra la importancia de las prácticas de resguardo a partir de las cuales los relojeros conciben la historia de su actividad. Estas representaciones se legitiman con solo echar un vistazo a la historia relojera suiza de la segunda parte del siglo XX. En efecto, esta industria se construyó históricamente a partir del principio de resguardo, traducido en la voluntad política de proteger las "recetas" nacionales de fabricación de los guardianes del tiempo. Así se implementó un sistema proteccionista de patentes en 1931, a partir de la voluntad estatal de controlar el tamaño del aparato de producción relojera y prohibir la exportación de partes [*chablonnage*]. Esta práctica consistía en exportar relojes en piezas sueltas que luego eran ensambladas y ajustadas en el extranjero. En el ajuste de un reloj mecánico residía justamente la excelencia de la relojería suiza, considerada la operación más exigente y difícil de realizar. Difundir este "savoir-faire" representaba un riesgo (dado el contexto de crisis mundial y el crecimiento de la competencia internacional) y esa exportación representaba una amenaza para varios industriales y autoridades suizas de "trasplante de técnicas" al extranjero. El acuerdo, abandonado progresivamente a partir de 1961, también estableció la implementación de una política de regulación de acceso al oficio de relojero. Se impuso la obligación de un "permiso comercial" para fabricar relojes y se prohibió hasta 1968 el acceso a ese oficio a extranjeros y extranjeras, a quiénes solo se les otorgaba tareas de producción que no impliquen un gran conocimiento. Se comprueba entonces que el resguardo fue la forma elegida históricamente por la política para abordar el problema de la conservación y la transmisión del saber relojero suizo, durante más de un tercio del siglo XX.

¿Perpetuar el "sudor y lágrimas"?

Aunque hoy en día ya no haya secretos en la relojería, según varios de sus ejecutantes, siguen siendo evocados al referirse a la transmisión del oficio, sin referirse específicamente al pasado. Los secretos surgen sobre todo cuando se instauran nuevas colaboraciones de trabajo. Uno de mis informantes más privilegiados, M., relojero, miembro de una PyME, me confesó con franqueza que pensaba perpetuar alguna forma de resguardo relacionada con sus "trucos". Aclaraba también que "no mostrar o no decir no es lo mismo que callar por el placer de tener un secreto". Y agregaba: "no tengo secretos, pero gracias a la experiencia, tengo ciertos 'yeites', 'trucos'. Por ejemplo, para los distintos tipos de grasa, el porcentaje de aceite que uso para lubricar las piezas, las herramientas que uso para aplicarlo, la dosis, dónde ponerlo. Todo eso no se lo muestro enseguida a los otros. Sobre todo porque al no mostrar cómo se hace... se puede ver cómo haría el otro, cómo se las arregla. Pero es también una manera de decir '¡Curtite, si supieras lo que nos costó llegar hasta acá!'". Por lo tanto, el secreto según M. no impide el acceso a una forma de hacer, pero difiere ese acceso en el tiempo. Sería como un examen en el que el estudiante debe demostrar lo que vale. Hay una incitación a cumplir con el ritual ("curtirse" para llegar, "mostrar" que se puede) para garantizar la transmisión de valores como la perseverancia y que el trabajo bien hecho exige cierto tiempo. Para M., la colaboración es una "prueba" que debe conducir al otro a adquirir ciertas competencias, ciertos valores, o a manifestar que ya los tiene. Lo que M. transmite a través de su silencio representaría una invectiva para obtener o demostrar que se tiene cierta relación con el mundo relojero. En este mundo, existe una exigencia de calidad que M. define como "manía". Solo es posible entonces compartir los gestos que perennizan la actividad con otros si este pasó la prueba, obteniendo así una suerte de calificación.

Lo que el secreto transmite en el ambiente relojero

Aunque los relojeros consideren que el secreto va en desmedro de la transmisión, que obstaculizaría el traspaso del oficio y el principio de transparencia que supone, habría sin embargo que matizar estas representaciones. En efecto, el secreto puede servir como prisma para repensar la transmisión de valores y jerarquías en los que se basa la práctica relojera y la circulación de saberes.

En el secreto opera el gesto que esconde un "objeto" pero que al mismo produce otros de otra naturaleza. El secreto se caracteriza tanto por su capacidad de limitar el acceso a un saber, como por ser propenso a generar nuevos conocimientos sobre ese saber y por el *hecho* de limitar su acceso. El secreto no solo designa al objeto y al contenido transmitido, también define su modo. Califica al operador que transmite o a su manera de transmitir. Es por esta razón que no abordaremos en este artículo los procesos de transmisión de secretos en la técnica relojera si no que nos preguntaremos más bien qué se transmite en el campo relojero del Arco de Jura *a través de* estas prácticas de resguardo.

El secreto del relojero como señal de un saber-hacer

Lo que primero aparece *a través del* secreto es la representación de que el saber-hacer relojero se manifiesta gracias a un saber-callar esencial para su puesta en marcha. Como vimos en los ejemplos previos, poseer una habilidad técnica también supone incorporar una economía de la palabra. Ser considerado digno de un conocimiento implica adquirir competencias que van más allá de lo estrictamente técnico, y se relacionan con el orden discursivo. Hay por lo tanto una doble representación en el campo relojero del Arco jurasiano, según la cual el saber-hacer es un saber-ser, cuya existencia social se caracteriza como "saber-callar". Guardar un secreto es una muestra de ese saber-ser: entonces, para saber hacer, silencio hay que mantener.

Por otro lado, "conocer los secretos supone o implica un saber-callar que define un poder decir".[9] El practicante que limita el acceso a un objeto también se permite modular ese límite. Saber callarle al otro alguna práctica es entonces reservarse el poder de revelársela. Visto de esta manera, esconder puede abrir un nuevo campo de posibles acciones y ejercer cierta influencia en el otro. Es al menos la hipótesis a la que llegamos luego de verificar el éxito que tienen, año tras año, las "Jornadas del patrimonio relojero",[10] organizadas por las ciudades de Chaux-de-Fonds y Locle. Esta manifestación se inició en 2007 con el fin de lanzar la candidatura de esas dos ciudades como patrimonio mundial de la Unesco. El principio es simple: una vez por año, los talleres, industrias, escuelas y museos de relojería de las dos ciudades abren sus puertas para todos. La participación de empresas y la concurrencia va en aumento cada año. La edición de 2010 se vivió con gran entusiasmo si vemos la cantidad de asistentes: hubo más de 5000 personas deambulando de una empresa a otra en solo algunas horas. El éxito de esta operación se debe en parte a que constituye un "gesto de

---

[9] J. Jamin, 1979, p. 13.

[10] http://www.urbanisme-horloger.ch/index.asp/3-0-75-8023-131207-1/ [Página consultada el 15 de noviembre de 2010].

exteriorización" de los talleres relojeros habitualmente reacios a abrir sus puertas al público. El ambiente relojero, en tanto "imperio de la confidencialidad", tiene efectivamente la reputación de ser muy celoso respecto de los "secretos" de fabricación de sus relojes. Esta reputación genera una dimensión que incita una "voluntad de ver" del público en general, apelando a su curiosidad. Durante ese evento, J., un colega historiador con quien me encontré por casualidad en la calle, me contaba: "me ilusionaba mucho poder visitar los talleres de la compañía relojera Ulysse Nardin, al haber nacido en Locle… es como un mito de la zona que se vuelve realidad… ¡por eso reservé para estar muy temprano acá, era algo que realmente no quería perderme!". La apertura de los talleres fue presentada como algo excepcional y el público así lo tomó. La rareza del momento produjo fascinación y urgencia entre los visitantes. La oficina de turismo de Neuchâtel así lo comprobó: 3 semanas antes de la manifestación, las grandes marcas de relojes ya habían agotado sus reservas para las visitas guiadas y solo 4 de las 33 empresas que participaban en la "Jornada" no habían llenado sus cupos diez días antes de que empiece.

Incorporar jerarquías

Las operaciones de encubrimiento edifican también jerarquías sociales entre un afuera y un adentro. Esta separación no preexiste en absoluto, es la operación la que la crea al mismo tiempo que la expresa. Permite a aquel que pone en marcha el resguardo asentar el valor de su posición respecto de aquel que la padece. Aflora ese sentido de jerarquía *en construcción* y la semilla de un nuevo mundo. Tomemos a modo de ejemplo la feria relojera de Basilea, llamada *Baselworld*.[11] Se trata de un salón profesional, abierto al público a cambio de una entrada onerosa. Los stands promocionales de las empresas de relojes en el primer piso son custodiados por guardias de seguridad y azafatas. Solo pueden acceder a este piso aquellos "con cita previa" y que planean realizar un pedido. El secreto profesional o la "discreción" no son los principios rectores de la división jerárquica del espacio, sino efectos de este. El carácter confidencial de lo que se encuentra en el interior de los "templos" solo se debe a esta puesta en escena que restringe el acceso a ellos. Con esta configuración velada, solo se busca ampliar el principio jerárquico al espacio, privilegiando a los clientes efectivos y dándole sentido a la política de "exclusividad" de las marcas relojeras.

---

[11] http://www.baselworld.com/ [Página consultada el 20 de noviembre de 2010].

El prestigio de heredar una amenaza

La imponente presencia del secreto en la relojería del Jura muestra también hasta qué punto sus actores y organizaciones se sienten amenazados. La práctica del resguardo representaría en este caso una "protección justa" ante las amenazas. Estas provienen del afuera y son siempre sinónimo de un peligro potencial: la imitación, la competencia, el espionaje, el contrabando, el robo e incluso, como veremos, el polvo. Todos estos fenómenos justificarían practicar el resguardo; veremos algunos ejemplos.

En primer lugar, se encuentra la narración de "la crisis del cuarzo"[12] que "destruyó" la industria relojera suiza. Fue el germen que sirvió para justificar las prácticas actuales de confidencialidad. Evocar ese período "negro" permite reafirmar el *topos* de la "amenaza japonesa" y representarlo como *la* amenaza que condujo a la relojería suiza a una ruina momentánea. Sistemáticamente, los comerciantes e incluso algunos historiadores atribuyeron el desarrollo de la competencia nipona y su posterior éxito a un minucioso trabajo de espionaje orquestado por los industriales japoneses. Según estas explicaciones, habrían ido a espiar los talleres suizos y se habrían apropiado de las técnicas (de forma más o menos honesta). El secreto de fabricación de los relojes suizos no había sido bien guardado y eso habría causado el declive de la relojería suiza a partir de ese momento. En segundo lugar, varios relojeros independientes, varios representantes de los oficios artesanales relacionados a este medio (esmaltado [*émaillage*], grabado a mano [*gravure-main*], engaste [*sertissage*], *guillochage*) confiesan compartir cada vez menos sus conocimientos debido a la competencia dentro de la producción industrial de relojes de prestigio y la tendencia de las grandes marcas a "avalar" el savoir-faire de sus colaboradores internos. En tercer lugar, la cuestión de la confidencialidad jerarquiza permanentemente las relaciones sociales dentro de la práctica relojera. Así ocurre, para citar solo algunos ejemplos, entre departamentos de una misma marca, en la cohabitación de las marcas durante los salones de exhibición y en las inacabables cláusulas de confidencialidad pactadas entre las empresas y las compañías tercerizadas o los centros de investigación. Según estos actores, estas formas de confidencialidad son consecuencia de una mayor competencia en el sector, que lleva a formalizar patentes y a recurrir sistemáticamente a la propiedad intelectual.

Sin embargo, también podríamos considerar la figura de la competencia como un efecto de la tematización de la confidencialidad y no al revés. Si

---

[12] El ambiente relojero suizo es en gran medida unánime en que el desarrollo y la comercialización masiva del reloj de cuarzo por la industria japonesa provocó el declive del reloj mecánico a mediados de los años 1970 y precipitó el naufragio de la relojería suiza.

lo vemos de una forma más general, aunque es evidente que una amenaza puede inducir al secreto, es más bien este el que contribuye a hacerla aparecer *socialmente*, dado que dar cuenta de su presencia permite auto-legitimarla: solo *merece* ser secreto aquello que está amenazado. Una vez más, no se trata de conocer el objeto velado sino entender lo que instituye o hace existir al secreto.

Es importante también señalar la correspondencia entre amenaza y figura externa, que en el ambiente relojero no es solo una cuestión subjetiva. Esta correspondencia se acentúa al visitar las empresas relojeras o empresas que trabajan en las microtecnologías. El interior de esos espacios debe ser imperativamente preservado del *polvo del afuera* que es el "mayor enemigo de la microprecisión"; es necesario por lo tanto "disfrazarse" para ingresar a esos lugares. En la antecámara de la fábrica nos proveen de un guarda-polvo, pantuflas y gorra. Esta etapa "vestimentaria" constituye un ritual inaugural y solemne que demuestra el valor de lo que será descubierto enseguida. Esta puesta en escena intensifica el sentimiento de haber recibido un objeto cuyo contenido debe ser preservado con gran cuidado, con la mayor atención. Asociar el afuera con una amenaza subraya así el carácter valioso de lo que se protege. En este caso, no se trata de un "secreto industrial" pero aun así refuerza la representación de que el corazón de los talleres (y lo que se produce ahí) debe ser escondido o al menos no debe ser *directamente* accesible para el que viene de afuera.

El privilegio de la amenaza o la "firma" de un entorno

Como aclara Giraud, "dar a mostrar lo que es secreto, es dar a mostrar ese objeto al que se le atribuyen valores, creencias".[13] Bajo esta consideración, el resguardo también debe ser visto como un proceso social de producción de valores del campo relojero suizo.

La creencia de que solo un objeto de calidad tiene el paradójico "privilegio" de estar bajo amenaza hace que la operación de resguardo sea vista como un gesto de preservación y le otorga un *significado* implícito al valor de lo velado. Al limitar el acceso a un objeto, el secreto produce e instituye prestigio social. La amenaza representa entonces para el objeto velado un peligro de alteración y al mismo tiempo un privilegio y una distinción, la amenaza resalta su calidad y autoriza su consagración. La relojería rechaza el secreto en la mayoría de sus aristas porque este es garante del "privilegio de estar amenazado". Este privilegio y la perpetuación del valor de la

---

[13] C. Giraud, 2005, contratapa.

relojería del Jura corren peligro por la transmisión. Por eso, eligen usar el secreto como firma que corrobore su excelencia.

La política del resguardo en la práctica relojera del arco jurasiano

En la oficina técnica y la feria de relojes, en el taller artesano y la industria, el secreto representa un *topos* en la escena relojera jurasiana y un engranaje importante dentro de las estrategias mediáticas para otorgarle singularidad. El "imperio de la confidencialidad" es el factor indispensable para que las empresas puedan participar en la carrera por innovar. El peso de los silencios moldea las interacciones, competencias y colaboraciones que estructuran el ambiente relojero.

Dada la centralidad y la profundidad histórica en la que el secreto "cocina" la actividad relojera, ¿podemos aseverar que se trata de un modo de transmisión del ambiente relojero del Arco jurasiano? Y en ese caso, ¿qué desafíos enfrentará ante una posible patrimonialización? Si bien es cierto que *asociar* el secreto con el problema de la transmisión del oficio tiene que ver con "tradiciones" locales para los relojeros y que difundir esta *asociación hará* "resonar un eco patrimonial en el acto de su transmisión"[14], tampoco es posible afirmar que los portadores de ese "patrimonio" se identifiquen con él… salvo que *lo* disimulen.

Bibliografía

ADELL, Nicolas. 2010. " Argumentaire scientifique ". Preparación para el coloquio internacional *Transmettre : quel(s) patrimoine(s) ? Autour du Patrimoine Culturel Immatériel*, 16-18. Toulouse: Université de Toulouse II - Le Mirail.

BARBE, Noël, Richard LIOGER. 1999. *Les industries jurassiennes : savoirfaire et coopération*. Berna: P. Lang.

BERLINER, David. 2010. " Anthropologie et transmission ". *Terrain*, n.º 55, 4-19.

GIRAUD, Claude. 2005. *Du Secret ; contribution à une sociologie de l'autorité et de l'engagement*. París: L'Harmattan.

JAMIN, Jean. 1979. *Les lois du silence ; essai sur la fonction sociale du secret*. París: Maspero.

---

[14] N. Adell, 2010, p. 1.

MARTI, Laurence. 1996. *La grande famille : pratiques, représentations et identités horlogères dans le Jura suisse*, tesis de doctorado, Université de Lyon II.

_____. 1999. " Le retour aux origines : approche socio-anthropologique du développement industriel horloger dans les montagnes neuchâteloises " . *Revue suisse de sociologie*, vol. 25, n.° 2, 183-215.

PETITAT, André. 2000. *Secret et lien social ; actes du colloque " Secret et société "*, Université de Lausanne, Section des sciences sociales. París: L'Harmattan.

TERCERA PARTE
Situaciones densas

El saber-tocar del *rebouteux*
Reflexiones acerca del aprendizaje sensorial
de una práctica tradicional de sanación
en la Suiza romanda

Julie Perrin[1]

La antropología francesa, en consonancia con el movimiento general de repatriación de la disciplina, empezó a fijarse más detenidamente en las prácticas tradicionales de sanación en la mitad de los años 1970.[2] Sin embargo, las investigaciones en la Suiza romanda se multiplicaron recién a principios de los años 1990. Muchas de ellas se enfocaron en el paradigma teórico del pluralismo médico y se inspiraron en la literatura de la antropología del cuerpo y de la enfermedad;[3] mi investigación,[4] en cambio, versa sobre el proceso de transmisión de esas prácticas.

---

[1] Un gran agradecimiento a Nicolas Adell por haberme permitido profundizar mis reflexiones sobre el proceso de transmisión del *reboutement* en el marco de esta obra y por sus valiosos comentarios, al igual que a Ellen Hertz por su relectura cuidada.

[2] Señalemos sin embargo los trabajos precursores de finales de los años 1940 de M. Bouteiller (1947).

[3] Ver por ejemplo I. Rossi (1995) y el tomo colectivo editado por M.-O. Gonseth (1993/1994).

[4] Iniciada en noviembre de 2009 como parte de mi tesis de doctorado en antropología, enmarcada en el programa suizo de investigación "Intangible Cultural Heritage : the Midas Touch ? creado en octubre de 2009 y financiado por el Fondo Nacional de Investigación Científica (División CORE FNS 2009-2012).

Presentaré los primeros resultados de mi investigación sobre el proceso de transmisión del *reboutement*[5] [ensalmador, algebrista] en la Suiza romanda, que nos servirán para esbozar algunas líneas de reflexión sobre los procesos de transmisión en general. Para eso, elegí enfocarme en una forma particular de transmisión colectiva y limitar mi análisis al aprendizaje del saber-tocar. En efecto, este saber es un elemento esencial del *reboutement*, que involucra integralmente al aprendiz. No solo lo abre a un mundo sutil que requiere de una atención sostenida, en búsqueda de informaciones observables para analizar e interpretar, sino también a un entorno emocional particular, en donde el aprendiz, en su voluntad de aliviar al otro, debe aprender a interactuar con la esfera íntima (la suya como la del otro).

Sería interesante también analizar otros elementos característicos del proceso de transmisión del *reboutement*. Por ejemplo, las estrategias individuales para lograr un acercamiento (o incluso una relación exclusiva) con el docente, la existencia aún en boga de un recorrido iniciático del aprendiz o también el descubrimiento o domesticación de un mundo invisible con sus propias reglas. Pero hubiera sido excederse del marco de esta contribución.

En primer lugar, describiré la figura del *rebouteux* según las representaciones colectivas y cómo evolucionaron las prácticas que le son asociadas. Esto me llevará a explicitar el porqué de mi postura metodológica y a demostrar cómo esta me ayudó a sortear las dificultades ligadas a la observación y al análisis del aprendizaje sensorial del tacto, aptitud[6] esencial para la práctica del *reboutement*. Basándome luego en los datos empíricos recabados durante una formación colectiva de *reboutement*, presentaré los desafíos (y algunas estrategias) que supone el aprendizaje de gestos técnicos del *reboutement*. Para terminar, analizaré la influencia de afinar el tacto en la percepción mutua de los participantes.

---

[5] Para conocer su origen etimológico, consultar J. Debons y S. Zufferey Kamerzin, 2009, p. 55; y M. Jenny 2008, p. 46. Algunos practicantes prefieren el término *reboutage* en vez de *reboutement* así como otros términos posibles como *rhabilleur* o *renoueur*.

[6] Agradezco profundamente a la Prof. Mareile Flitsch de la Universidad de Zürich por haber organizado dos jornadas de estudio sobre el tema "Anthropology of Skills" en el marco del *Swiss Graduate Programm in Anthropology*, con la presencia del Prof. Tim Ingold y el Prof. Trevor Marchand. Sin duda, los intercambios con todos los participantes guiaron mi reflexión.

El *rebouteux*, figura de la alteridad

Podemos incluir el *reboutement* entre las actividades que podemos llamar "Prácticas tradicionales de sanación",[7] entre las cuales se encuentra también el *secreto* (esa técnica que incluye rezos y gestos mágico-religiosos),[8] el magnetismo (por imposición de manos o radiestesia), así como el uso terapéutico de plantas y hierbas. Quisiera aclarar que, aunque todos los practicantes acepten la expresión de "sanadores"[9] que propusimos durante los encuentros, la mayoría rechaza ese término y prefiere que se refieran a ellos por su técnica respectiva, es decir *hacedor de secreto*, magnetizador, herborista o *rebouteux*.[10]

En el imaginario colectivo, la figura del *rebouteux* nos lleva a una imagen estereotipada, envejecida de estos individuos, hombres o mujeres[11], que viven campo adentro y a los que íbamos cuando nos sacábamos el hombro del lugar, nos habíamos distendido algún músculo, doblado el tobillo o fracturado un hueso. Intuitivamente y siguiendo sus sensaciones, los *rebouteux* identificaban la causa del mal y "volvían a poner en el lugar" lo que había sido desplazado a través de manipulaciones mecánicas. Su *don* les permitía pasar energía a través del tacto (como el magnetismo) para calmar dolores y favorecer la sanación. Reputados taciturnos, solitarios, regañadientes y bruscos, con un físico particular,[12] este personaje fuera de

---

[7] Si bien algunos aspectos de la práctica del *reboutement* han evolucionado mucho, preferí no poner la palabra "tradicional" entre comillas por tres razones. Primero, porque en la célebre obra *The invention of tradition* editada por E. Hobsbwam y T. Ranger (1983), la comunidad científica entiende que la tradición es el producto de procesos dinámicos de invención y producción. Segundo, porque todos los *rebouteux* entrevistados consideraban que existían, a diferentes niveles, vínculos entre las prácticas actuales y las de "antaño". Por último, porque el paradigma del patrimonio cultural inmaterial, que se concentra en preservar el saber tradicional y vivo al mismo tiempo, enfatiza en su definición institucional que "se recrea permanentemente" y contribuye "a la promoción […] de la creatividad humana" (Unesco, 2003).

[8] Según las circunstancias, los gestos mágico-religiosos pueden realizarse sobre el mismo cuerpo del practicante, permitiendo de esta manera la sanación a distancia.

[9] La mayoría de los practicantes explican que no son ellos quienes curan sino la "energía" que circula a través de ellos.

[10] El éxito comercial inesperado del libro de divulgación *Guérisseurs, rebouteux et faiseurs de secret en Suisse romande* [*Sanadores, ensalmadores y hacedores de secretos*] (2008) de M. Jenny, decididamente militante, participó sin dudas en la estabilización de ciertos términos como *hacedores de secretos* o *rebouteux* en detrimento de otros como *barredores de fuego* o *meiges*.

[11] Las practicantes son llamadas *rebouteuses*.

[12] Una *rebouteuse* se refiere a ese aspecto particular: "Algunos campesinos, al verme llegar, esperan a ver a la *rebouteuse*, la que tiene las manos curtidas, que no está muy limpia, ¡esa es la *rebouteuse* para ellos!"

la norma intrigaba (y lo sigue haciendo) al imaginario colectivo, generando sospecha y fascinación al mismo tiempo.

¿"Ser" *rebouteux* es una elección personal?

Como resumen claramente Debons y Zufferey Kammerzin, el *don* del *rebouteux*, sumado al conocimiento y a la práctica empírica, puede ser "innato, adquirido durante un proceso iniciático entre sanador y alumno (luego de haber sido elegido por él), revelado luego de un momento de sufrimiento o bien transmitido por herencia familiar" (2009:65). Por lo tanto, "ser" *rebouteux* no es una elección personal: se le impone a los *rebouteux* en algún momento de sus vidas, sea por una elección[13] de origen divina (o espiritual), sea de forma directa o sea por el intermediario de un *rebouteux* más antiguo. El *rebouteux* recién puede elegir en ese momento si acepta o rechaza ese don, tal como lo expresa esta *rebouteuse*: "si aceptás, todo terminará bien, porque en realidad, no sos más que un transmisor. Y si no, sabrás que hay algo en vos que no anda bien. [...] Te deja tranquila por un tiempo, y después vuelve [...]. Empezás a sentirte inútil".

Sin embargo, desde que aparecieron cursos de *reboutement* (o *reboutage*) colectivos y pagos en la Suiza romanda hace unos veinte años, ahora también está la opción de una formación a disposición. Tener buena reputación tendrá luego una importancia primordial y determinará si nos "volvimos" *rebouteux* para el resto. Estas escuelas generalmente están abiertas para todo público (algunos establecimientos exigen experiencia comprobada en terapias manuales) y se encuentran mayoritariamente en las ciudades. Demuestran que la práctica se institucionalizó –y se profesionalizó– pero también se democratizó el acceso al aprendizaje de esta técnica. En efecto, estos cursos ofrecen, si bien solo hasta cierto punto, una alternativa a la relación selectiva de maestro-alumno y consideran que el *don* de tocar, aunque para algunos sea innato, también es un potencial que cada uno puede desarrollar. Del conjunto de participantes, sean femeninos, masculinos, y de cualquier rango etario, el "70% acude con la intención de ayudar, de calmar al otro", afirma Rose,[14] docente de *reboutement*. Sin embargo, se distinguen en las diferentes maneras de practicarlo. Algunos desean permanecer dentro de su círculo familiar o privado, mientras que otros anhelan incursionar en "el campo del bienestar" y diversificarse aprendiendo una

[13] El concepto de elección se encuentra también en la transmisión familiar: no solo es posible saltearse toda una generación, sino que solo puede transmitirse a un miembro por generación.

[14] Nombre ficticio.

nueva técnica a la par de sus actividades profesionales, como amas de casas o madres. También los hay en plena reconversión profesional. ¿Pero alcanza con la voluntad personal para volverse *rebouteux*? Según Rose, "lo más importante es amar tocar. […] La percepción se desarrolla con la práctica".

El aprendizaje en tanto objeto y método de campo

¿Cómo describir el aprendizaje y el perfeccionamiento del tocar sin antes pasar por la noción más global de "percepción" que Grave (2007: 78) define como un estado de concentración y de observación de nuestras reacciones emotivas y sentidos externos e internos? Desde los años 1990, varios antropólogos recurren a una mayor interdisciplinariedad en las ciencias cognitivas.[15] Bloch, partiendo de la premisa de que numerosos conocimientos[16] son fundamentalmente no lingüísticos, alerta a los antropólogos respecto de las incumbencias de esta observación: "El proceso de trasladar este conocimiento en palabras supone una transformación tan grande de su naturaleza que las palabras solo podrán tener una relación alejada respecto de ese conocimiento" (1991: 192). Hace menos tiempo, Marchand, al constatar la relación independiente entre mente, cuerpo y ambiente y oponerse a la visión dualista cuerpo-mente que renuncia al carácter contingente de los conocimientos y habilidades, defendió la importancia de la implicancia personal del antropólogo en las investigaciones ligadas al aprendizaje de gestos técnicos. Considera que la participación activa del antropólogo puede así poner el acento en *cómo* aprendieron los individuos, y no en lo que aprendieron (2010: 3). El aprendizaje como objeto *y* método de campo[17] no apunta evidentemente a desarrollar una reflexión limitada a la introspección por parte del antropólogo, sino a permitirle perfeccionar en forma reflexiva su comprensión de la práctica y el proceso de transmisión, así como sus preguntas al dialogar con el interlocutor. En otras palabras, significa que esta postura del antropólogo, a la vez investigador y sujeto de su estudio, procura ofrecer una alternativa no solo al "cuestionamiento insistente con el riesgo de inducir la respuesta y por lo tanto generar un sesgo" como lo comprueba Sola en su investigación sobre los saberes y habilidades hápticas profesionales (2007: 39), pero también

---

[15] En el ámbito francófono, ver por ejemplo P. Geslin 1999.

[16] Según el análisis de Dilley, se distingue el verbo "saber" derivado del latín *scire* que significa "saber o conocer a través de la mente" del verbo "conocer" del latín *noscere* que significa "percibir o aprehender a través de los sentidos" (R. Dilley, 2010, p. 178).

[17] Ver la obra precursora editada por M. W. Coy, 1989.

amenazando con "estancar al practicante en una presentación verbal", como señala Keller (2001: 43).

No tengo conocimiento de alguna investigación sobre las prácticas tradicionales de sanación, y en especial sobre los *rebouteux*, que se haya servido del método de observación participante para analizar sus conocimientos técnicos. Como deseaba conocer las etapas necesarias para reconvertirse al *reboutement*, pedí una entrevista con Rose para que me aceptara en su curso, a lo cual accedió de inmediato. El curso dura aproximadamente cuatro meses y se dicta una vez por semana. Se completa eventualmente con jornadas de formación continua y una clase complementaria que profundiza ciertos aspectos teóricos. En la primera clase, aproveché la rápida rueda de presentación para presentarme como investigadora y explicar a los participantes (cuatro mujeres y dos hombres) mis intenciones y mi método, para tener la certeza de que nadie se opondría a mi proceso. Al cabo de la primera mitad de la formación, realicé entrevistas semi directivas con cada participante.

El aprendizaje del saber-tocar

A continuación, me gustaría describir en primer lugar cómo se transmiten los gestos técnicos, siguiendo una lógica de demostración-imitación, y expondré luego los diversos obstáculos que deben afrontar los participantes en el aprendizaje y perfeccionamiento de su tocar. La primera dificultad consiste en adquirir una buena postura corporal, pero los participantes se enfrentan muy rápidamente a otras adversidades que no se relacionan con el cuerpo, sino con disposiciones mentales que deben transformar para así poder: 1) superar la falta de confianza en ellos; 2) mejorar la atención, la observación y el análisis de la situación; 3) deconstruir esquemas mentales; 4) moldear un lenguaje para hablar de sus experiencias sensoriales y 5) hallar una alternativa al ejercicio práctico fuera del curso cuando no puedan ejercer sobre los más cercanos.

Durante la introducción de su curso, Rose nos explica que el *reboutement* es un masaje profundo, que suelta nudos, alivia tensiones y dolores y desintoxica los músculos. El proceso muchas veces es doloroso, pero "el fin justifica los medios". Insiste en la importancia de practicarlo con regularidad y nos tranquiliza asegurándonos que el "tocar" aparece muy rápido. Luego de entregar el soporte teórico (prohibido mirarlo durante las clases) y compartir las reglas del curso,[18] Rose nos pide calentar un pie con

---

[18] Cada participante debe ser masajeado y masajear a todos los participantes al menos una vez, sin importar el sexo, color, fisionomía, edad o vellosidad. Las personas pueden

la crema grasosa que nos había pedido traer. Llega entonces el momento de la primera demostración. Rose nunca repite sus gestos, salvo cuando alguien tiene algún problema. Realiza los gestos en cámara lenta y en partes y coloca sus manos y cuerpo para que todos podamos ver sus movimientos. Cuando la vi más tarde en su gabinete, me fue imposible distinguir los gestos aprendidos en clase ya que posicionaba sus manos de manera tan diferente. Desde la primera demostración, Rose nos pide reconocer los "granitos" hundidos debajo de la piel y de hacerlos desaparecer con movimientos repetitivos, controlados y en un determinado sentido. Nos advierte no tocar quistes, varices internas o herpes. Los aprendices intentan imitarla como pueden, con la voluntad de hacerlo de la mejor manera. Rose observa esbozando una sonrisa y corrige las posturas: distribuir mejor el peso del cuerpo, respirar y mover todo el brazo para evitar dolores y la pérdida de fuerza.

No saber cuánta presión ejercer o cuánto tiempo dedicar a esos "granos" (llegando a la obsesión) frustra a aquellos que nos sentimos menos seguros. Esa perplejidad esconde el miedo de "equivocarse", como lo muestran estos dos testimonios: "A veces no sé bien cómo hacer. A veces dudo. No me quiero equivocar"; "cuando siento algún relieve, me hago demasiadas preguntas. No quiero trabajar encima enseguida si no sé lo que es". El miedo de lastimar también asusta: "lo más difícil es sentir la intensidad, hasta dónde ir, cuántas veces pasar por ese lugar doloroso. Hay que poder sentir todos esos matices".

Por suerte, también están los otros sentidos que ayudan al aprendiz. La atención visual a las reacciones corporales del otro ayuda, pero también escuchar lo que dice y cómo respira. Esto permite completar la percepción táctil y evaluar los efectos de nuestros gestos.

La observación minuciosa del comportamiento de la persona y la experiencia acumulada nos permitirá ir recabando información, tal como lo explica Rose: "solo con mirar, escuchar, ver cómo la persona se saca la ropa, cómo se instala sobre la camilla, cómo […] Ya tengo la mitad de todo lo que quería ver. Vemos mímicas, gestos, desplazamientos, el acostarse en la camilla. […] Siempre son muy expresivos. Sobre todo cuando hablan poco".

Indirectamente, pero dejándolo bien en claro, Rose critica el recurrir a lo "mental" ya que obstaculiza y engaña nuestras percepciones táctiles y sensoriales. Me explica durante una entrevista que para que el aprendiz

reaccionar con mayor o menor espectacularidad (durante una entrevista posterior, Rose me contó que se refería a manifestaciones físicas como gritos, llanto o ganas de vomitar) y todos deben poder tolerarlo.

"pueda recibir la enseñanza", debe "desarmar, romper su ego, prejuicios, tabúes, principios", es decir "todas las cosas que le inculcaron y que ya no tienen que ver con esta realidad [la del sentir]". Para lograr no apelar a la mente, el aprendiz debe tomar conciencia durante un largo tiempo de sus certezas, de razonamientos basados en lógicas evidentes de causas y efectos, pero también de la voluntad de controlar el curso de las cosas. También debe distanciarse de toda teoría demasiado esquemática, incluso aquella que nos dan al principio del curso.

La dificultad para verbalizar sus percepciones es otra característica del tocar. Esto se debe en parte a la falta de vocabulario relacionada con el tacto, pero también porque se trata de una experiencia perceptiva subjetiva, por lo tanto, interpretativa. Esto impide que podamos comparar objetivamente nuestras percepciones individuales con las de otros (Rice [2010] observa lo mismo en el campo de la medicina). Para compensar la falta de precisión de las palabras, los participantes y Rose recurren a onomatopeyas como "crunch-crunch", a imágenes como el gesto de "come" para referirse al movimiento alternado de las manos que se abren y se cierran, un poco como los juegos de manos para divertir a los niños, o también a expresiones como "¡cuánta gente hay!" si algo extraño aparece. Una participante intenta expresar la diferencia de percepción táctil entre los quistes y el herpes, mientras hace el gesto de pasar por arriba de un quiste: "El quiste hace más "jiup" que el herpes. En realidad, el herpes tiene mayor extensión". Mientras repite los gestos y mueve los hombros hacia arriba, comparte lo que sintió cuando una participante no se había dado cuenta del herpes que tenía en la pierna: "Es como si tuviese algo plantado ahí. Algo así, como si tuvieses un cuchillo. Es lo mismo".

Para perfeccionar la conciencia, la atención y memorizar e integrar corpóreamente los gestos, debe repetirse la técnica todas las semanas con disciplina y disponibilidad de uno mismo y de su entorno. Por falta de tiempo, varios participantes no podían ejercer con regularidad. Como lo vimos, no se recurre a la mente durante el curso, pero estos aprendices me contaron que repetían mentalmente los gestos varias veces durante la semana para no olvidarse las secuencias, como indica este testimonio: "es como si hubiese visto una película y la volviera a ver en video". Esta técnica de visualización, como indica Marchand (2010), también es utilizada por los profesionales en el deporte o el teatro.

Describir y analizar el aprendizaje de una habilidad como el saber-tocar permitió mostrar lo que Downey llama "la paciente transformación del novato", es decir "un cambio en los músculos, en la atención, en el dominio de su motricidad, sus sistemas neurológicos, sus reacciones emocionales y su autosuficiencia en las técnicas de la parte alta y baja del cuerpo" (2010:

35). Veamos ahora cómo los participantes generan una percepción entre ellos a través del aprendizaje del tocar.

La producción de la diferencia

Tocar los cuerpos de otros con sus diversas texturas, tonicidad y estructura es una experiencia que invita a la comparación. Y como observa Grasseni, "la pericia aumenta con una práctica constante de la comparación" (2004:43). Durante el curso, las diferentes maneras de ser tocados por el otro en cuanto a percepciones sensoriales y emocionales también son comparadas: "los hay que son más suaves, otros que son mucho más… más… cómo sería… Cada persona del curso, es decir, yo siento la diferencia"; o también "hay algunos que cuando tocan, pareciera que están tocando un pedazo de carne". En la interpretación del otro existe una correlación entre una manera de hacer y de ser. Ni demasiado suave, ni demasiado fuerte, la delicadeza del "tocar" del *rebouteux* se caracteriza en primer lugar por su experiencia, precisión y atención a las reacciones del otro, lo cual posibilita realizar ajustes. En otras palabras, el *rebouteux* opera un constante ida y vuelta entre su acción y sus percepciones multi sensoriales, muy lejos de cualquier automatismo.[19]

Tal como analiza Rice (2010) en su estudio sobre el aprendizaje de la auscultación en la facultad de medicina, la práctica ligada a percepciones sensoriales no solo da lugar a una producción de la diferencia entre pares, sino que también invita a la creatividad durante el aprendizaje. En efecto, la diversidad de los recorridos de vida y de las profesiones lleva a que no todos arranquen con los mismos niveles de habilidades (técnicas, sociales o mentales), ni tampoco con los mismos potenciales de progreso. Además, cada uno desarrollará su propio sistema de referencia, con mayor o menor detalle, que le permitirá apropiarse de las técnicas e integrarlas. Como señala Downey, "el aprendizaje de una habilidad no consiste en internalizar un 'sentido' compartido, ni tampoco en transmitir una estructura cultural reificada" (2010: 35). La demostración de una técnica, como nos recuerda M. Bloch (1991), implica el pasaje circular de un conocimiento no verbal a su forma explícita en el educador y de un saber verbalizado a su incorporación implícita en el educando. Al transformar el saber (a través de la mente) en conocimiento (a través de los sentidos), el alumno recrea el contenido de la transmisión.

---

[19] Ver T. Ingold, 2006.

De lo implícito a lo explícito

El surgimiento de una enseñanza pedagógica y colectiva del *reboutement* en la Suiza romanda modificó (y volvió perennes) las condiciones de su reproducción. Mientras que, en el siglo XIX, los *rebouteux* ya se servían de planchas anatómicas y de obras de vulgarización,[20] los *rebouteux* docentes de hoy producen sus propios materiales teóricos para las clases. Durante el curso y en las demostraciones posteriores, deben realizar el complicado ejercicio de verbalizar sus conocimientos implícitos para volverlos inteligibles para sus estudiantes, sobre todo en caso de dificultades en el momento del aprendizaje técnico. Además, los *rebouteux* son invitados con mayor frecuencia a compartir públicamente sus prácticas, sus representaciones del mundo o su relación con el mundo médico, al haber aparecido cada vez más documentales audiovisuales y escritos en los últimos años. Este trabajo de interpretación, que conlleva además un esfuerzo de explicitación, es característico del proceso de institucionalización de la cultura y tiene como consecuencia poner el foco en el lugar de los valores, las normas y las referencias comunes de la práctica del *reboutement*.

Al ser interrogados sobre el aspecto técnico de sus prácticas, los *rebouteux* muchas veces responden que "es complicado" o "difícil de explicar", y si se les insiste recurren a nociones borrosas como el "feeling", el "sentir" y el "instinto". El análisis de la adquisición técnica del saber-tocar a través de la observación participante permitió esclarecer parte del misterio que rodea el discurso enigmático de los *rebouteux* sobre su *don* y sus técnicas. Este análisis es susceptible de esclarecer otras habilidades necesarias en la práctica del *reboutement* y su estudio, pero también puede otorgar un nuevo entendimiento del proceso de transmisión para así poder examinar las diferentes prácticas tradicionales de sanación en la Suiza romanda y en otras partes.

Bibliografía

BLOCH, Maurice. 1991. "Language, Anthropology and Cognitive Science". *Man* XXVI, n.° 2, 183-198.

BOUTEILLER, Marcelle. 1947. " Du chaman au panseur de secrets " en *Actes du XXVIIIe congrès international des américanistes*, 237-245. París: Musée de l'Homme.

---

[20] Ver D. Le Breton, 1993 / 1994.

COY, Michael W. (ed). 1989. *Apprenticeship : from theory to method and back again*. Albany: SUNY Press.

DEBONS, Jérôme, Sophie ZUFFEREY KAMERZIN. 2009. *Les soins populaires en Valais. Rebouteux et faiseurs de secret*. Sierre: Editions Monographic.

DILLEY, Roy. 2010. "Reflections on knowledge practices and the problem of ignorance" *Journal of the Royal Anthropological Institute* 16, suppl. 1, 76-192.

GESLIN, Philippe. 1999. *L'apprentissage des mondes. Une anthropologie appliquée aux transferts de technologies*. París /Toulouse: Editions de la Maison des sciences de l'homme / Octarès Editions.

GRASSENI, Cristina. 2004. "Skilled vision. An apprenticeship in breeding aesthetics" Social Anthropology 12, n.° 1, 41-55.

GRAVE, Jean-Marc de. 2007. " Quand ressentir c'est toucher. Techniques javanaises d'apprentissage sensoriel " . Terrain, n.° 49, 77-88.

GONSETH, Marc-Olivier (dir.). 1993/1994. *Les frontières du mal : approches anthropologiques de la santé et de la maladie*. Berna: Société Suisse d'Ethnologie.

HOBSBAWM, Eric, Terence RANGER (ed). 1983. *The Invention of Tradition*. Cambridge: Cambridge University Press.

ONGOLD, Tim. 2006. "Walking the Plank: Meditations on a Process of Skill" en John R. DAKERS (ed), *Defining technological literacy: towards an epistemological framework*, 65-80. Nueva York: Palgrave Macmillan.

JENNY, Magali. 2008. *Guérisseurs, rebouteux et faiseurs de secret en Suisse romande*. Lausanne: Favre.

KELLER, Janet. 2001. "Thought and Production: Insights of the Practitioner" en Michael B. SCHIFFER (ed), *Anthropological perspectives on technology*, 33-45. Albuquerque: University of New Mexico Press.

LE BRETON, David. 1993/1994. " Médecine et médecines populaires au XIX e siècle " en Marc-Olivier GONSETH (dir.), *Les frontières du mal : approches anthropologiques de la santé et de la maladie*, 91-102. Berna: Société Suisse d'Ethnologie.

MARCHAND, Trevor. 2010. "Making knowledge: explorations of the indissoluble relation between minds, bodies, and environment". *Journal of the Royal Anthropological Institute* 16, suppl. 1, 1-21.

RICE, Tom. 2010. "Learning to listen: auscultation and the transmission of auditory knowledge". *Journal of the Royal Anthropological Institute* 16, suppl. 1, 41-61.

ROSSI, Ilario. 1995. " Pluralisme médical : les enjeux des corps possibles " . *Cahiers médico-sociaux*, n.° 39, 25-31.

SOLA, Christel. 2007. "'Y a pas de mots pour le dire, il faut sentir.' Décrire et dénommer les happerceptions professionnelles" *Terrain*, n.° 49, 37-50.

UNESCO. 2003. *Convention pour la sauvegarde du patrimoine culturel immatériel*, París.

El Jean Jaurès orador: la pasión de transmitir

Rémy Pech

Para conmemorar los 150 años del nacimiento de Jean Jaurès, Jean-Claude Drouot supo encarnarlo, incluso reencarnarlo, durante la realización de un video televisado y en el teatro en la obra *La valija de Jaurès* de Bruno Fuligny. Era él el indicado para hablar del Jaurès orador, igual agradezco esta invitación para evocar la práctica de transmitir a través del discurso, del cual Jaurès fue un especialista de temer, algo que confesaron hasta sus más feroces adversarios. Se trataba para él de una técnica, la del profesor, candidato o electo interesado en explicar o convencer. Pero elevó el arte oratorio a otro nivel, al rango de una ética en constante renovación: el mandatario que debe hallar el contenido de sus intervenciones, de sus intercesiones en la escucha y la respuesta de sus seguidores. No es posible evaluar el prestigio de Jaurès y la actualidad de ese prestigio un siglo después de su muerte si no tomamos conciencia de este acto creador, una verdadera *generación*.

Su primera intervención data del 19 de mayo de 1876, a los 16 años, como representante de los alumnos del colegio de Castres, cuando se dirigió al prefecto de la ciudad que visitaba en la escuela. El 25 de julio de 1914,[1] en Vaise, pronuncia frente a un público militante su último discurso en Francia (también expone el 30 de julio ante la Internacional Socialista de Bruselas). Son 38 años de frecuentes discursos. Desde ya, no haremos aquí un análisis semántico, ni siquiera parcial, de esa producción enorme que fue pacientemente reunida en las ediciones de Rebérioux, Candar y

---

[1] Reproducido en J. Jaurès, 2005, pp. 918-921.

otros en las *Obras* de Jaurès.[2] Este *corpus* habilita sin duda el hallazgo de varios datos sobre una gran cantidad de temas. Jaurès estuvo presente e intervino en la vida de los campesinos y obreros del Tarn, en el conjunto de las conquistas e investigaciones que enriquecieron la literatura, la filosofía y la vida política de su época, con una observación atenta y a veces interventora.

Lo que intentaré presentar no es un análisis de contenido, es más bien un panorama de cómo Jaurès concebía la toma de palabra (por qué y cómo *hablar*) y el método oratorio (preparación, prácticas, repercusiones), basándome en testimonios –y el más importante, el de Jaurès y sus escritos, su discurso sobre el discurso– y en algunos ejemplos, en particular sobre su relación con el mundo campesino, tema que estudié más en profundidad.[3]

Solo lamento algo: no existe a la fecha ni una grabación de la voz de Jaurès. Y esto es muy llamativo pues sí las hay de otros hombres políticos de su época. ¿Quizás haya alguna pista en Argentina, donde dicen que fue grabado durante su viaje de 1911?

De lo escrito a la palabra

Los epítetos junto a su nombre en monumentos u obras dedicadas a su recorrido evocan una cualidad: "apóstol de la paz" (el apostolado supone la utilización del discurso, junto con la ascesis y el sacrificio) y "tribuno asesinado". Sin embargo, Jaurès no solo es un orador, aunque lo más sencillo sea relacionar su *palabra* con su acción pública.

Jaurès también, y sobre todo, fue:

– *Profesor de filosofía:*

Brillante docente e investigador (egresado en la Escuela Normal superior en 1878 y tercero de la cohorte de filosofía de 1881, el rector Perroud lo designa docente de la facultad de letras de Toulouse en 1883), podemos recordar sus tesis de filosofía de 1892.[4] El acto educativo es para él algo esencial.

---

[2] Diecisiete tomos publicados por Fayard.

[3] M. Launay, 2000; A. Boscus, 2002. Varias menciones del tema en V. Auriol, 1961 (ver sobre todo V. Auriol "Jaurès, l'homme que j'ai connu" pp. 1-19; y D. Ligou "Jaurès au Parlement" pp. 120-148). Y de testigos directos: C. Rappoport, 1915; E. Vandervelde, 1929; A. Zévaès, 1938.

[4] Ver en particular el tomo 3 de las *Obras* ("Filosofar a los treinta años"). Las *Obras filosóficas* de Jaurès también fueron editadas por J. Blanc (en Vent Terral, 2005 y 2009).

> Uno no enseña lo que sabe o cree saber: solo se enseña y es posible enseñar lo que uno es […] en cierto sentido, la educación es una generación. No estoy afirmando que el educador se esfuerza por transmitir alguna doctrina precisa, por imponer alguna fórmula en la mente de los niños o de los jóvenes. El educador que pretendiera moldear de esa manera al que educa solo lograría un espíritu servil. Si alguien es socialista, si realmente lo es, es porque la libertad de su pensamiento aplicada a una información exacta y desarrollada lo llevó al socialismo. Y los únicos caminos posibles para conducir a niños o jóvenes serán enseñándoles la misma libertad de reflexión y otorgándoles la misma información desarrollada.[5]

Este principio educativo está en evidente correlación con la acción política que para Jaurès nunca debe rebajarse a la propaganda (es más, esa palabra aparece muy raramente en sus escritos, salvo a partir de 1905 cuando se lanza el partido socialista SFIO).[6]

Jaurès fue docente durante ocho años escolares, de 1881 a 1885 y de 1889 a 1893. Preparó y probablemente redactó sus clases con gran conciencia. Algunas clases de filosofía se perdieron (una en particular sobre Dios varias veces mencionada al abordar su supuesta religiosidad), pero sus primeras clases de filosofía aún están disponibles hoy en día.

También cuenta con varios discursos de entregas de premios (dos en el Liceo de Albi en 1883 y 1903, uno en el Liceo de Toulouse en 1892, una en las escuelas comunales de Catres en 1904 y varios otros en las escuelas comunales del Tarn). Ya no se trata de clases sino de textos en los que aborda los valores fundamentales de libertad y responsabilidad y promueve un valor estético universal: la valentía. En particular el de 1903, su famoso "discurso para la juventud".

— Periodista:

Jaurès colaboró desde 1883 en varios periódicos republicanos del departamento del Tarn. A partir del 21 de enero de 1887, lo hizo regularmente y sin interrupciones en el diario *La Dépêche*, y con menor asiduidad en el *Socialiste* de los seguidores de Jules Guesdes del POF; también escribió en el *Petite République*, llegando a ser su editor en 1898 y, por supuesto, en su diario, *L'Humanité*, a partir de 1904. De este modo, se da un intercambio permanente entre la acción escritora y la oratoria. Pude encontrar discursos casi textuales devenidos en artículos: por ejemplo, su discurso sobre la crisis vitivinícola y las perspectivas de diversificación de la economía del

---

[5] Discurso en la Cámara, enero de 1910, en J. Jaurès, 2005, pp. 745-792.

[6] Como ejemplo, en abril de 1909, el título de un artículo de *L'Humanité*: "Propaganda agraria".

Languedoc, proclamado el 20 de octubre de 1907 en Narbonne y retomado poco después en un gran artículo de *La Dépêche*.[7]

La mayoría de las obras sobre Jaurès señalan que le redactaban sus discursos. Podríamos dudar de ello, pero el ritmo trepidante que le imprimía a su vida también hizo que queden pocos rastros directos.[8] Sus incesantes desplazamientos, la cultura de la inmediatez propia al periodista, su tendencia a improvisar y a dar ejemplos contundentes hizo que probablemente no pueda mantener un registro de sus fichas preparatorias. Pero su labor periodística casi cotidiana sin duda lo influenció para producir frases simples, accesibles, concretas, pobladas de descripciones, anécdotas, comparaciones. Así, la introducción de vivencias en el discurso es sin dudas una marca fundamental de su genio oratorio.

— Hombre político:

La acción oratoria del político propiamente dicha se puede descomponer en dos partes:

Jaurès describe en pocas líneas su práctica de contacto con los electores, en la cual los discursos improvisados desempeñan evidentemente un papel importante: "cuando hablo con los agricultores, con los campesinos, ya sea en nuestras reuniones públicas o en esas reuniones familiares que se improvisan en grupos, en los recintos feriales, donde el *patois*, tan franco, tan audaz en sus formas, reemplaza rápidamente al francés, les digo muy claramente...".[9] El resto del discurso reconstruido es un vibrante alegato a favor del intercambio de información entre los votantes y sus representantes electos y el parecer de los electores sobre la actividad y los resultados obtenidos por sus representantes.

Jaurès pronunció innumerables discursos en reuniones internas del partido: reuniones de base o de federación y, a partir de 1899, al fundarse el Partido Socialista Francés, en las reuniones anuales del congreso, en reuniones frecuentes de los órganos de gobierno y reuniones de la Internacional Socialista. A partir de 1896, participó asiduamente en los congresos internacionales y en la Oficina Internacional Socialista, que desde 1901 tiene su sede en Bruselas. Fue un período muy conflictivo y todas estas

---

[7] La *République* sociale, 24 de octubre de 1907 y la *Dépêche*, 23 de octubre de 1907, "Por el Sur y por Francia".

[8] Redactó uno de sus discursos emblemáticos: el del 30 de abril de 1905 en las Arènes de Béziers, al día siguiente de la creación del SFIO. Tiró las hojas al público y algunas fueron recuperadas (y conservadas como reliquias) por el militante *biterrois* Justin Lizarot, tal como recuerda Jean Sagnes (1988, p. 35).

[9] *La Dépêche*, agosto de 1893, "Cultivadores y obreros".

reuniones internas representaron para él un aprendizaje constante de la escucha, la réplica, la argumentación y del compromiso también, ya que desde el momento en que ingresó oficialmente al socialismo en 1893 quiere volverse el campeón de la Unidad.

Estos ejercicios tan valiosos para cualquier orador, Jaurès podrá llevarlos a otros lugares, y, en primer lugar, al ámbito parlamentario.

Las reuniones de campaña llegaron a nosotros gracias a la prensa. La edición de Tarn de *La Dépêche* y *el Cri des Travailleurs* de Tarn realizaron informes a veces muy completos y *a priori* exactos. La brevedad de los mandatos parlamentarios y municipales (cuatro años), las elecciones departamentales y distritales cada tres años y, finalmente, la frecuencia de las elecciones parciales que se convocan inmediatamente en cuanto se produce un fallecimiento o una dimisión, dan la impresión de una campaña permanente.

– El trabajo parlamentario:

Se puede considerar a Jaurès como un parlamentario modelo si, además de sus frecuentes intervenciones en el estrado de la Cámara, se menciona su preocupación por la documentación de todos los temas que se debaten. Todos sus biógrafos insisten en su uso frecuente de la biblioteca parlamentaria y el cuidado que dispensaba a cada información, refiriéndose a la legislación de los estados europeos, como el Reino Unido por ejemplo respecto de la fiscalidad, o los imperios alemán y austrohúngaro para el bienestar social y las pensiones. Sus discursos se nutren también de numerosas entrevistas, tanto con expertos en los distintos problemas como con ciudadanos corrientes invitados a dar su opinión, a veces mediante un cuestionario (es el caso de la crisis agrícola, en la que el Partido de los Trabajadores Franceses distribuyó decenas de miles de cuestionarios entre 1894 y 1896), la mayoría de las veces mediante la consulta directa de este viajero incansable.

Gracias a su sólida argumentación, ganó reputación como *tribuno*, un término milenario que expresa la elocuencia, la persuasión y la capacidad de hablar en nombre de una comunidad. Y Jaurès fue un portavoz, sea de los socialistas desde 1893 o en todo momento de la clase obrera, de la *democracia campesina*, de las clases medias (a menudo invocadas), de la nación, del pueblo o de toda la humanidad cuando se trata, por ejemplo, del problema de la paz. Quisiera referirme al extenso discurso sobre la crisis agrícola, probablemente el más largo que haya pronunciado, después de haber luchado durante seis meses para que se incluyera en el orden del día de la Cámara. En junio y julio de 1897, abarcaron tres sesiones completas, seis horas de discursos, alternando entre citas literarias, estadísticas debidamente registradas e investigadas, y análisis de acontecimientos actuales. Desde el principio, pretendía ser "el eco de la voz campesina, esperando que los trabajadores de la tierra, al despertar del surco en el que están doblados, sean enviados aquí para representarlos y defenderlos de los hombres de la gleba que fueron liberados por el pensamiento socialista". El análisis de la crisis agrícola desemboca en el cuestionamiento de los efectos de la penetración del capitalismo en el campo: dedica un largo apartado a las presiones sufridas por los ganaderos de ovejas del Aveyron sometidos a la Sociedad Quesera de Roquefort en situación de monopolio. Pasa luego a exponer las soluciones posibles. En este caso, el discurso parlamentario vuelve inmediatamente a la militancia ya que es publicado por la *Petite République en* forma de folleto.[10] Habría que distinguir entre los discursos de la tribuna, en los que la protesta juega un papel importante, y los del estadista que participa en la preparación de las reformas: impuesto sobre la renta, separación de la iglesia y el estado, la diplomacia, el ejército. En este sentido, su libro *L'armée nouvelle*,[11] un libro gigantesco, es el fruto de su trabajo parlamentario, complementado con investigaciones colectivas e individuales. Jaurès estudió sobre todo el funcionamiento del ejército suizo y le envió todo a su informante militar, el capitán Gérard en Alemania, con el objetivo evidente de comparar los sistemas militares de las dos potencias rivales.[12]

Por último, los informes de mandato ya mencionados establecen el vínculo entre el trabajo parlamentario, del que constituyen el balance, y la acción militante, ya que brindan la oportunidad de evaluar la situación política actual y presentar nuevas propuestas.

– Las conferencias:

Jean Jaurès fue solicitado por el público literario de Toulouse por su calidad de profesor desde sus inicios en la Facultad de Letras en 1883. Se le pidió que diera una serie de conferencias literarias y políticas en Argentina, Brasil y Uruguay, y en 1911 alternó esas conferencias con reuniones políticas.[13] Su inmensa cultura le permitía hablar de los más diversos temas. Pero para citar a un joven diputado uruguayo admirado por su visita a Montevideo:

[10] J. Jaurès, 1897.

[11] J. Jaurès, 1911.

[12] Leer el artículo de R. Cazals, 2010.

[13] *Jaurès, l'Amérique latine et la latinité*, Colloque de Castres (1992). Editado como número especial en el Boletín *Bulletin de la Société d'études jaurésiennes* (n° 139, enero-marzo 1996).

La gran lección de Jaurès fue precisamente llevar la antorcha del pensamiento socialista a todas partes con una actitud intrépida y una profundidad de conceptos que doblegaba todas las voluntades y que imponía una respetuosa admiración incluso a sus adversarios más feroces. Vino a ayudar con su gesto robusto a grandes y pequeños obreros del ideal, a sembrar el socialismo en estas tierras. No los perturbaba en su trabajo, sino que se colocaba modestamente a su lado, y en todos los temas encontraba la manera de mostrar la posición fundamental de su mente, la cual, así como la aguja magnética que siempre apunta hacia el norte, parecía siempre estar dirigida hacia las ideas cardinales del socialismo, cualquiera que fuera el campo de pensamiento o de divagación contemplativa en el que se movía el ritmo sonoro de su discurso.[14]

En otro registro, el enfoque de Jaurès se ve ilustrado en ese mismo año 1911 en una conferencia sobre Tolstoi, quien había muerto recientemente.[15] La alta sociedad de Toulouse se hace presente, pero los beneficios se destinaron a los ferroviarios que estaban en huelga en ese momento...

Valiosas fuentes de inspiración

Jaurès ofrece un modelo, casi único para los tiempos modernos, de un gran orador político que es al mismo tiempo un gran pensador, sumado a una vasta cultura con una penetrante observación y una elevada moral que acompaña la energía de su acción. Es necesario volver a la antigüedad para encontrar humanos como él.[16]

Intentemos resumir las fuentes de la retórica de Jaurès:

— *La impregnación rural:* los recuerdos de su estancia en la granja de La Fédial hasta los 17 años sin duda alimentaron la profusión de imágenes y metáforas que enriquecen su discurso y lo hacen a la vez perceptible y contundente para el mayor número de personas.

— *Cultura clásica:* todos los biógrafos coinciden en el uso constante de los textos antiguos (Homero, Platón, Tito Livio, Virgilio, Herodoto, Ptolomeo, Plutarco), que leía, citaba de memoria y adaptaba a cualquier discurso.

— *El estudio de los teóricos socialistas:* seguramente Jean Jaurès haya sido, junto con Charles Andler[17], el más conocedor del socialismo alemán.

---

[14] Frugoni Emilio, 1953. La cita me llegó a través de Gerardo Chiflet y Margarita Terra.

[15] Mencionado por V. Auriol 1961, p. 2.

[16] R. Rolland, 1915 (tomado de *Le Journal de Genève*, 2 de agosto de 1915).

[17] A. Blum, 1994.

No solo de Marx, sino también de Lassalle, y por supuesto de los líderes de su tiempo como Kautsky o Liebknecht. Sabía sobre todo vincular el movimiento socialista con la filosofía alemana de los siglos XVIII y XIX e incluso con Lutero.[18]

— *El ejemplo de los ancianos:* su profundo conocimiento de la Revolución Francesa a través de los monumentos de Thiers, Guizot y Michelet, y luego directamente cuando escribe en 1898 la *Historia Socialista de la Revolución Francesa*,[19] que proporciona numerosas referencias de este acontecimiento fundador.

— *El campo:* es su territorio, pero también toda Francia, y como hemos visto con respecto a América del Sur, también el mundo; fue llamado a todas partes y en todas partes investigaba, visitaba, discutía, asistido por una memoria prodigiosa y una capacidad única para disponer de ella en todo momento.

Confidencias y testimonios

Como hemos visto, Jaurès es capaz de hablar en cualquier lugar y a cualquier audiencia. No escribe sus discursos *in extenso* sino que se ayuda de notas y resúmenes que prepara y "mastica".

En el sur de Francia, el idioma de uso en esa época era el occitano, incluso en la ciudad, y se sobreponía al francés, recientemente sumado a "la escuela de Jules Ferry". Dirigiéndose a una población de activistas y votantes en situación de bilingüismo, Jaurès utilizó ambos idiomas, pero su elección no era indiferente.[20] Para él, el *"languedocien"* es el lenguaje del corazón (siempre presente en sus discursos entre los activistas), el lenguaje de la sensibilidad, de la tierra. Jaurès usa la palabra *patois* pero la pone entre comillas. A menudo señala que el *patois*, desacreditado, es en realidad una lengua de alta civilización, degradada por las consecuencias de la anexión. Jaurès, en un texto ampliamente difundido, explica que habla francés para no humillar a sus oyentes dándoles una impresión de condescendencia:

> En las reuniones populares, a los campesinos y a los obreros no les gusta que se les hable solo en patois (perdone la palabra señor abad, es parte de la lengua campesina), pues pareciera que asumimos que no entienden el francés. Pero una vez que hablamos en francés, también les gusta que

---

[18] J. Jaurès, 2010 [1892].

[19] J. Jaurès, 1968 [1898-1908].

[20] R. Pech, 1984.

hablemos en nuestro idioma del Sur. Esto crea una intimidad más estrecha entre el que habla y los que escuchan: y a veces me pareció que se llegaba de esta manera a ciertas fibras profundas.[21]

Sin embargo, en el curso de recientes investigaciones, advertí que era capaz de tratar temas muy serios como la Separación, expuesta en la lengua de *oc* durante la campaña de 1906 en Valdériès, o inversamente de improvisar una intervención en lengua de *oc* por puro placer, como en Bourgnounac en 1910: "Me semblo qué se bousli dins nostré bel patoués, aouraï méns de fatigo et séra coumo sé mé bersabou un boussi d'aïgo fresco del viaur dins ma garxo brulento".[22]

Varios testimonios, numerosas caricaturas y fotografías raras, entre ellas una con Jaurès luciendo sombrero bombín, defendiendo la paz bajo el estandarte rojo del gran *meeting* de Pré-Saint-Gervais en 1913, nos muestran la fuerte presencia del tribuno. Dos testigos privilegiados, sin ser íntimos de él, nos han dejado estos textos asombrosos, que retratan al Jaurès orador en toda su fuerza y originalidad.

Romain Rolland

Alto, fuerte, de apariencia y formas toscas, colorado y barbudo, con rasgos largos y aplastados, Gambetta socialista, fuera de lugar y a propósito, jovial e irradiando el placer de la lucha, sube al estrado y comienza a beber un vaso de vino. Su voz tiene un timbre brillante, demasiado alto, cansador, podría reducirlo a la mitad y ser escuchado desde las últimas filas de la tribuna; pero uno siente que es un placer para él darlo todo; y permanece incansable en ese tono alto durante todo el discurso, una hora y media, dos horas. Bebe vaso tras vaso. Tiene un fuerte acento del sur y montañés, no es el acento cantante de Marsella, sino el acento fuerte del Tarn. Sus entonaciones parecen a veces prédicas. Cuando empieza, adopta el tono del sermón con el acento subiendo en medio de la frase y bajando hacia el final. Cambia constantemente de tema en sus desarrollos oratorios, se complace ante ciertas imágenes como la muerte, la tierra donde nuestros cuerpos desaparecen. Pero sobre todo, tiene una calma, una confianza en sí mismo que nunca falla. No tiene notas: ninguna pregunta perturba su pensamiento. Por el contrario, cualquier interrupción le proporciona un elemento, lo excita, lo renueva. Cuando se inflama o irrita –voluntaria o involuntariamente– los períodos adquieren una magnitud imponente y ruedan como escuadrones de caballería; golpea en la tribuna y surge alguna

---

[21] *La Dépêche*, "Cultura campesina" 27 de septiembre de 2009.

[22] *Le Cri des travailleurs*, 17 de abril de 1910: "Creo que si les hablo en su hermoso *patois*, me costará menos, y será como si me derramaran agua fresca del Viaur en mi garganta ardiente…".

palabra, llamativa, inesperada, que clava su pensamiento en las mentes más hostiles. Cuando responde o ataca a un oponente, juega con él como un gato con un ratón; lo acaricia, lo hace saltar de derecha a izquierda ante las risas del público y, finalmente, al terminar, lo golpea con una patada pesada y seca que lo deja inconsciente. Fuera de esto, no hay atisbo de maldad ni siquiera cuando amenaza con tomar represalias en un futuro cercano. Su prototipo es el de Danton, capaz, poderoso, jovial, generoso y político, que estaría personalmente al servicio de sus adversarios pero que está dispuesto a hacer cualquier cosa por el triunfo de su causa, y lo dice bien alto.[23]

León Trotsky

Escuché a Jaurès en las asambleas populares de París, en los congresos internacionales, en las comisiones de los congresos. Y siempre me parecía escucharlo por primera vez. Nunca una rutina: se buscaba, se encontraba, siempre e incansablemente movilizando las múltiples fuerzas de su mente, renovándose sin cesar y sin nunca repetirse. Su poderosa fuerza natural se combinaba con una radiante dulzura que era como un reflejo de la más alta cultura moral. Derribaba las rocas, tronaba, temblaba, pero nunca se aturdía a sí mismo; estaba siempre en guardia, captando admirablemente el eco que causaba en las asambleas, respondía a todas las objeciones, toda resistencia en el camino, a veces barriéndolas sin piedad, como un huracán, a veces quitando los obstáculos con magnanimidad y dulzura, como un maestro, un hermano mayor. De la misma forma que la gigantesca maza aplasta un enorme bloque para convertirlo en polvo o clava con precisión un corcho en una botella sin romperla. Paul Lafargue, marxista y oponente de Jaurès, lo llamó el diablo hecho hombre. Esa fuerza diabólica, o mejor dicho "divina", se impuso a todos, amigos o enemigos. Y a menudo, fascinados y admirados como ante un grandioso fenómeno de la naturaleza, sus oponentes, atrapados en sus labios, escuchaban el torrente de su discurso que rodaba irresistiblemente, despertaba energías, arrastraba y subyugaba voluntades.[24]

---

[23] Este fragmento del *Journal* figura en R. Rolland, 1945. Podría pensarse que R. Rolland se refería a un discurso de 1907, pero en realidad, se trata del período en el que J. Jaurès fue el líder parlamentario de los socialistas (1893-1898), como lo demuestra la otra versión más trabajada publicada por R. Rolland, 1956, pp. 296-297.

[24] *Cahiers du communisme* 1924 (pero escrito en ruso en 1917), citado por M. Rebérioux 1994, pp. 130-131.

Un pedazo de elocuencia jauresiana

Para concluir esta presentación, me gustaría darle la palabra a Jaurès mismo.

Aparte de los ya mencionados discurso agrícola de 1897 y discurso juvenil de 1903, sería fácil encontrar pasajes ejemplares en el *corpus* jauresiano.[25]

Solo quisiera indicar que sus momentos más propicios, como l'*Affaire* Dreyfus, aunque sus artículos de prensa y su contrainvestigación *Las pruebas (Les preuves)* hayan marcado más que los discursos parlamentarios (es cierto que Jaurès, vencido por Solages en 1898, estuvo ausente de la Cámara en el momento álgido); la Separación de la Iglesia y el Estado, tanto en la Cámara como durante las dos campañas electorales de 1902 y 1906; la representación proporcional entre 1907 y 1914; la ley militar de los Tres Años y el impuesto sobre la renta durante el mismo período, fueron todos debates cruciales para Francia antes de la guerra 1914-1918, debates en los que Jaurès fue preponderante.

Pero el siguiente apóstrofe, esta requisitoria dirigida a Clemenceau en 1907 después del tiroteo asesino en Narbonne, en el dramático motín del distrito parisino 17, es para mí una cumbre de la oratoria. Conciso, dramático, evocando el pasado y con presciencia del futuro, poniendo al adversario en contradicción: todo Jaurès está acá.

> *Jaurès:* Señor presidente del Consejo, si cree que puedo pensar por un momento aquí en culpar a los individuos; si cree, por muy severa que sea mi consideración de la política que ejerce, que desconozco el dolor y angustia que debe causarle la tragedia de hoy, me está rebajando a un nivel al que no merezco que me rebajen (*Animados aplausos desde la extrema izquierda y desde varios bancos del centro y la derecha*). Pero yo les digo: por encima de los gobiernos efímeros y los parlamentos de paso, ¿cuál es la responsabilidad de todos nosotros ante este país, en este momento? ¿Qué harán? ¿Y qué misión asumirán? Es una obra de represión, ¿contra quién? Yo digo que iniciaron una lucha contra todo el pueblo, dentro de los límites de cuatro departamentos.
>
> ¡Oh! No ignoro que las intrigas o las segundas intenciones de los partidos puedan tener su importancia en estos movimientos, pero sea cual sea la parte acordada al espíritu de partido en esta crisis, lo cierto es que esto no va en contra de algún partido, no va en contra de una clase contra la que hay que luchar, sino contra un pueblo que, sin distinción de partido y clase, se levanta por una revuelta de unánime miseria, y yo les pregunto: contra este pueblo unánime, ¿qué harán?

---

[25] *Ibid.*, pp. 142-149. "*Le Jaurès orateur*" en el que Alain Boscus incluye una recopilación.

Sr. presidente del Consejo (Clemenceau): Respetar *la ley.* [1]

Jaurès: Usted mismo lo señalaba advirtiendo el peligro: ¡Esto es una especie de mesianismo! ¡Estos hombres están llamando al salvador! ¿Y no ven que, al condenarlos de esta manera y recordarles su deber como ciudadanos y hombres, el de nunca alienar la razón y la responsabilidad en manos de nadie, ahí también están reconociendo la profundidad y extensión de este movimiento? ¡Ah, qué terrible cuando la miseria toma la forma de una locura mística!

¿Qué podrán hacer sus batallones, sus jinetes, contra estas cosas? (animados aplausos en el extremo izquierdo y en varios bancos del centro y la derecha.)

¡Y vea cómo las dificultades del problema estallan y se multiplican ante sus ojos! Nadie más que yo y mis amigos estamos satisfechos de que el motín del que hablaba haya terminado sin que hayamos tenido el dolor de ver regimientos enfrentarse a otros regimientos; nadie más que nosotros desea evitar estos conflictos. Y cuando reprochaba a mi amigo Aldy haber olvidado, entre las víctimas que deploraba, los soldados golpeados, se equivoca, señor presidente del consejo: deploramos todas las vidas humanas que una política de improvisación ha sacrificado *(animados aplausos desde la extrema izquierda).*

Pero si la intensidad de la crisis militar, con la aparición de uno de sus síntomas, fue afortunadamente mitigada, ¿no subsiste aún la esencia del peligro? ¡Y hasta qué horroroso extremo, a qué horroroso drama de conciencia condenará a estos soldados que mañana se verán obligados por una política imprudente *(murmullos en el centro; aplausos en la extrema izquierda y en varios bancos de la derecha)* a embestir a fondo contra un pueblo del que son la sustancia misma!

[...]

¡Bueno! ¿Sabe por qué no puedo concederle mi confianza? ¿Sabe por qué la Cámara comprometerá gravemente su responsabilidad al otorgársela a usted? Porque, con sus acciones repentinamente contradictorias, con su mezcla de brutalidades y debilidades, se prohibió a usted mismo las palabras de sosiego y las medidas de sensatez; se condenó a usted mismo, para no parecer más débil, para no condenar su brutalidad reciente, a seguir por este detestable camino de represión imposible.

No sé qué pasará mañana, no sé qué gobierno surgirá de una combinación incierta, pero solo puedo concebir la esperanza de que ese gobierno tenga alguna libertad de pensamiento y libertad de acción para traer a este pueblo un mensaje de apaciguamiento. Esa libertad usted ya no la tiene; usted es necesariamente la guerra civil *(animados aplausos de la extrema izquierda y desde varios bancos en el centro y a la derecha).*[26]

Bibliografía

AURIOL, Vincent (dir.). 1961. *Jean Jaurès*. París: PUF.

BLUM, Antoinette. 1994. " Charles Andler et Lucien Herr ". En *Jaurès et les Intellectuels*, 179-186. París: L'atelier.

BOSCUS, Alain. 2002. *Jean Jaurès orateur*. París: Art vivant.

CAZALS, Rémy. 2010. " L'armée vue par Jaurès dans ses articles de *La Dépêche* ". En *Combats. Hommage à Jules Maurin*. París: Houdiard.

FRUGONI, Emilio. 1953 [1933]. *Libro de los elogios*. Buenos Aires.

JAURÈS, Jean. 1897. *Socialisme et paysans*. París: La Petite République.

______. 1911. *L'armée nouvelle*. París: Editions de L'Humanité.

______. 1968 [1898-1908]. *Histoire socialiste de la Révolution française*, 7 tomos. Editado por Albert Soboul. París: Les Editions sociales.

______. 2005. *Rallumer tous les soleils*. Textos reunidos por J.-P. RIOUX. París: Omnibus.

______. 2010 [1892]. *Les origines du socialisme allemand*. Toulouse: Rue des Gestes.

LAUNAY Michel. 2000. *Jaurès orateur ou l'oiseau rare*. París: Jean-Paul Rocher.

PECH, Rémy. 1984. " Jean Jaurès, orateur occitan, quelques pistes " *Bulletin de la Société d'Etudes jaurésiennes*, n.° 94, 9-16, retomado en *Jaurès paysan*, Toulouse: Privat, 2009.

RAPPOPORT, Charles. 1915. *Jean Jaurès*. París: Rivière. 1915.

ROLLAND, Romain. 1915. *Au-dessus de la mêlée*. París: Ollendorf.

______, 1945, " Séances à la Chambre " . *Terre des Hommes*, n.° 11.

______, 1956. *Mémoires et fragments du Journal*. París: Albin Michel.

RÉBÉRIOUX, Madeleine. 1994. *Jaurès, la parole et l'acte*. París: Gallimard.

SAGNES, Jean. 1988. *Jean Jaurès et le Languedoc viticole*. Montpellier: Presses du Languedoc.

---

[26] J. O, *Debates parlementarios*, Cámara de los diputados, sesión del 21 de junio de 1907. Reproducido en J. Sagnes 2007, pp. 176-177.

SAGNES Jean (ed.). 2007. *Députés et sénateurs face à la crise du Midi en 1907*. Montpellier: Archives départementales de l'Hérault.

VANDERVELDE, Emile. 1929. *Jaurès*. París: Alcan.

ZÉVAÈS, Alexandre. 1938. *Jaurès*. París: Hachette.

Saber, saber hacer, saber ser
En la sala de operaciones

Jean-Yves Bousigue

Juramento hipocrático

Tributaré a mi maestro de Medicina el mismo respeto que a mis padres. Compartiré mis conocimientos con él y, si es necesario, le proporcionaré lo que necesite. Trataré a sus hijos como mis hermanos y si quieren estudiar medicina, se la enseñaré desinteresadamente y sin ningún tipo de recompensa. Instruiré con preceptos, lecciones orales y demás modos de enseñanza a mis hijos, a los de mi Maestro, y a los discípulos que se me unan bajo el convenio y juramento que determine la ley médica, y a nadie más.

Pasaré mi vida y ejerceré mi profesión con pureza y respeto por las leyes. No ejecutaré la talla, dejando tal operación a los que se dedican a practicarla. En cualquier casa donde entre, no llevaré otro objetivo que el bien de los enfermos. me libraré de cometer voluntariamente faltas injuriosas o acciones corruptas y evitaré sobre todo la seducción de mujeres u hombres, libres o esclavos. Guardaré secreto sobre lo que oiga y vea en la sociedad por razón de mi ejercicio y que no sea indispensable divulgar, sea o no del dominio de mi profesión, considerando como un deber el ser discreto en tales casos.

¿El *corpus* de valores y prescripciones de un texto de más de dos milenios de antigüedad todavía es pertinente en el contexto médico actual?

Dicho de otra manera, ¿Hipócrates aún tiene cabida en la Facultad —los futuros médicos siempre leen el texto al finalizar la defensa de su tesis— y en el hospital, que se ha convertido en el lugar de tratamiento de primer orden?

La medicina actual, por la omnipresencia de las tecnologías diagnósticas y terapéuticas, los múltiples actores implicados y la complejidad del tratamiento, se encuentra en las antípodas de un *corpus* basado en la transmisión de conocimientos encerrados dentro de una escuela y en prácticas basadas en la relación singular entre paciente y su médico.

Sin embargo, la cuestión de "sanar correctamente" lejos está de ser obsoleta. Las condiciones y formas de cuidado pueden haber cambiado, pero el cuestionamiento perdura: los cuidados siempre se dispensarán a una "materia" –el paciente– viva y padeciente. Durante toda su historia, hubo tendencia a criticar la medicina y sería por lo tanto sorprendente que un aparato regulador en proliferación, alimentado por graves disfunciones e impulsado por las demandas sociales, pudiera dar otra cosa que respuestas parciales.

Lo que se cuestiona hoy, al igual que ayer, es cómo ser médico y cómo hacer medicina.

Si el saber es un requisito previo ineludible sin el cual el paciente no podría beneficiarse de los cuidados correspondientes a su patología, si los conocimientos técnicos –que añaden a la formación el fruto de la experiencia– condicionan, al menos en parte, la calidad técnica de los cuidados prestados, en la forma de ser [*savoir-être*] reside la eficiencia de todo el sistema y la calidad de los cuidados vivida por el paciente.

Ergología quirúrgica

"Tuto, cito, jucunde". Atribuida a Asclepíades (siglo II d.C.), esta fórmula atravesó toda la historia de la cirugía en tanto regla de oficio, desde una perspectiva innegablemente ergológica. El saber permite operar con total seguridad –*tuto*–; *cito se* refiere al oficio, a los "buenos gestos"; en cuanto a la elegancia –*jucunde*– puede asimilarse a un "saber estar", percibido desde el exterior.

El gesto del cirujano implica no solo adquirir conocimientos anatómicos y médicos –sin los cuales no puede haber ninguna indicación operatoria pertinente– sino también una gestualidad sin la cual la operación podría añadir otros daños –iatrogénicos– a los causados por la enfermedad.

En el pasado, adquirir este gesto era el resultado de un aprendizaje que se iniciaba con un maestro y continuaba durante muchos años hasta la realización, idealmente, de una obra maestra que confería el título de maestro en cirugía. Como tal, la cirugía correspondía al campo de las artes mecánicas. Los procedimientos quirúrgicos profesionales –perforar una vena para un sangrado, sajar un absceso o cualquier otro "tumor", colocar un "dispositivo" de trepanación, cortar…– se asemejaba al trabajo de un barbero –"hacer pelo y barba"– y también metían al sanador en esa misma bolsa.

La fusión de médicos y cirujanos en un solo cuerpo a partir del siglo XIX cambió la manera de reclutar y formar a los cirujanos, que de ahora en adelante serían siempre internos de los hospitales. Mientras que el aprendizaje tradicional desapareció, una suerte de gremio compañerista se mantuvo bajo formas particulares. Durante los años de internado y luego de formación clínica –cinco o seis años mínimo– el futuro cirujano, al tiempo que adquiría conocimientos técnicos, se convertía en miembro de una escuela y, por lo tanto, custodio de un patrimonio inmaterial. Elegir ser cirujano, tal vez por antecedentes familiares, por relaciones sociales, incluso por el azar de una pasantía, reforzaba el sentido de pertenencia. El futuro cirujano se presentaba como estudiante de tal o cual maestro, y se le pedía que reprodujera el modelo.

La movilidad que se les exige en la actualidad a los futuros cirujanos durante sus años de formación y la segmentación de la profesión según las disciplinas parece indicar una ruptura con el concepto forjado durante dos siglos, atravesado por las revoluciones de la anestesia y la antisepsia del siglo XIX, la instalación de quirófanos después de la Primera Guerra Mundial y los progresos realizados tanto en el campo de la anestesia como en el de las técnicas e instrumentos de operación. La introducción de nuevas tecnologías –microscopios para operar, endoscopios, accesos "miniinvasivos"– y la hiperespecialización enriquecieron también el patrimonio profesional que siempre afirma estar alineado con el "bienestar" de los pacientes.

En una época la novedad y el progreso parecían sinónimos, lo cual hizo que por un tiempo se obviara la realidad que atravesaban los operados.

Sin embargo, al haberse olvidado el otro precepto de los Antiguos, "*Primum non nocere*",[1] la cirugía recibió violentos embates durante estas últimas dos décadas, poniendo en tela de juicio su identidad profesional y la imagen del propio cirujano.

En este contexto, la cuestión del patrimonio profesional se vuelve crucial: ¿no prevalecieron la destreza y la ilusión técnica por sobre la preocupación por el paciente?

El lugar que ocupa la innovación obliga a combinar la movilidad –con un procedimiento no muy alejado del Tour de Francia del compañerismo– y la adquisición de competencias específicas, en detrimento de la escuela,

---

[1] La estricta ortodoxia cronológica prohíbe atribuirle la sentencia en su forma latina al propio Hipócrates. Sin embargo, nadie cuestiona su pertenencia al hipocratismo, ni su condición de "axioma euclidiano" de la medicina.

para intentar alcanzar prácticas que quizás no estén estandarizadas, pero al menos que procuren reducir los riesgos y complicaciones y mejorar así la calidad de los cuidados.

Ya no es el momento, si es que alguna vez existió, del cirujano como "único comandante a bordo" en "su" quirófano, rodeado de asistentes dedicados a su servicio, afirmando y reivindicando su plena responsabilidad, exigiendo a cambio una total libertad de acción.[2]

La cuestión del liderazgo y de la dinámica organizacional[3]

La magnitud de la crisis nos lleva a cuestionar no solo la cirugía como especialidad médica, sino también los desafíos que enfrenta la humanidad y su organización, así como el imaginario de la profesión y su *"techne iatrike"*.[4]

En la era del riesgo cero –todo el mundo está de acuerdo, sin embargo... en que no existe riesgo cero–, de la calidad total, el principio precautorio, los conceptos de seguridad de los cuidados toman especial relevancia y una dimensión colectiva.

Estos conceptos, introducidos en el mundo de la medicina hace poco tiempo –unas dos décadas– a raíz del problema de la sangre contaminada y la mediatización de las infecciones nosocomiales, primero fueron vistos con desconfianza, desconcierto, incluso con actitudes de rechazo o confrontación, al chocar tanto con culturas y mentalidades profesionales ligadas a la especificidad irreductible del acto quirúrgico.

La aplicación de los instrumentos de análisis conocidos y utilizados en particular en el mundo industrial, demostraron que los "buenos cuidados" no eran más que una forma del "trabajo bien hecho" individual y colectivo, en el que estaban implicados todos los responsables del cuidado, los dispositivos técnicos, la organización y el paciente.[5]

---

[2] Esta cuestión no será voluntariamente abordada desde el punto de vista jurídico, siempre teniendo claro de que se toma partido al observar la realidad, aunque la jurisprudencia haya hecho estragos en la cultura de los cirujanos.

[3] El lector puede referirse a los dos libros de M.-C. Pouchelle (2003, 2008), a quien esta reflexión le debe mucho.

[4] El término se refiere no solo a la caracterización de la medicina como una actividad humana, sino también a la imposibilidad de equipararla a cualquier otra.

[5] Hoy en día, las técnicas y herramientas de análisis como los árboles de causas, los métodos ALARM o "5M"

–Paciente [*Malade* en francés], Mano de Obra, Medio Ambiente, Métodos, Material– se utilizan en el contexto de eventos indeseables y de riesgo.

Al banalizar la cirugía y tomarla como una actividad más, las herramientas analíticas y la atención especial a los factores humanos y a la organización condujeron a cuestionar las culturas profesionales y las mentalidades.[6]

La multiplicidad y la diversidad de estatutos y funciones favorecen el establecimiento de jerarquías más o menos formales que terminan por imponerse a las profesiones –a menudo atrapadas en tradiciones históricas fijas, mal definidas y, por tanto, poco adaptadas a las tareas a realizar– y que rigen la actividad propiamente dicha. Las diferencias de competencias hacen que estas jerarquías también contengan cuestiones de género: el adagio de que el cirujano es hombre y la enfermera mujer aún está lejos de no corresponder a las mentalidades –y las representaciones simbólicas– de la actividad.

Por lo tanto, la aplicación de la intervención se basa menos en elementos objetivos y en el respeto de los conocimientos contenidos en los libros que en arreglos realizados por una organización local en grupos más o menos informales que varían según la situación, respaldados por representaciones profesionales y registros de interpretación de las patologías a tratar.

En este punto, la observación externa es capaz de reconocer el modo de funcionamiento real, cuando los papeles atribuidos –y reconocidos– a cada persona dependen tanto o más de la posición simbólica que de las competencias reales.

De ahí el riesgo de reacciones bien conocidas por los actores sometidos a divisiones jerárquicas desvalorizadoras: trabajo a reglamento o de buena voluntad, incluso bloqueos de la actividad con el fin de exigir reconocimiento o también evasión de las responsabilidades.

La necesidad de reconocimiento también puede implicar encerrarse en la normativa y dar lugar a conflictos de responsabilidades o de autoridad. Ahí es cuando aparecen los recursos para resolver malos funcionamientos –reparar en vez de anticipar, hay que "hacer el sacrificio"– para asegurar, sea como sea, el funcionamiento del sistema; recursos que se vuelven prioritarios en la organización, cuando esta debería estar enteramente centrada en el paciente.

La respuesta a la cuestión del liderazgo depende del grado de coherencia del sistema, que es esencial para el buen funcionamiento del programa operatorio y de cada una de las intervenciones que lo componen.

---

[6] Si bien es concebible que estos planteamientos aún luchen por arraigarse, aunque solo sean una traducción del *"primum non nocere"* al lenguaje actual, más nos sorprenden los intentos de los cirujanos que ponen en juego, incluso en riesgo, la identidad profesional que estarían protegiendo. La comparación con la aviación, que convierte al cirujano en comandante, la aparición de robots, pareciera ser un intento paradójico de mejorar su imagen, admitiendo la impotencia en superar sus propias fallas.

En el marco tradicional, la respuesta parece "evidente": si la actividad es colectiva, la responsabilidad sigue siendo individual. El cirujano, instalado en la cima de la jerarquía, es el responsable de todo, tanto de sus pacientes como de su equipo.

Lo que la observación pone de manifiesto es que, a costa de trivializar el funcionamiento de los equipos de operaciones y de cuestionar radicalmente el modelo tradicional, estamos ante una organización informal, cuyo interés y razón de ser es nada menos que el futuro del paciente.

Así funciona el humano… tanto del lado del paciente como del personal sanitario. Es cierto también que la patología contribuye por sí misma a que estos dispositivos informales existan, en virtud de una cultura y sistemas de representaciones de la patología.[7]

La cuestión del liderazgo se refiere entonces a la capacidad de movilizar a todos los actores en torno a un conjunto de saberes, conocimientos técnicos, habilidades interpersonales y valores que harán que esto "funcione" e, *in fine*, que los pacientes sean "bien operados".

Es la responsabilidad y el arte del gerente compartir y dar vida a esta cultura de los "buenos cuidados" por parte de todos los actores, más allá del estatus y las funciones. A él también le corresponde respetar las limitaciones del reglamento y de la organización interna del establecimiento y las necesidades de los pacientes.

Una vez aceptado el principio de que hay diferentes formas de alcanzar un mismo objetivo, el siguiente paso es establecer la organización que se considere más apropiada para lograr el objetivo, en función de los recursos disponibles.

La elección del estilo y de las formas de gestión es crucial en la medida en que implica, más allá de los formalismos institucionales, la dinámica propia de la organización y, en última instancia, su propia existencia. ¿Debe priorizarse la jerarquía, centrarse en lo institucional o, por el contrario, priorizar las capacidades operativas (*capabilities*), focalizándose en las acciones según las posiciones y los empleos disponibles?

Lo que se desarrolla alrededor del paciente en un quirófano y más generalmente en una institución va mucho más allá de los aspectos médicos y técnicos que se suelen exponer. Tanto en la relación con el paciente como en la prestación de cuidados, siempre es una cuestión de humanidad.

---

[7] El grado de estrés en un quirófano evoluciona al mismo tiempo que las representaciones de los pacientes bajo tratamiento. Así, las intervenciones en "tejidos nobles" provocan en algunos profesionales reacciones que interrumpen el curso normal de la intervención. Los factores psicológicos pesan tanto más en la percepción del riesgo cuanto menos cualificado esté el profesional o menos familiarizado esté con la situación.

Para que un paciente sea bien operado, todos los componentes del equipo quirúrgico y cada uno de los actores involucrados deben encontrarse "bien" y para ello deben poder identificarse con la organización y su propia dinámica. Es entonces cuando el *"primum non nocere"* y el *"tuto, cito, jucunde"* serán principios para actuar, en lugar de estudios irrelevantes de un mundo gobernado cada día más por la tecnología.

El saber, el saber hacer y el saber ser están íntimamente ligados. Uno no puede existir sin los otros. Los cuidados médicos, atrapados entre peligros y múltiples riesgos, moviliza mucho más que el conocimiento y las habilidades, al lindar con el sufrimiento humano. El estrés y el sufrimiento en el lugar de trabajo son causados tanto por la relación con los pacientes como por una organización "insostenible".

Si bien el contexto actual tiene poco que ver con los tiempos hipocráticos, los principios de "buenos cuidados" no parecen ser cuestionados por las exigencias sociales, la tecnología o incluso el progreso médico… siempre y cuando la observación siga estando atenta al ser humano.

Bibliografía

POUCHELLE Marie-Christine. 2003. *L'hôpital corps et âm*. París: Seli Arslam.

______. 2008. *L'hôpital ou le théâtre des opérations*. París: Seli Arslam.

CUARTA PARTE
Figuras de estilo

El mont-mouchet
Una "meca" paradójica[1]

Martin de la Soudière

Los llevaré a la ubicación exacta entre el Cantal, la Lozère y la Haute-Loire. Son tierras que recorro hace muchos años. En la cima de la Margeride, antes de mirarlo realmente a los ojos, solo había visto, casi fugazmente, un cartel que señalaba el camino hacia un monumento a la Segunda Guerra Mundial. A mí, que en ese momento solo estaba interesado por los territorios ordinarios de la gente común, no me interesaba en absoluto un espacio dedicado a la guerra. Y además, ya había "cumplido" con las mecas, habiéndome llevado una decepción unos años atrás: los manantiales del río Loira en la ladera del Mont Gerbier-de-Jonc, en el alto Ardèche, un "monumento" de nuestra geografía escolar como todos los estudiantes lo recordamos.[2] Pero solo había escuchado críticas y recriminaciones durante mi investigación sobre estos manantiales de nuestro manual escolar: que habían sido hechos de nuevo, y que en una estancia había una vieja manguera que era la que dejaba salir el chorro de agua. Y el Gerbier era solo un simple pico volcánico. Aprendí de este episodio cómo la notoriedad de un lugar, su "imaginación previa", como lo denomina el historiador

---

[1] Este texto es una extensión del segundo capítulo de mi libro *Poética del pueblo. Encuentros en Margeride*: "Henri, el guardián de la montaña" [*Poétique du village. Rencontres en Margeride*: "Henri, le gardien de la montagne "] (M. de la Soudière 2010).

[2] Para una lectura más distendida, propuse no agregar referencias bibliográficas dentro del texto. Por esta razón, algunas obras generales no se indican en el texto. Remito al lector a la bibliografía.

Alphonse Dupront, puede llegar a *decepcionar*. En cuanto a Berry y el célebre "pantano del diablo" de George Sand, ¡tan solo es un gran charco de agua fangosa![3] Los lugares pueden mentir, como dice nuestro amigo suizo en este libro.

Repetición, coincidencia

La Margeride. Situada a la sombra de dos regiones más conocidas que ella, Aubrac y Auvergne, solo es discretamente conocida, como por lo bajo. Monótonas, sus cumbres solo reciben vastos bosques de hayas y abetos. Y sin embargo… Es acá, muy cerca de la cumbre (que alcanza los 1497 metros de altura… como luchando para alcanzar la barrera de los 1500), que una concordancia de lugares llamó mi atención. Exactamente en el mismo sotobosque impenetrable ocurrieron dos *dramas* con dos siglos de diferencia. La Bestia de Gévaudan fue liquidada en ese lugar, el 19 de junio de 1767. Y a solo unos cientos de metros, pero dos siglos más tarde, 3000 *maquisards*[4] eligieron este lugar para esconderse, antes de ser atacados, diezmados y retirados por los soldados alemanes. Fue en junio de 1944. Quemados, martirizados, los pueblos de los alrededores pagaron un precio muy alto por este trágico episodio de guerra. La Naturaleza enloquecida (un animal caníbal, incontrolable, que devora a casi un centenar de pastores y jóvenes pastoras) y luego también la locura de la sociedad (la barbarie guerrera, enceguecida): dos dramas, por lo tanto, en el mismo territorio. Tal vez sea solo una coincidencia porque, como todos sabemos, no son los lugares los que hacen la historia, sino al revés. Fueron los Chouans los que "hicieron" la Vendée, y los Camisards, las Cevenas. No al revés. ¡Sin Bestia, no habría Gévaudan! No obstante, los hallazgos son inquietantes. Como me dijo un habitante, ¿no sería la misma Bestia que atacó primero, antes de ser despertada por segunda vez, con ropa nueva, en el mismo lugar? Era tentador entonces intentar cuestionar tal coincidencia. Así lo hice, y, con mi pequeño descubrimiento, hice un examen del sitio, con autorización militar en mano. Era hora de estudiar este territorio tan singular, hacer que el lugar hable por sí mismo.

---

[3] Información proporcionada por Sylvie Sagnes, etnóloga, de regreso en esta región.

[4] Combatientes de resistencia armada durante la Segunda Guerra Mundial que se escondían principalmente en el *maquis* (maquia, ecosistema de matorrales). [Nota del traductor]

Lugar y contralugar

Podríamos entonces ubicar el corazón de la historia de estas dos tragedias –el centro de la Historia– y luego su periferia, que rodea, envuelve, circunvala y a veces parece ayudar a explicar el evento –o al menos arrojar algo de luz sobre él. En torno a un lugar preciso de miedo, sufrimiento y muerte, encontramos una serie de pistas positivas que contrarrestan y corrigen su carácter malvado y la maldición que parece pesar sobre él. Podríamos denominarlos *contralugares*, o contrafuertes: las capillas y cruces en los caminos (La Cruz de los milagros, Nuestra Señora de la Fidelidad) que uno encuentra en este mismo sector de la montaña; una curandera que fui a conocer en los alrededores; el párroco que afirma, como otros, estar convencido de que una estatua de la Virgen, desde entonces objeto de devoción, salvó a su iglesia del ensañamiento y la barbarie de los soldados alemanes; o un inspirado guardabosques (es radiestesista), enamorado de su inmenso bosque, que de seguro protege sus hayas y vela por su memoria. En este territorio, a pesar de la sombra de la Bestia y de los soldados furiosos, la gente sigue viviendo, los niños siguen naciendo. No existe lugar condenado únicamente a la desgracia, es sabido; las flores siempre vuelven a crecer el día después de un incendio, en un matorral o un bosque de pinos.[5]

Una "meca" regional

Una de las singularidades del Mont-Mouchet reside, como acabamos de decir, en la *repetición*. La repetición se define en los registros religiosos sobre los dólmenes y árboles cristianizados, así como en la toponimia. Por eso existe "Nuestra Señora de la Haya" ["Notre-Dame du Hêtre"] en el Haut Jura, una modesta estatua ubicada al lado de la ruta, en el emplazamiento exacto de un árbol muy antiguo, etc. O en los Pirineos, la Cruz de Béliou que combina la devoción cristiana, la referencia al dios sol (Abélios) y la memoria de Millaris, un pastor legendario. U otra vez en Normandía, en Mortain, el pequeño pico que domina la ciudad, llamado "Cote 314", escenario de una cruel batalla de la Segunda Guerra Mundial, sede de una capilla muy antigua dedicada a Saint-Michel, y recientemente equipada con un mapa orientativo. Desde entonces, mi primer pensamiento fue que esta repetición de la historia habría consagrado este lugar como "meca", o "lugar histórico", y habría vuelto la cumbre una víctima en sí misma. No fue así, y para entenderlo, *a contrario*, podemos citar a Julien Gracq. "Los *paisajes-historia* [énfasis del autor] solo se individualizan, y a veces solo se distinguen, cuando un episodio histórico, significativo o trágico, los

---

[5] J.-D. Urbain, 2010.

singulariza, sacándolos de la indistinción para siempre, y consagrándolos. Las Ardenas son para mí uno de esos paisajes-historia…".[6]

De hecho, los visitantes vienen muy poco a este lugar, a cuentagotas. Estamos lejos del millón de visitantes decepcionados por los manantiales de la Loire. En cuanto a la Bestia, tuvimos que esperar hasta los años 1980 para ser testigos de su promoción local, su "puesta turística" en Saugues, a unos veinte kilómetros de distancia, donde se creó un museo "fantástico" para los niños, así como una muy pequeña exposición itinerante en la municipalidad, solo abierta en verano. Y mucho después de la antigua escultura de Marvejols, situada lejos del Mont, fueron apareciendo un poco por todos lados esculturas en madera del Animal misterioso, que se exhiben a la entrada de los pueblos, mientras que una nueva "Ruta de la Bestia" se trazó en la zona. Pero no hay ninguna indicación precisa de localizaciones: no olvidemos, por un lado, que no se conocía la guarida de la Bestia, que era itinerante, extremadamente móvil (lo que mantiene los debates y divide aún hoy a los especialistas en el tema), y por el otro, que su campo de acción abarcaba un territorio que se extendía de norte a sur sobre cerca de 80 km. La ubicación del drama final sigue siendo desconocida. De esto deriva la *exterritorialidad* de la Bestia. Literalmente "fuera de lugar", solo prospera en postales y libros de eruditos (más de mil títulos en su haber).[7] ¿La Bestia? Una historia que hace temblar al turista, un enigma histórico, un tema inagotable de controversias, un patrimonio narrativo, ¡y no un justificativo para volverse "meca"!

**Figura 1: Escultura a la entrada de un pueblo
en la cima del Mont-Mouchet**

Fotografía de Jean-Pierre Destand, noviembre de 2008.

---

[6] J. Gracq, 1992, p. 93.

[7] ¡En julio de 2010, el librero de Saugues ofrece no menos de diez títulos recientes sobre este caso!

En cuanto al *maquis* de Auvernia, el museo dedicado a él fue modesto durante mucho tiempo, antes de ser renovado y ampliado, recién en 2009 (como para la memoria de la Shoah, es probable que hayan sido necesarios muchos años para que la memoria colectiva se reactivara, y que a partir de ese momento surjan nuevamente los recuerdos individuales). Este lugar solo tiene su notoriedad por la conmemoración que tiene lugar en junio en el vasto claro donde se encuentra un enorme monumento a la Resistencia. Pero el Mont-Mouchet no es el Vercors: la gente solo está de paso por ahí, se pasean un poco, observan rápidamente, arman algún picnic familiar.

Figura 2: Memorial del Mont-Mouchet.

Fotografía de Jean-Pierre Destand, noviembre de 2008.

A la sombra de Aubrac y la Cévenne

Sigamos con la investigación para intentar comprender esta paradoja. Hay por lo menos dos factores que explican por qué el Mont-Mouchet lucha por pasar de la *notoriedad* (simple frecuentación, renombre a escala regional) a la *celebridad* (celebración, reputación nacional).

Por un lado, en este sur del Macizo Central, como en cualquier lado, hay ya demasiados lugares "famosos" que perjudican a otros, el lugar lo tienen "comprado", si se me permite la expresión, los guías turísticos deben jerarquizarlos, eligen, seleccionan. Además, los "lugares históricos" funcionan muchas veces de a pares, y uno de ellos sufre la notoriedad del otro. Es el caso de Gerbier, que gracias al río Loira, "aplasta" a su vecino, el Mont-Mézenc, aunque se encuentre doscientos metros más arriba, mucho más bello, pero "solo" elegido para el esquí de fondo, la botánica y la geología. Lo mismo para el *maquis* del Vercors que esconde al de Auvernia, dañándolo de alguna manera. Sin embargo, el número de combatientes franceses implicados era similar, aunque la importancia estratégica de este lugar le daba mayor importancia.

Acá, en términos de naturaleza y geografía, el turista ya conoce el menú: los volcanes de Auvernia –y el Parque Natural Regional del mismo nombre–, la cumbre del Puy-de-Dôme, "la pancarta de Auvernia" como bien escribió Paul Vidal de La Blache, citado por la geógrafa Marie-Claire Robic, o también, las altas mesetas de los Grands Causses y la meseta del Aubrac. En el plano cultural e histórico, las sierras Cevenas, donde se recuerda desde hace mucho tiempo a los Camisardos[8] y a los *maquisards*, conmemoraciones resaltadas por los "pintorescos" valles y vigor de las sierras. Después de Philippe Joutard, Patrick Cabanel nos lo cuenta de manera casi literaria. Por último, la naturaleza y la cultura se dan la mano en el Aubrac, (demasiado) cerca de la región de la Margeride que, con su aspecto de altiplano boliviano, combina varios activos clave, como una raza de ganado emblemática, una marca de cuchillos de renombre, y una famosa escala del Camino de Santiago de Compostela (el oscuro, soberbio y altivo pueblo de Aubrac). Finalmente, analizado por el etnólogo Jean-Luc Bonniol, el altiplano de Larzac.

Respecto al campo de la literatura, auténtico embajador de los territorios y las provincias, sabemos de su impacto en la construcción de la *ejemplaridad* (el sociólogo André Micoud acuñó esta palabra en su momento) a través de las imágenes y las representaciones sociales que propaga, transmite, mantiene y refuerza. Pero, en este sentido, nuestra Margeride es más bien pobre respecto del Aubrac (recordemos las magníficas líneas de Julien Gracq) y de las Cevenas (André Chamson, Jean Carrière, Jean-Pierre Chabrol). Para cantar la región del Cantal, tenemos a Alexandre Vialatte, ¡pero este departamento está más al norte de la Margeride, en el corazón de Auvernia, del lado de los Puys! O también la prosa de Robert Sabatier, ¡pero él lleva a su lector más hacia el este, al Velay! Acá, en tierras de la Bestia y *maquis*, solo se escribieron poemas estudiantiles y novelas regionales.

---

[8] Protestantes franceses que se levantaron contra las persecuciones realizadas tras la revocación del edicto de Nantes de 1685. [Nota del traductor]

Por otro lado, frente a la falta de imagen, la modestia del lugar lo hace más querible. Sin contradecirme, señalemos que la Historia, para llamar la atención, necesita un mínimo de vestimenta y una reputación paisajística que retenga y desarrolle la lealtad de su público, para que sienta el deseo de moverse por esos lugares, admirarlo, permanecer en su sombra, descansar. En este sentido, nuestra cumbre podría parecerse a la Meseta de Millevaches, de la que nos habla Raphaël Larrère, sociólogo e historiador, una histórica "meca" de la Resistencia, pero ¿quién viene realmente a ver el lugar de estos acontecimientos en sus superficies apenas onduladas, uniformemente reforestadas en los años 1950?

Existe una alquimia de los ingredientes necesarios para "hacer" un lugar "histórico", una "meca". Una alquimia y una genealogía. Sabemos que estuvieron más de moda en lo turístico a finales del siglo XIX. como lo atestigua el "buen" funcionamiento de las cuevas mágicas de Aven Armand y otras cuevas de los Causses "mayores", mucho tiempo antes que lo generado por las Cevenas (que a su vez se transmitió después del mayo francés de 1968). En cuanto a la desnudez y austeridad del Aubrac, es aún más reciente y se celebra de manera casi mística, como lo demuestran Isabelle Magos, geógrafa, y Martyne Perrot. Paisajismo, turismo, cada época canta y celebra lo que ha decidido cantar y celebrar.

Nada de eso ocurre con nuestra Margeride, siempre orientada al turismo verde, familiar y sin sorpresas. A pesar de la creación en la década de 1980 del ecomuseo en Ruynes, cerca de Saint-Flour, que lleva su nombre, su identificación sigue siendo laboriosa e incierta, beneficiando a las identidades más claras de los tres departamentos que comparten la Margeride: Cantal, Haute-Loire y Lozère. Sin ningún atractivo o ventaja realmente nuevos o acordes a esta época, sin un fuerte apoyo institucional (dos museos dedicados a la misma causa, en las proximidades y más pequeños, no ayudan en nada), y solo interesando a un público especializado, casi confidencial, el Mont-Mouchet sigue siendo una *meca regional*.

A los gloriosos muertos de la Moyenne-Barousse

Esto me lleva a mi segundo punto: el paradigma de las "mecas" comunes.

Nos situamos al este del departamento de los Altos Pirineos. En un pequeño valle a medio camino entre Bagnères-de-Luchon y Montréjeau, entre dos pequeñas ciudades, el transeúnte puede leer, grabado en una enorme piedra erigida: "1914-1918. A los gloriosos muertos de la *Moyenne* Barousse [*sic*, énfasis añadido]".

En el Tarn, ahora en Lacaune. En el reverso de una tarjeta postal que representa la cumbre que domina la localidad (meca de una especialidad de embutido y de una famosa raza de ovejas), el pico de Montalet, su vía crucis y una gigantesca estatua de la Virgen, está escrito: "Reina y guardiana de *nuestras* montañas y de todas las Cevenas *Bajas* [*sic*, énfasis añadido]."

Tercera ocurrencia: los Pirineos, donde no hay *un* pico, sino tres: ¡el Bigorre, el Ossau, el Arrens! (a cada valle su cumbre tutelar).

Estos ejemplos nos señalan que la Gran Historia no es suficiente para satisfacer nuestra *necesidad de admiración* paisajística o histórica. Como Alban Bensa ha demostrado claramente, los relevos son indispensables, como la celebración de Cristo, que no puede prescindir de la más local y prosaica intercesión y devoción de los santos. Cada región ha creado así su propia meca, su propio terruño, aunque esto signifique inventarlo (pienso en las famosas ruinas galo-romanas del Lot o del Jura, o en los vestigios celtas de Bretaña, que son muy discutibles desde el punto de vista histórico). Podrían designarse como "lugares terapéuticos: tal fuente o tal manantial del bosque de las Landas o la soledad del habitante de Sologne, base de otra cultura, más 'popular', en donde se los vive profundamente", como afirma A. Dupront.

"A mí me gusta ver mi pico del Plomb" dice una campesina de un pueblo de Margeride. Es decir, admiración local. ¿Admiración de segunda clase, de segundo plano? Sí, si razonamos con desgano y desde una perspectiva jacobina, urbana y elitista (o al menos letrada, cultivada). Sin embargo, demuestra ser igual de "eficaz" que sus hermanas y hermanos mayores etiquetados y repletos de "estrellas" en las guías, pero de una manera muy diferente, y no para el mismo público, dado que se despliega en registros de notoriedad completamente diferentes, tanto sociológica como culturalmente. Dos etnólogos nos lo explican. Por un lado, Jean Yves Durand, en un texto muy delicado que pasa perfectamente desapercibido para el turista que circula por la cumbre conocida como los "Trois-Becs", por esta parte de la Drôme; Martine Bergues, por su parte, realiza una encuesta en la Dordoña, que distingue monumentos mayores y pequeño patrimonio rural.

Son necesarios los lugares para recordar; también aquellos para estremecerse, como el paso de montaña de las Tres Hermanas [Trois-Sœurs], así llamado por tres jovencitas que tuvieron un final trágico en ese lugar una noche de invierno. Son necesarios los lugares intrigantes, como la Cruz de Paja [Croix de la Paille] en el Cantal, que se alza en el páramo donde casi muere un viajero perdido en la niebla. Es necesaria también cierta admiración, como la que se encuentra sorprendentemente en Trièves, al borde mismo de la meseta del Vercors. Cada primavera de cada año, la maestra conduce ritualmente a los alumnos de su comuna a pasar la noche en una cabaña comunal modestamente acondicionada, donde les enseña los paisajes y la flora de la reserva natural que ahí se encuentra, así como la historia del *maquis*. Con un trabajo en conjunto, esa localización, esas cabañas se vuelven "mecas" solo para los habitantes de esa comuna, *su* "meca". Abundan los ejemplos, paradójicos o al menos sorprendentes, que nos dicen, como escribe poéticamente J.-Y. Durand, que "tenemos las montañas que podemos". Una simple colina puede alcanzar. Este es el caso, a 176 metros sobre el nivel del mar, del Mont-Cassel, el punto más alto del Norte y de la "cadena de montañas de Flandre": "Los Alpes de Flandre", escribía un escritor de esa zona.

Además, sin mencionar ahora ninguna "necesidad", podemos decir que, a escala de uno o dos cantones, todo territorio, bosque, páramo, etc. ofrece siempre una "reserva" de actividades y recursos que la gente mira, envidia, necesita. Espacios para la admiración y el deseo. Los usos colectivos muy antiguos, la recolección de flores o leña, etc., se siguen transmitiendo muy localmente de una familia a otra, de un pueblo a otro, por ejemplo, entre los agricultores del sur de Margeride en torno al bosque indiviso del Mercoire[9].

Todos estos lugares localmente fuertes funcionan bajo el registro del *uso* más que de la *imagen*, de las prácticas más que de los discursos. Son parte de los *territorios*, más que de los lugares o paisajes. Pertenecen al presente más que a la Historia, y corresponden por lo tanto más bien a una etnología del espacio, como lo propone Jean-Luc Piveteau, en geografía, y André Micoud, en sociología, que hizo su demostración a partir de un caso de la región de Ardèche.

Acentuando su gran escala y polarizando los territorios rurales, muchas veces se dramatizan estos lugares. Identificarlos, estudiarlos y analizarlos sirve para informar tanto sobre sus localizaciones históricas como sobre las ideas a veces demasiado unívocas que el etnólogo suele tener de ellos, sobre la vida cotidiana de los habitantes de los territorios en cuestión y hacia quiénes se dirigen los pasos al mismo tiempo que la mirada.

Ni "meca" del todo, ni tampoco lugar ordinario, por defecto como por exceso, podríamos definir al Mont-Mouchet como "meca" *paradójica*.

Bibliografía

BENSA, Alban. 1978. *Les saints guérisseurs du Perche. Espace symbolique du Bocage*. París: Mémoires de l'Institut d'ethnologie XVII.

---

[9] En Poética del pueblo, amplío esta noción de "lugar histórico" de proximidad para los lugares contemporáneos con mucha intervención rural (supermercados y mercados conservados, etc.) y de los jóvenes (discotecas).

BONNIOL, Jean-Luc, Florence HOSTINGUE, y Déborah PUCCIO. 2001. *Les passés du Larzac. Mémoires, histoire, patrimoines au miroir du lieu.* París: Mission du Patrimoine ethnologique et Centre d'ethnologie méditerranéenne.

BERGUES, Martyne. 2000. "'vous n'avez pas Biron'. Le patrimoine rural, monument minuscule". En Daniel FABRE y Claudie VOISENAT (dir.), *Domestiquer l'histoire. Ethnologie des monuments historiques*, 103-117. París: Editions de la Maison des sciences de l'homme.

CABANEL, Patrick. 2006. *Cévennes. Un jardin d'Israël.* Cahors: La Louve éditions.

DUPRONT, Alphonse. 1990. " Au commencement, un mot : lieu. Etude sémantique et destin d'un concept ". En *Autrement* "Hauts-lieux : une quête de racines, de sacré, de symboles", 58-66.

DURAND, Jean-Yves. 2001. " Une montagne, un emblème ". *Epines drômoises. Patrimoine naturel drômois*, n.° 103, 13-18.

Ethnologie française. 2007. " Mémoires plurielles, mémoires en conflit " , n.° 3.

GRACQ, Julien. 1992. *Carnets du grand chemin.* París: José Corti.

MAGOS Isabelle, Martyne PERROT. 1995. " L'Aubrac, du haut-lieu au non lieu touristique ". En Claudie VOISENAT (dir.), *Paysage au pluriel. Pour une approche ethnologique des paysages*, 35-48. París: Editions de la Maison des sciences de l'homme.

MICOUD, André (dir.). 1991. *Des hauts-lieux. La construction sociale de l'exemplarité.* París: Editions du CNRS.

MICOUD, André. 2010. " Le lieu comme figure exemplaire de l'ordre du territoire qui vient " . *Communications*, n° 87, 109-120.

PIVETEAU, Jean-Luc. 2010. " Lieu et territoire : une consanguinité dialectique ? " *Communications*, n.° 87, 149-160.

ROBIC, Marie-Claire. 2000. " Confins, routes et seuils ". *Communications*, n.° 70, 93-120.

SANSOT, Pierre. 1989. " Pour une esthétique des paysages ordinaires ". *Ethnologie française*, n.° 3, 239-243.

SOUDIÈRE, Martin de la. 1995. " La Loire prend sa source…. Le site du Mont Gerbier-de-Jonc en Ardèche ". En Claudie VOISENAT (dir.), *Paysage au pluriel. Pour une approche ethnologique des paysages*, 77-88. París: Editions de la Maison des sciences de l'homme.

______. 2007. " Paysans du Mont-Mouchet : Clavières et ses villages, 1939-1952 ", *Revue de la Haute-Auvergne* 69, n.° 1, 53-89.

_____. 2010. *Poétique de la montagne. Rencontres en Margeride*. París: Editions Stock.

URBAIN, Jean-Didier. 2010. " Lieux, liens, légendes ". *Communications*, n° 87, 99-107.

Transmitir masivamente
El saber conducir, una función asumida
en su totalidad por las autoescuelas durante
la Francia de los Treinta Gloriosos

Jean-Marc Olivier

Entre 1945 y 1975,[1] se forman cerca de treinta millones de nuevos conductores, con exigencias cada vez mayores. Este fenómeno se asocia al aumento de propietarios de automóviles en los hogares franceses, que pasó de menos del 10% a más del 60% durante este período. En un corto espacio de tiempo, se pasó también de una formación básica superficial a un verdadero aprendizaje con examen incluido, y cada vez más exigente. El simple certificado de aptitud otorgado por un ingeniero minero en 1889 se convirtió en 1922 en una licencia de conducir expedida solo a través del visto bueno de un funcionario del gobierno. Sin embargo, la educación pública no fue la responsable de este rápido crecimiento del número de conductores calificados a partir de 1945; este crecimiento se debe a una multitud de microempresas en el nivel más bajo de las profesiones liberales: las autoescuelas. Estas últimas fueron los verdaderos vectores de la cultura del "saber conducir", asumiendo el desafío de esta formación de masas.

No obstante, muy poco quedó de esa enseñanza y escasos historiadores o sociólogos se interesaron en esta profesión, es decir, en las más de 10 000 autoescuelas, para investigar cómo se formaban sus instructores y cómo

---

[1] Período de *"Les Trente Glorieuses"* (Los Treinta Gloriosos): auge socioeconómico en Francia durante el período de posguerra. [Nota del traductor]

transmitían el saber a los estudiantes de manejo. Se trata sin embargo de un enorme "patrimonio cultural inmaterial", del que todos tenemos una pequeña parte, pero que también está en peligro, porque el saber conducir de los años 1945-1975 está en vías de extinción por los avances técnicos como la dirección asistida, los cambios automáticos, el freno de mano automático, los radares y las cámaras para la marcha atrás, incluso la asistencia para estacionar. El conductor del siglo XXI ya no sabe ser uno con su coche, ya no sabe entenderlo, ayudarlo, se volvió más bien gestor de una electrónica a bordo que lo asiste constantemente y lo aleja de su mecánica. Es más, el mecánico del siglo XXI tiene las manos limpias, es el "técnico diagnosticador", quien manipula la famosa valija y su software.

¿Pero por qué volver a la transmisión del saber conducir de los años 1945-1975? No solo por nostalgia. Este estudio es principalmente el resultado de cuestionamientos respecto de este período crucial de posguerra. En efecto, comprender esta transmisión del saber conducir es comprender desde adentro, a ras del suelo, o más bien del alquitrán, a través de sus protagonistas, la profunda transformación económica y social de la Francia de los Treinta Gloriosos. Más específicamente, el papel de las microempresas en ese éxito; ya que se pensó durante mucho tiempo que todas las conquistas se debían al gigantismo, a las grandes fábricas y a las economías de gran escala.

Se realizará un abordaje cronológico a partir del auge de una nueva profesión, la de instructores de autoescuelas, un grupo socio-profesional raramente estudiado, al menos por los historiadores. Esta falta de interés puede explicarse por el carácter reciente de esta profesión, por la reticencia de sus miembros a abrir sus archivos, pero también por la falta de interés de algunos intelectuales en el manejo de vehículos, un arte poco apreciado.

Enfrentarse a un nuevo pedido: la hora de los mecánicos y los agricultores (1945-1960)

La encuesta realizada a los operadores de autoescuelas en el departamento del Jura muestra una variedad de orígenes de los instructores.[2] Sin embargo, entre 1945 y 1960, la mayoría comparte una experiencia temprana de manejo. La Francia de 1945 recobró muy rápidamente su pasión por los automóviles; hay en ese entonces varias decenas de marcas y una

---

[2] Esta encuesta oral se llevó a cabo durante la primavera de 2010 con la ayuda de Bernadette Olivier; se encuestó a diez instructores que trabajaron en el Jura durante los Treinta Gloriosos (o con sus descendientes): Étienne Bouquet, Pierre Bully, la familia Chabanne, Louis Charnu, Maurice Éthevenard, Christian Goffette, la familia Olivier (Émile y Jean-Claude), Claude Petit y Michel Thielley.

multitud de mecánicos, probablemente más de 20 000 si también contamos aquellos que desempeñaban esa actividad en forma ocasional.[3] Los mecánicos son muchas veces solicitados al vender autos para enseñar a sus compradores a dominar su nuevo vehículo.

El itinerario de Louis Charnu es ejemplar en muchos sentidos. Obtuvo su licencia a los 18 años en 1953 y trabajó en el garaje de su padre, que también era transportista en Saint-Laurent, en el Alto Jura. En 1955, dos monjas que también eran enfermeras liberales compran un auto 2 CV y piden al padre Charnu que les explique cómo funcionaba; este último propone a su hijo como instructor ya que tenía los dos años de licencia necesarios para poder enseñar a conducir. Charnu se embarca entonces en esta aventura y forma a otros quince candidatos, llevándolos a la capital del departamento donde se realizaría el examen, para prepararlos mejor. En 1956 se va a Argelia por 28 meses. De regreso en 1959, se prepara para obtener el flamante Certificado de Aptitud Profesional (CAP) para ser instructor de manejo,[4] y lo obtiene luego de un curso de formación de ocho días en el circuito de Montlhéry, cerca de París. Abre entonces su autoescuela en 1960, que dirigió hasta 1977.

Pero ante la enorme demanda los operadores de las autoescuelas tienen que contratar instructores; identifican entonces a sus clientes más talentosos, a menudo jóvenes agricultores que conducen el tractor de la familia desde la infancia. En efecto, Francia sigue siendo muy rural y agrícola, casi la mitad de la población vive en el campo y un tercio de la población activa es agricultora. La revolución de la mecanización estaba entonces en pleno apogeo gracias a la recuperación de diversos equipos, en particular estadounidenses, pero ya había comenzado en el período de entre guerras, incluso en el Jura. Así, ya en 1920, Henry Daloz d'Essia motoriza una segadora, se traslada a Lons-le-Saunier en 1925 como mecánico y funda la marca Kiva en 1933. Miles de jóvenes franceses aprenden a conducir en los campos y en los caminos rurales. Obtienen sin dificultades su permiso de conducir y los que no se hacen cargo de la granja de sus padres pueden imaginarse tranquilamente como instructores de autoescuela, como Émile y Jean-Claude Olivier del pueblo de Loulle, cerca de Champagnole, en el Jura, que crearon su propio negocio a principios de los años sesenta.

Trabajar "a cuenta propia" suena a fórmula mágica para los oídos de los cadetes de las familias campesinas a las que les cuesta mucho encontrar una granja libre en un espacio agrario repleto. Hay por eso una sed

---

[3] P. Fridenson, 2003; J.-L. Loubet, 2001.

[4] *Préparation au CAP de moniteur de conduite des véhicules à moteur* [*Formación para el CAP de instructor de manejo de vehículos a motor*], Creil, Artistic Travaux, 1964, 118 p.

insaciable de independencia. Esto le ocurre a Émile Olivier, quien deja la granja familiar en Loulle, retomada por su hermano mayor André. Émile elige trabajar en la gran fábrica de Peugeot en Sochaux, situada en el norte de la región de Franche-Comté, como pintor con aerosol en la línea de producción, entre 1954 y 1962.[5] Aprovecha luego sus escasos momentos de ocio para obtener su licencia de vehículo pesado en la escuela de conducción Dupuis de Montbéliard. El gerente de la autoescuela se fija en él, lo forma como instructor y pasa entonces un corto tiempo como instructor en esta pequeña empresa. En 1962, funda su propia autoescuela en la capital de su cantón natal del Jura: Champagnole. Esta pequeña ciudad en plena expansión tenía una población de casi 8.000 habitantes, mientras que en 1946 solo tenía 5.000.[6] El hermano menor de Émile, Jean-Claude, sigue el mismo camino después de haber sido inspector lácteo por poco tiempo al no poder ser granjero. Se instala en Poligny, una pequeña ciudad de 4.000 habitantes situada a veinte kilómetros de Champagnole, para no competir directamente con su hermano, pero poder aprovechar su experiencia.[7] Estos jóvenes empresarios del mundo rural y campesino descubren entonces la necesidad de educación y espíritu comercial ante la creciente competencia.

Una pedagogía nacida de la experiencia

La esencia de esa pedagogía se basa en una obligación primaria: "no ahogar el motor durante el examen". Así que todo depende de dominar un elemento misterioso: "el embrague".

Esa era la clave de todo, para estos primeros pedagogos. La lección inicial se dedicaba a este tema, con imágenes explicativas de dos discos que se iban pegando en forma progresiva: uno llamado disco motor, que gira sin cesar y rápido, y el otro, primero inmóvil, designado disco de embrague, que va a pegarse lentamente al disco motor. Si esta maniobra se realiza muy de golpe, el motor se ahoga o, en el mejor de los casos, el coche puede derrapar y arrancar en seco sin poder controlarlo bien. De hecho, una vez que los dos discos se han integrado por completo, el movimiento del motor se transmite a los piñones de la caja de cambios y luego a las ruedas a través del eje de transmisión. Todo el arte del instructor consiste en darle confianza al aprendiz pidiéndole que no suelte el pedal de embrague demasiado

---

[5] R. Belot, P. Lamard, 2007.

[6] *Populations communales du Jura,* 1790-1975 [*Poblaciones comunales en el Jura*], Besançon, INSEE, 1977, 96 p.

[7] *Ibid.*

rápido sino, por el contrario, que lo domine, es decir, que no dude en apretarlo de nuevo si la operación de arranque parece haberse iniciado mal. El instructor debe frenar un reflejo natural del alumno.

La primera lección de manejo suele ser entonces una serie de arranques y paradas. Esta práctica resultó ser inevitable en las décadas de 1950 y 1960 cuando el aprendizaje se realizaba en vehículos que no siempre estaban equipados con comandos dobles completos y que podían detenerse muy fácilmente porque en su mayoría estaban propulsados por motores de gasolina, menos estables que los diésel. Un vocabulario básico tenía que ser compartido con dos palabras fundamentales:

– Para "desembragar", se debe pisar el pedal de embrague para separar los dos discos antes de poner la primera marcha, que solo se utiliza para arrancar el vehículo. Sin embargo, los principiantes a menudo piensan erróneamente que apretar este pedal, llamado "embrague", corresponde a la acción de "embragar", lo que dentro de una lógica semántica sería correcto.

– La gran dificultad es "embragar" levantando suavemente el pedal izquierdo, sobre todo al acercarse al "punto de embrague". Es necesario "hacer patinar" el embrague para obtener un arranque suave, que será el primer criterio para evaluar las habilidades del candidato en el examen. Sin embargo, existe un riesgo de patinaje excesivo, especialmente en los años 1950 y 1960 cuando que los discos seguían siendo frágiles. El olor a quemado se extiende rápido por el habitáculo si el embrague está demasiado tiempo pegado.

Una vez que el vehículo arrancó, el instructor debe permanecer vigilante y enseñar las reglas para controlar la frenada. El aprendiz de conductor no debe omitir el desembrague para evitar perder velocidad y debe hacerlo en el momento adecuado. No demasiado pronto para no perder el efecto del freno del motor al girar libremente, y no demasiado tarde para no dejar que el motor se atasque con sacudidas caóticas. Una vez que el coche se detuvo, el reflejo más común del principiante es soltar el embrague, provocando un salto hacia delante y un susto general a bordo. Cambiar a punto muerto o apagar el motor antes de volver a aplicar el pedal de embrague son otras reglas esenciales que un instructor con un ligero conocimiento mecánico puede inculcar más fácilmente. Son necesarias a continuación muchas horas de práctica antes de llegar al último ejercicio: el arranque en subida con ayuda del freno de mano. Este instrumento siempre fue manual y requería de cierta cantidad de fuerza en los vehículos de la época de los

Treinta Gloriosos. Era necesario saber esperar ese ligero cabeceo del coche, sinónimo de que las ruedas engranaban y que autorizaba al conductor a soltar el freno de mano que impedía el retroceso del coche. Pero se requería una compostura aún mayor para lograr un arranque suave, controlando simultáneamente la aceleración y el deslizamiento del embrague en una pendiente hostil.

Controlar la vuelta del volante era otra fuente de peligro para los instructores de esa época. Todos los autos tenían diferenciales después de 1945, pero la dirección no era asistida, por lo que era muy arriesgado querer volver a enderezar las ruedas uno mismo después de una curva cerrada. Con la velocidad, las ruedas vuelven naturalmente a su posición inicial al salir de una curva si se permite que el volante se deslice entre las manos. A un principiante le cuesta mucho creer en esta ley de la mecánica y a veces aprieta el volante, pensando que puede enderezar las ruedas bastante rápido, tal actitud es muy peligrosa ya que el coche sigue girando y amenaza con salirse de la carretera. El grito de "soltar el volante" por sí solo no suele ser suficiente, y el único recurso del instructor es frenar rápidamente.

Menos peligroso, pero también temido: el estacionamiento en paralelo. Desesperados por lograr un resultado correcto basado en la evaluación del tamaño del vehículo por parte del estudiante, muchos instructores utilizan varias marcas pegadas a la luneta trasera para indicar cuándo contrarrestar las ruedas. A pesar de ello, esta maniobra sigue siendo difícil de realizar perfectamente porque depende de muchos parámetros (colocación inicial, velocidad de marcha atrás...), de ahí el chiste favorito de los instructores cuando advierten el fracaso de la operación: "Y sí, en esta calle ponen las veredas demasiado cerca de la calle".

Escuchando estos testimonios, podemos entender mejor por qué los propietarios de garajes y los agricultores formaron la gran cohorte de los primeros instructores de autoescuela. En efecto, dominan y entienden los aspectos mecánicos, sobre todo teniendo en cuenta que algunos camiones y tractores requieren de doble pedaleo o doble desembrague al cambiar de marcha. Especialmente cuando se trata de "reducir la marcha", cuando las marchas de la caja de cambios tienen que volver a ponerse en punto muerto para sincronizarlas con las revoluciones del motor y evitar un terrible crujido, dado que, por supuesto, la sincronización automática aún no existía para este tipo de vehículos. Cuando es realizada en forma adecuada, esta maniobra resulta en un cambio de marcha suave, pero requiere mucha destreza: el conductor debe literalmente convertirse en uno con su motor y su caja de cambios, "sentirlos". A pesar de todo esto, a partir de la década 1960, surgió una nueva generación de instructores, más atraída por el afán de lucrar.

Ser eficaz en un contexto de competencia exacerbada

Los sustanciales beneficios generados por las pequeñas empresas de servicios que conforman las autoescuelas atraen a muchas personas que provienen de círculos informados sobre la rentabilidad de este negocio, en particular el sector de los representantes de ventas. Étienne Bouquet, por ejemplo, un representante de ventas de vinos de Henri Maire en Arbois, quería inscribir a su esposa Marie-Thérèse en una autoescuela en 1960. Se sorprende al constatar que los tres establecimientos que consulta no tienen disponibilidad y deberá esperar varios meses. Decide entonces crear su propia autoescuela en Lons-le-Saunier en 1962, provocando el declive de los otros tres establecimientos.

La competencia es realmente feroz ya que los precios no están regulados y cada vez hay más instructores formados. Se debe ser eficiente porque durante los Treinta Gloriosos, en los que la gente se apasionó por el automóvil, obtener la licencia en el primer intento es un elemento de importancia para la sociedad. A esto se añade la amenaza de tener que rendir toda la teoría de las leyes de tránsito de nuevo al cabo de cinco aplazos en el (examen de) manejo. Por último, poder formar rápidamente al mayor de una familia garantiza la inscripción de sus cadetes como clientes. De todas formas, estas microempresas nunca tienen garantías respecto del mañana, solo tienen trabajo garantizado a seis meses o un año ya que es necesario renovar constantemente la clientela. Tener muchos clientes también permite realizar las únicas economías de escala posibles, vinculadas con el curso colectivo sobre leyes de tránsito. Para aprender a conducir, hay que tomar a los alumnos uno por uno y sumar horas, mientras que, para el curso de leyes de tránsito, se pueden reunir cuarenta clientes en lugar de cuatro en una sala y se multiplican las ganancias por diez en una idéntica cantidad de tiempo. Además, los operadores de las autoescuelas agradecen la complejidad creciente de las leyes de tránsito, que obligan a extender la formación.[8] Esa complejidad se debe a órdenes de las oficinas de seguridad vial, horrorizadas por la hecatombe resultante de accidentes de tráfico. El número de muertes por accidentes automovilísticos no para de aumentar, pasando de 8.873 en 1960 a 16 617 en 1972.[9] Solo comienza a

---

[8] *Code de la route* [*Ley de tránsito*], París, Journal officiel de la République française, 1967, 800+XLI p. Las primeras leyes de tránsito de 1921 en Francia solo tenían 37 páginas (*Code de la route. Décret du 27 mai 1921 concernant la réglementation des voies ouvertes à la circulation publique*. Texto oficial y completo, París, Ministerio de Obras Públicas, Étienne Chiron éditeur, 1921, 37 p.).

[9] J. Farenc, 1974.

estabilizarse en 1973 con el uso obligatorio de los cinturones de seguridad para el piloto y copiloto y fuera de las zonas urbanizadas.

La década de 1970 fue también el año de la crisis del petróleo, de la congelación de los precios y de la introducción de cupos de plazas de permisos sobre la base de los resultados obtenidos por el establecimiento en exámenes anteriores. La autoescuela se convierte entonces en una actividad menos rentable, sobre todo con una clientela compuesta solo por jóvenes estudiantes que obtienen su permiso con mayor facilidad. Para los instructores, en cambio, el ama de casa de más de 40 años era la clienta ideal en la década de 1950, tanto por su capacidad financiera como por su total inexperiencia en el manejo, lo que prolongaba el proceso de aprendizaje. En 1914, por ejemplo, solo un centenar de mujeres tenían el permiso de conducir y en la década de 1930 representaban solo uno de cada treinta conductores, mientras que a partir de 1970 se llegó prácticamente a la paridad.[10] La finalización de esta paridad contribuye también al cierre de la edad de oro de los pioneros en la transmisión del arte del manejo para todos.

En definitiva, hay que destacar el rendimiento alcanzado por estas autoescuelas en los Treinta Gloriosos. Estas pequeñas empresas, o incluso microempresas, lograron capacitar a prácticamente toda la población francesa para conducir un automóvil en muy poco tiempo. Lo hacían de manera flexible y receptiva, y a veces los instructores impartían más de diez clases diarias de una hora, especialmente por las tardes, los sábados, los domingos y sobre todo durante las vacaciones escolares cuando los clientes estaban más disponibles. Una devolución cualitativa parece más difícil de establecer. ¿Las autoescuelas supieron formar buenos conductores? Sabiendo que, de todos los accidentes, muy pocos se debieron a una mala formación técnica de los conductores, la respuesta tendería a ser positiva. En efecto, la mayoría de las muertes en la ruta se deben al exceso de velocidad, el abuso de alcohol y a los retrasos para mejor ciertas infraestructuras (autopistas, cinturones de seguridad, etc.). Otro indicador interesante podrían ser los pilotos, suponiendo que los mejores pilotos de autos probablemente surjan del mayor número posible de conductores bien formados; entonces Francia, con sus numerosos campeones (Didier Auriol, Alain Prost, Sébastien Loeb y sobre todo Michèle Mouton)[11] puede ser considerada como un

---

[10] "Femmes au volant" ["Mujeres al volante"] documental realizado por Brigitte Chevet en octubre de 2010, coproducción: Quark Production, France 5, INA, Planète, 49 min., emitido en France 5 el martes 8 de marzo 2011 a las 20:35 hs.

[11] Fue la primera (y única) mujer en ganar una fecha del Campeonato Mundial de Rallyes en 1981, y luego tres veces en 1982 cuando terminó subcampeona del mundo.

país de "buenos conductores" o al menos un país amante de las buenas habilidades en el manejo. En cambio, los Estados Unidos, donde las cajas de cambio manuales desaparecieron pronto, tienen pocos grandes campeones en los deportes automovilísticos.

Los resultados de las autoescuelas francesas de los Treinta Gloriosos en la transmisión de "conocimientos técnicos de manejo" pueden considerarse, por lo tanto, muy positivos, tanto cuantitativa como cualitativamente. Además, este sistema de difusión de conocimientos no costó prácticamente nada al Estado; al contrario, el Estado se aprovechó de él para recaudar impuestos (IVA, tasas administrativas, etc.). Hasta los autos son proporcionados por las autoescuelas durante los exámenes. Al final, solo los examinadores están a cargo de la administración; al principio incluso, provenían del ejército. No existe un ejemplo equivalente en Francia de una formación tan acelerada de treinta millones de personas a un costo tan bajo. Por todas estas razones, el excepcional crecimiento durante los Treinta Gloriosos debe ciertamente mucho a las pequeñas empresas de servicios.

Bibliografía

BELOT, Robert, Lamard Pierre. 2007. *Peugeot à Sochaux. Des hommes, une usine, un territoire*. París: Lavauzelle.

FARENC, Jacques. 1974. " Sécurité routière. Un bilan en gros et… en pointillé ". *Inter auto route. Inter auto-écoles de France. Le magazine de l'enseignement de la conduite des véhicules à moteur auto/moto/bateau*, n ° 212, 4-5.

FRIDENSON, Patrick. 2003. " L'automobile dans la société " en A. PUIG (dir.), *L'automobile. Marchés, acteurs, stratégies*, 10-19. París: Elenbi Éditeur.

GUARNIERI, Claude. 1982. *Michèle Mouton: du hasard au défi*. París: Solar.

LOUBET, Jean-Louis. 2001. *Histoire de l'automobile française*. París: Seuil.

¡Ah! Qué hermosas campañas
Las elecciones en todos sus estados

Yves Pourcher

Como dijo Georges Burdeau (1979) con su bella fórmula "Agua bendita de la democracia", las elecciones indican un reconocimiento. El día de la votación, los electores eligen. Las urnas dan su veredicto. ¡Electo! ¡Derrotado! Dos individuos se miran el uno al otro. Uno se aleja rodeado de unos pocos militantes, el otro se queda, ovacionado por gritos de alegría. Estas elecciones, que suelen ser estudiadas por los especialistas de lo político, quiero analizarlas de una manera más amplia. *Electio*, en latín: primero la elección de Dios, luego la de los hombres.

Las elecciones hacen al electo. Es un grupo particular. "Nosotros, los representantes electos", dicen, y añaden "representantes del pueblo". Se dibuja a su alrededor un decorado, un escenario y una puesta en escena. Los funcionarios elegidos se reúnen en asambleas. Son recibidos por funcionarios judiciales y colaboradores, entran en los ministerios y palacios de la república. Conocen su función desde hace mucho tiempo.

Analizando la fotogenia electoral, Roland Barthes señalaba la importancia de la composición: "El candidato no solo propone un programa, también un ambiente físico, un conjunto de alternativas expresadas en una morfología, una vestimenta, una pose".[1]

Sin embargo, solo es un candidato. Pero ya a ese nivel sabe qué hacer. Hace meses, años quizá, que ensaya. La historia de las elecciones es antigua. Enfrentado por primera vez a la prueba electoral en marzo de 1848,

---

[1] R. Barthes, 1957, pp. 160-163.

Alexis de Tocqueville da algunos consejos en sus recuerdos: "Los discursos fueron hechos para ser escuchados, no para ser leídos, y los únicos buenos son los que conmueven".[2] Para agrupar a nuevos votantes, redacta volantes, visita pueblos y habla en un foro.

La forma está dada. Se mantuvo. La búsqueda política toma siempre caminos rurales. En las ciudades también se hace campaña. Vamos a los mercados y de casa en casa. En cada etapa, en los diferentes lugares, los observadores examinan y tratan de entender. ¿Qué nos aportan?

Comentarios

Durante mucho tiempo las elecciones fueron monopolio de la Historia y la Ciencia Política. Raymond Huard (1991) investigó sobre la institución electoral y sobre las diferentes formas de construcción del sufragio. Desde la obra pionera de André Siegfried en su *Tableau politique de la France de l'Ouest* [*Cuadro político de Francia occidental*], los políticos fueron valiéndose de una gran cantidad de análisis, sondeando constantemente la opinión, analizando los resultados e identificando cuales eran las tendencias. Los antropólogos llegaron más tarde. Siguiendo a Georges Balandier, generalmente situaron el fenómeno electoral en la tensión permanente entre orden y desorden. La elección sería entonces un señuelo, "un desorden provocado, instituido, una especie de drama nacional ritualizado con el fin de reavivar el deseo de orden y transmitir al soberano un Estado flamante habiendo recuperado en el imaginario su fuerza original".[3]

Con la fuerza y la eficacia del ritual, la elección aseguraría la renovación del tiempo político, imitando una confrontación simbólica y formalizando a los actores. Esta base ritual ha sido descrita en una serie de trabajos etnológicos.[4] El ritual que estructura el interludio electoral sería entonces, citando a Marc Augé, uno de los factores esenciales –¿el más esencial?– de la actividad política, "la incapacidad ritual (pudiendo) ser una señal de una incapacidad más general; el fracaso ritual como posible fracaso de una política".[5]

Pierre Bourdieu (1984), por su parte, insistió en el "efecto oráculo" de cualquier campaña, en la pretensión del candidato de hablar en nombre de un grupo, la "paradoja de la monopolización de la verdad colectiva". Pero para Marc Abelès, la dificultad de explicar el fenómeno es más general: "no

---

[2] A. de Tocqueville, 1978.

[3] G. Balandier, 1985, p. 9.

[4] C. Rivière, 1988; M. Abélès 1990; D. Kertzer 1992.

[5] M. Augé, 1994, pp. 102-103.

es fácil hablar de política porque todo el mundo espera inmediatamente revelaciones, una luz en los bastidores que muestre de una vez por todas las verdades sobre estos comportamientos. El sueño imposible de ver por fin a los hombres que nos gobiernan 'off the record'".[6]

Ritual, efecto oráculo, disfraz permanente: ¿qué puede hacer el observador y, más precisamente, el antropólogo? Para empezar, tal vez pueda seguir el consejo dado por Marcel Mauss en su *Manual de Etnografía:* "Para que sea precisa, una observación debe ser completa: dónde, por quién, cuándo, cómo, por qué se hace o se hizo tal cosa. Se trata de reproducir la vida indígena y no de proceder por sensaciones; hacer series, no colecciones".

Cuaderno de campo, notas, diagramas, fotos, películas. La aventura electoral se lleva bien con el método. Es un ensayo general. Acá, allá, el candidato repite incesantemente su demostración. Se agita, habla, se acerca. Y se va a otro lugar y lo hace todo de nuevo.

Series y no colecciones, como recomienda Mauss. No obstante, a mí me parecen interesantes. Dentro de las cajas que las protegen, los candidatos han metido recetas e instrumentos. Conforman en conjunto lo que se puede describir como las habilidades políticas: imitación, repetición, juego personal, creación. Compuestas de palabras y gestos, estas recetas meticulosamente trabajadas y mejoradas constituyen la extraña alquimia de la política.

Al principio, cada cual se arregla con lo que puede. El mundo, escribe William Somerset Maugham, "es un lugar completamente diferente si medimos un metro sesenta y cinco o un metro ochenta y cinco".[7] Levantar la cabeza, bajarla, extender el brazo, agarrar con las manos, apoyarse en los hombros, abrazar, contar una historia. Para cada uno de ellos, se forma una cadena. Querer, poder, saber: ¡todos lo hacen, por supuesto! Hacer campaña es la escuela del político. ¿Cómo se aprende? ¿Cómo transformarse en uno? ¿Y cómo asociamos el lenguaje corporal con las palabras y las ideas? Hay momentos en que el ejercicio es difícil. Porque la campaña requiere una adaptación constante. Un lugar, un grupo. Llegar, hablar. Si uno es extranjero, hay que saber hacerse adoptar.

"Un representante electo de la tierra", escribe Marc Abélès (1989), "es un individuo que debe jugar la carta del arraigo para adquirir una verdadera legitimidad. Referirse a lo autóctono está en las bases del lenguaje de la política. Se habla de 'arraigo', de 'lazos locales'. Un representante debe saber 'cultivar' su circunscripción; todas estas metáforas atestiguan la identificación que se produce entre el territorio concebido como circunscripción

---

[6] M. Abélès, 1989, p. 7.

[7] W. S. Maugham, 1989, p. 309.

y el territorio entendido como terruño en una concepción casi agraria, donde el entorno político está sujeto a peligros similares a los que afectan al entorno vegetal".[8]

La puesta en escena es general. El candidato debe demostrar constantemente que es de aquí, que sabe, que puede contribuir, que sus ideas son las mejores. ¿Después de un tiempo y a un cierto nivel se convierte en el actor que describe Arthur Miller? "Tal vez se deba formular una regla general. Un axioma, si se quiere: cuanto más te acercás al poder, cualquier tipo de poder, mayor es la cuota de representación. '¿Hasta qué punto?', se preguntarán. Las máscaras y el maquillaje se remontan a los tiempos más antiguos, lo sabemos. Los hombres transforman su apariencia y su voz para que desciendan a ellos poderes que su comportamiento común no podría contener".[9]

El rasgo dominante de estos actores se convierte entonces, de nuevo según Miller, en la relajada sinceridad que hay que saber interpretar a la perfección porque el teatro político es despiadado. Se establece una frontera. Por un lado, los que saben hacerlo, por otro lado, los que son obstinados e incluso se ensañan. Sería muy interesante estudiar a estos últimos. ¿Por qué no logran meterse en sus papeles? ¿Por qué no son aptos para actuar? Esta realidad refleja la dificultad y el esfuerzo que se requiere para encontrar su estilo y ganarse el lugar.

El político es un creador. Para ilustrar la demostración de sus habilidades, partiré de lo que vi. Luego de más de veinticinco años de observación, guardo cuidadosamente en mis cajas de archivo algunos recuerdos y varias escenas.

La sala azul de Palavas-les-Flots

Está ubicada entre el mar y los estanques, a lo largo de la ruta que va de Montpellier a Carnon. Su techo es redondo de chapas azules. Es sede de todo tipo de eventos: la exposición canina, la feria del vino, de las estampillas, reuniones de veteranos de guerra. Sin embargo, cuando paso por delante de ella en auto, pienso en otros momentos. Pienso en todos esos *meetings* a los que asistí regularmente a lo largo de los años. Algunos de ellos me marcaron. En particular los que tuve con una personalidad que, de 1984 a 2007, animó intensamente la vida política francesa. Quiero hablar de Jean-Marie Le Pen. Para verlo en este salón azul, siempre tuve que pagar ya que era regla de este movimiento llamado Frente Nacional. A

---

[8] M. Abélès, 1989, p. 306.

[9] A. Mille,r 2002, p. 32.

veces me sorprendo a mí mismo cuando digo que valió la pena. En Palavas, donde Le Pen siempre fue bien recibido,[10] me vuelven imágenes.

El viernes 5 de marzo de 2004 es día de campaña para las elecciones regionales.

Le Pen entra a las 21 h. "Estuve muchas veces en esta región, dice, en este departamento que siempre estuvo en la vanguardia". Va y viene sobre el estrado, lanzando sus fórmulas, levantando los brazos, saludando a su público.

"Como solíamos hacer al poner a los jefes francos sobre un escudo, dice sobre las elecciones presidenciales de 2002, pusimos a Chirac sobre la tapa de un tacho de basura. Pero la Roca Tarpeya está cerca del Capitolio". La multitud ruge. Le Pen sigue con la economía, citando cifras en euros. "Perdónenme si les hablo en moneda de ocupación".

"Se nos ríen en la cara, grita de repente. Estamos hartos".

La gente aplaude. Él se ríe sobre el estrado.

A las 22:45, Le Pen y los otros candidatos cantan la Marsellesa.

El *meeting* terminó. La gente se arrima, acerca libros y papeles para obtener la firma de su líder.

El 8 de octubre de 2006 comienza una serie de nueve banquetes patrióticos. Mil personas vinieron a Palavas. Con el coro de los esclavos de Nabucco de Verdi de fondo, aparece él, levanta los brazos y saluda jovial. Una niña se adelanta para darle un ramo de flores. Empieza el gran *show* de Le Pen.

Me vuelven otras escenas. ¿Por qué recuerdo a Le Pen cuando me olvidé de tantos otros? ¿Es tan diferente? ¿Existe un saber lepeniano que se destaca claramente, por su estilo, sus palabras, su ambiente? ¿Cuál es su naturaleza? Para describirlo correctamente, tendría que volver a la carrera política de este hombre, insistir en su biografía, seguir las diferentes etapas que, durante décadas, lo llevaron de las sombras a la luz. De tanto repetirlas, Le Pen se convirtió en un gran profesional de los *meetings*.

¿Cuántos hizo? Está claro que ama las multitudes y estar en contacto con ellas. Sus palabras me chocan, me indignan. A él no le importa. Porque sus seguidores lo aclaman. Vinieron en colectivos. Para verlo, para escucharlo. Para compartir juntos este momento. Su héroe está delante de ellos. ¡Es una estrella! ¿Es único? ¿Su partido solo existe a través de él? Para responderme, aguardo con interés lo que sigue. En el salón azul de

[10] Recordemos que, en la segunda vuelta de las elecciones regionales de 2010 en Francia, el Frente Nacional había logrado el 19,38 % de los votos, la lista de Georges Frêche se quedaba con el 54,19 % y la de Raymond Couderc, el candidato UMP, 26,43 %.

Palavas-les-Flots estará Marine Le Pen, ¿estará a la altura? ¿Retomará los trucos de su padre?

Dejemos que la respuesta llegue y busquemos enseñanzas más generales. Porque lo que aparece acá, en esta lección del salón azul de Palavas-les-Flots, es la experiencia indispensable para cualquier carrera política de hablar ante una multitud. El resultado es irrevocable. "Este fue mucho mejor que este otro", escuchaba a veces a la salida. Proyectar la voz, atacar a tu oponente, apoyar a tus seres queridos, animar y prometer un mejor mañana. François Mitterand recuerda: "había setenta mil, cien mil personas, que reaccionaban como si estuvieran en un concierto de música clásica: ese silencio que precede a un movimiento general de aprobación".[11]

Un líder político es un director de orquesta. Lanza palabras, eslóganes, imágenes que despiertan emociones y dejan su huella en la mente de las personas. El *meeting* requiere una capacidad de entrenamiento excepcional.

Los bares de Nasbinals

La historia es un poco más antigua y sin embargo está muy presente en mis cuadernos y en mi memoria. El 2 de marzo de 1986, como todos los días de esos meses, seguí a un equipo de candidatos para las elecciones legislativas y regionales. Estaban en el Aubrac. Llegamos a las 15 horas a Nasbinals, la capital del cantón situada a una altitud de 1180 metros. En la municipalidad había unas sesenta personas que esperaban, incluyendo al intendente y al consejero general, opositores políticos. Los dos principales candidatos, médicos con un largo historial de participación política, habían ensayado su escena habitual.

El diputado saliente, el Dr. Jacques Blanc, exsecretario de Estado, había comenzado. Había recordado su pasado, hecho el balance de sus acciones, defendido sus argumentos. La agricultura era el tema preponderante de su discurso. De repente, en el medio de su disertación, un tipo salió.

"¿Se va?" preguntó Blanc. No hubo respuesta. "¿Es la próstata?" disparó entonces el doctor candidato. La sala estalló en risas.

Luego habló el Dr. Adrien Durand, otro diputado. "Estoy feliz, dijo, de estar en los montes del Aubrac. Junto con el Dr. Aldebert, vuestro consejero general, somos médicos de campaña. Nos entendemos sin hablarnos. Y sumo al Dr. Bottou, consejero general vecino. Señor Alcalde, le agradezco su apoyo".

---

11 F. Mitterrand, 1995, p. 214.

A las 16, la reunión había terminado. Empezaba la ronda de bares. Había cinco en Nasbinals. El Dr. Blanc y el Dr. Durand ya habían entrado. Habían estrechado manos, ofrecido para beber y tomado la palabra.

¿Qué sentido darle a estas campañas locales que transcurren entre campanarios, municipalidades y cafés de pueblo? ¿Y de qué se debe tomar nota? Durante varios meses, desde el invierno hasta la primavera, la campaña había serpenteado entre las aldeas y los pueblos, abriéndose camino hasta las ciudades y vuelto a las granjas. ¿Qué habían hecho los candidatos? ¿Qué habían ofrecido?

Se habían reunido, hablado, explicado, compartido momentos ordinarios al entrar en las municipalidades, los bistrós, las casas. Lejos de la puesta en escena y el énfasis de los *meetings*, se habían acercado y escuchado. Los había visto en acción. Siempre se empezaba con saludos, apretones de manos, palmadas en el hombro y risas.

Mis candidatos eran médicos que se reunían con antiguos pacientes. Con ellos, pero también con otros, recuperaban sus habilidades de doctores. Tocaban, apretaban, sentían a los hombres, mujeres, viejos y jóvenes. Sus gestos eran fáciles. Si otros se hubieran atrevido a hacerlos, hubiera "shockeado". Pero, viniendo de ellos, los aceptaban sin más.

La experiencia de estos médicos garantizaba una cercanía. Les otorgaba el conocimiento y la familiaridad, la misma que en 1973 había permitido la elección del Dr. Jacques Blanc como diputado frente a Charles de Chambrun, el representante saliente y exministro. Dos posiciones se habían enfrentado en ese entonces: la distancia, la altura, el apellido, el pasado contra la novedad, el registro del médico y la energía.

Hay pocas horas en auto del salón azul de Palavas hasta los bistrós de Nasbinals, sobre todo si tomamos la autopista A 75. Sin embargo, entre estos dos polos, el mundo del candidato es bastante diferente. Por un lado, la música, el estruendo del *meeting*; por otro, las palabras proferidas en francés y occitano, el ruido de los vasos, las boinas apoyadas en las mesas y el mostrador. No obstante, en ambos lugares, en el salón azul y en los bares, se imponen el juego actoral y la puesta en escena.

Palabras y gestos

Las sueltan desde todos lados. En reuniones públicas y en encuentros privados. Frente a miles de personas y cara a cara. Palabras buscadas, encontradas, repetidas, asociadas, que hacen clic y se convierten en eslóganes. Los candidatos las usan todo el tiempo. Cuentan su juventud, su experiencia, hablan de lo que vieron, de los grandes hombres que conocieron, de los hermosos momentos que vivieron. Anoté esas palabras en cientos de páginas de mis cuadernos. Algunas regresan con el transcurrir de los encuentros, otras aparecen y cortan como cuchillos.

Estas palabras siguen los lugares, los días, las noticias. Crean un estilo, un arte de la narración, un talento para seguir y tratar los acontecimientos de la actualidad. Recuerdan, tocan, emocionan, reúnen. Palabras del político, que son la base de su gestión, conforman los grupos y tejen vínculos.

"Vinimos a pedirles que nos voten", dicen los candidatos. "Los otros de enfrente los están engañando", repiten.

Luego vienen las ayudas que otorgarán, los logros, los nombres de los parientes. Todo el tiempo, saludan. "¡Te conozco! ¡Y a vos también!", dice un candidato. Después del bar y la promesa de volver pronto para celebrar la victoria, se trasladan a otro lugar donde, una vez más, lanzan las fórmulas y evocaciones.

La cadena de palabras y promesas toma forma. Desde la Margeride, pasa por los Causses, y luego baja a las Cevenas. Se dibuja una geografía. Mis candidatos son topógrafos que miden perfectamente su terreno. El candidato más hábil que conocí era un antiguo controlador de la Mutualidad Social Agrícola y diputado suplente, que conocía todas las granjas y sus familias. Hablaba del pasado, de la tierra y de los rebaños. Los otros lo escuchaban y eso alcanzaba. El intercambio político se construía con ese compartir y evocar.

Los mismos argumentos volvían siempre. "Somos los más pobres. Necesitamos que nos lleguen ayudas", decían. El candidato principal respondía: "Como no somos muchos, tengo que ser el mejor elegido. Solo así se hablará de Lozère". Y seguía.

La caravana electoral iba de pueblo en pueblo. Con el tiempo, encontraba cierto ritmo. Cada uno tenía un papel que desempeñar. Primero, el jefe, voluble y apasionado. Luego, el tranquilo, el sabio, el anciano, el joven, el gerente, el notario y el veterano de guerra. En conjunto, las diversas declaraciones constituían un espectáculo. Pacientemente, estaba atento a los cambios, anotaba los ajustes, los imprevistos. Repetíamos, imitábamos y creábamos.

Mis candidatos se observaban unos a otros. Se juzgaban y se divertían mutuamente. Los roles secundarios acompañaban al que veían como el jefe de su empresa política. Era el gran elegido, el candidato esencial. Pero cada uno de ellos aportaba su pequeño toque, una historia, un testimonio, una alerta. A las preciosas palabras sembradas, les añadían los gestos y, sobre todo, los apretones de manos que daban en abundancia.

Vi sus manos como hermosos instrumentos políticos. Sabían cómo extenderlas, cómo deslizarlas, y luego, cómo tomar las de los votantes, sostenerlas, tirar de ellas, sacudirlas. Darse la mano, agarrar del brazo, dar palmadas. ¿Uno aprende a dar la mano? pensé mientras los miraba, yo que lo hago tan mal. Sus manos eran termómetros políticos. "Acá funciona", podrían pensar, cuando el apretón era comprometido. Pero en otro lugar, distanciados y fríos, sentían que la tarea iba a ser difícil y largo el camino a recorrer. Los políticos en campaña siempre se enfrentan al riesgo de rechazo, de que les den la espalda. "¡No voy a darte la mano!" puede llegar a decir algún oponente. "Tómatelas de acá, estúpido" se animó a responder una vez un presidente de la República, en 2008, durante una visita a una feria rural. ¡Mala decisión!

Manos esenciales, manos instrumentales, como las describe Joe Klein en 1992, que tanto observó a Bill Clinton en campaña presidencial. El artista, por supuesto, era parte del equipo.

> Desde entonces lo vi miles de veces, pero no podría explicar cómo lo hace: me refiero a su mano derecha, la fuerza de su agarre, su calidad, la presión que ejerce, la duración del gesto. En cambio, sí tengo mucho para decir sobre la manera en que usa su mano izquierda. Es genial. Si la apoya sobre su codo o su brazo, es un gesto natural, un reflejo. Es que está interesado en usted. Está honrado de conocerlo. Si la apoya en su hombro, si lo abraza con el brazo izquierdo, ya es un gesto menos íntimo. Compartirá alguna broma o un secreto (un secreto inofensivo, no un secreto real), lo halagará dándole la ilusión de complicidad. Si no lo conoce muy bien y le dice algo 'importante', una confidencia, una palabra sincera, para agradecerle, le agarrará la mano, la muñeca, incluso el antebrazo, con las dos manos. Su cara se iluminará con su famosa sonrisa emocionada. Y será sincero".[12]

Mano derecha, mano izquierda, su presión, la duración del agarre: sube al brazo, toca el hombro, se desliza por la espalda. Ambas manos están trabajando. Aún recuerdo cuán extraño me sentía cuando mi representante preferido, y destinatario de mi observación, llevado por la emoción del momento, me trató como a los demás, presionando mi mano, tirando de ella, agitándola.

¿Cuánto valen exactamente todos esos gestos? Vi gente acercarse, hacer cola para darle la mano a un candidato. Tan pronto como recibían ese testimonio de simpatía, se iban felices. "¡Le di la mano!" podrían entonces repetir a la gente que los rodeaba.

Poco a poco, se va formando un estilo que caracteriza a tal o cual político. ¡Su manera de dar la mano! El gesto también expresa personalidad. "Un gran apretador de manos", dicen del ex presidente de la República Jacques Chirac, dando a entender que es simpático. ¿Será para distinguirse mejor de su sucesor? Sobre el juego de manos, creo que tenemos que ir más allá en

---

[12] J. Klein, 1996, p. 19.

la descripción. Destacando la importancia de la palma, los dedos, el agarre, la presión, la intensidad, la duración, la deferencia o el compartir no son suficientes para explicar la riqueza y diversidad de una señal. Entran en juego otros factores: el reconocimiento, la convocatoria, la evocación y la espera. Gran parte de la dificultad de interpretación radica en el hecho de que el observador comparte los códigos culturales de las personas que está observando.

A este juego de manos se añaden todos los demás registros corporales: sonrisas, risas, guiños, besos. El cuerpo es un instrumento político. Aleja, acerca, impone, sitúa. Raymond Firth (2000) escribe acerca de los habitantes de Tikopia, una isla melanesia en la provincia de Temotu de las Islas Salomón: "Los gestos que se hacen con la nariz sobre diversas partes del cuerpo de otra persona indican diferentes relaciones o evaluaciones de estatus. Apoyar la nariz en la muñeca muestra respeto por una persona mayor, por ejemplo, de una mujer respecto del jefe de un linaje. [...] La nariz apoyada en la rodilla reconoce una superioridad de estatus muy específica. Es el caso cuando una persona común quiere mostrar respeto a un líder en ceremonias con ritos muy solemnes [...]".

¿Qué hacen los tikopianos en campaña electoral? ¿Son también, como mis candidatos, expertos e incluso artistas en actitudes corporales? Como hace Raymond Firth con los indígenas, debemos poder distinguir el valor de los registros para esos representantes electos. Sigue: "La actitud y los gestos están estrechamente relacionados, e históricamente, en inglés, las dos palabras *posture* y *gesture* tuvieron tendencia a ser equivalentes en algunas de sus acepciones. Pero para simplificarlo, podemos distinguirlas, siendo la actitud una posición corporal estructurada en el espacio, un estado o disposición de todo el cuerpo, y el gesto un movimiento estructurado de una parte del cuerpo, por ejemplo, un cambio de posición de un miembro o de la cabeza". Siguiendo estos consejos, veamos entonces los gestos que acompañan a las actitudes políticas. ¿De dónde han salido? ¿Y cómo funcionan? ¿Podemos hablar de *habitus* de los políticos, en el sentido de Marcel Mauss?: "Debemos ver técnicas y el obrar de la razón práctica colectiva e individual en donde normalmente solo vemos el alma y sus facultades de repetición"[13].

Los vi muy a menudo en los *meetings*, y los seguí durante mucho tiempo en campaña. Compartí grandes momentos con ellos. ¡Ah! las hermosas campañas, los magníficos encuentros resaltados por "ese movimiento general de aprobación" del que hablaba Mitterrand. Sin embargo, pude notar ciertas diferencias. ¿Por qué, me preguntaba, lo que funcionaba tan bien en

---

[13] M. Mauss, 1950, p. 369.

la Haute Lozère, tanto palabras como gestos, dejaban indiferente o impávido al público en las Cevenas, o en el Hérault, o en el Gard?[14] Las palabras y los gestos parecen solo ser válidos en lugares definidos con precisión o frente a grupos particulares. A cada uno lo suyo, se podría decir. Lo cual vuelve necesario que el político trabaje en el reconocimiento y en el talento de adaptación.

¿De dónde provienen las palabras y los gestos del candidato en campaña? ¿Uno los tiene escondidos en su interior? ¿Pero por qué entonces algunos son tan malos candidatos y otros, peor aún, completamente incapaces de asumir el desafío?

Un hijo político

Es una historia un poco larga. La resumiré en pocas líneas. En 1987, el presidente del consejo regional de la región del Languedoc-Roussillon contrató a un joven colaborador para que se ocupe de los asuntos de su feudo electoral: el departamento de Lozère. La tarea era pesada, casi imposible.

Durante la semana, el asistente tiene que recibir a los solicitantes, responder al correo y a las llamadas, asistir a múltiples reuniones y los fines de semana, acompañar a su jefe en sus innumerables viajes.

Unos años más tarde, ese colaborador se volvió imprescindible. ¿Hombre en las sombras? ¿Eminencia gris? No importa cómo llamarlo. El resultado está a la vista. A los que lo solicitan, el gran representante responde: "¡Háblenlo con mi colaborador!" Más tarde, también dice: "¡Vean a Morel!"

¿Y quién es ese Morel? Después de estudiar derecho, trabajó en el departamento legal de una empresa regional. Mientras tanto, hizo una pasantía en la escribanía del consejero general. Este último lo recomendó mucho a un amigo político. La puerta del gabinete regional se le abrió. Morel empezó primero llevando y trayendo documentos para ser firmados, escribiendo cartas, sometiéndose al ritmo alocado y a las exigencias de su representante. Luego progresó. Muy pronto tuvo su oficina en el consejo regional. Los jefes del departamento empezaron a pasar siempre a través de él. Un buen día, Morel es finalmente nombrado director de gabinete, desplazando al director general.

¿Cuándo se le ocurrió la idea de cambiar de bando? No podría decirlo exactamente. Pero lo vi crecer. "Al principio, me decía, era tímido. No sabía y no podía". ¿De qué hablaba realmente? De lo que su jefe hacía de forma tan natural: dar la mano, hablar en público, desairar, dominar. Un

---

[14] Durante las elecciones regionales de 1998, Jacques Blanc encabeza la lista para el Hérault, y en 2004 para el Gard.

día, sin embargo, noté un cambio. Me miró con una mirada cómplice como si quisiera decirme: "Ahora ya sé qué hacer" . Observé cómo agarraba las manos, las sacaba, levantaba la voz, daba palmadas en la espalda. "Es un amigo, nos entendemos", decía. Su interlocutor se reía. Morel seguía con otro. Un grupo esperaba. Ya los había saludado a todos antes de alejarse con un paso acelerado.

Un día en el auto, tarde en la noche después de una reunión, Morel me dijo: "¿Voy o no? Me están presionando". Se veía que las ideas daban vuelta en su cabeza. Hablaba para él mismo. ¿Qué estaba diciendo? ¿Estoy listo? ¿Alcanza con esto? ¿Es el momento adecuado?

En 1998, Morel anunció su candidatura en Fournels, el cantón más pequeño del departamento, en el extremo norte de Lozère. Todos los pueblos beneficiaban de la ayuda regional desde hacía dos años. Morel había recorrido las casas con los planes de una futura residencia para ancianos bajo el brazo. Lo acompañaba el diputado suplente, Denis Salaville, el que había permitido que Jacques Blanc fuera elegido por primera vez. Una vez más, había servido como iniciador y pasador.

Fournels fue solo un trampolín. Morel pasó rápidamente a las etapas siguientes. Se convirtió en intendente y presidente de la comunidad de comunas. Entró en un gabinete de abogados, donde también obtuvo el título. Cuatro años más tarde, después de que su jefe fuera elegido senador, entró en la Asamblea Nacional. A plena marcha, había subido todos los peldaños, eliminando en el camino a posibles competidores.

¿Qué hizo para llegar a ese lugar? Primero, se metió en el molde. Luego añadió su pequeña música personal, su propia forma de hacer las cosas, afirmando también una voluntad y una ambición. Durante este largo recorrido, el gran representante lo observaba. Lo empujaba y lo ayudaba. Pero por pragmatismo y prudencia política, esperó a ver qué pasaba. Morel tenía que demostrar. Había vagado entre la filiación, la transmisión, la reproducción y la creación. Los otros, elegidos y votantes, ya veían en él un hijo político. Pero también esperaban un cambio.

Morel había sido formado y adoptado por Jacques Blanc, por su familia y amigos. Debía aceptar el legado. La transmisión había sido hecha por sumisión e imitación. "Conmigo, es siempre él, decía Morel. Lo continúo, soy su extensión". Sin embargo, eran muy diferentes. Tanto en la apariencia, como en el carácter, el habla, el comportamiento. El que se hacía llamar abogado, un hombre de oficina y archivos, sucedía al voluble y apasionado doctor. Una nueva generación aparecía en el horizonte.

Morel se divertía con esas diferencias. Metía sus manos dentro de su bolsa de electores y sembraba la semilla de la victoria. Se adaptaba constantemente: acá heredero, allá sucesor, y en otra parte, promesa del futuro. Se esperaba mucho de él, tanto o más que de su jefe, de quién seguía la línea. Como él, sería ministro, y con muchas responsabilidades.

Siguieron otras campañas, tanto locales como nacionales. En 2007, Morel fue reelegido. Pero el tafilete venía muy atrasado. Mientras tanto, su jefe perdió ese maravilloso cargo que representaba para él ser presidente del consejo regional. Regresó a sus tierras. Las relaciones con su hijo político de adopción se hicieron más difíciles. Lo escuché decir una vez que "no siempre tiene buen carácter". El "padre" hablaba de su "hijo". Otra figura del teatro político estaba emergiendo subrepticiamente. La separación, la distancia y el "divorcio político" que, en su fase final y paroxística, puede llevar a la muerte, al parricidio. Esto no sucedió y es posible que nunca suceda.

Este último caso, citado como recordatorio, da testimonio de la violencia de la ruptura, la de la trágica eliminación de un antiguo funcionario electo que se ha vuelto inútil. ¡Asesinato ritual! se podría objetar siguiendo a Frazer y Luc de Heusch (2002). Sin embargo, hay una gran distancia entre las implacables reglas de los reyes sagrados de África y las prácticas de nuestro medio político.

"Qué intensos que eran los tiempos de nuestras campañas", repiten los representantes electos. "En 1974, Francia era hermosa" susurra un nostálgico Valéry Giscard d'Estaing. Todos recuerdan la lucha, las emociones compartidas y la pasión sentida. Las puertas del salón azul de Palavas-les-Flots se han cerrado. En los bares de Nasbinals, los clientes hablan del invierno y la nieve. ¡Tiempo para esperar! Se anuncia otra campaña. Entonces, una vez más, un hombre o una mujer se subirá al estrado. Con el micrófono en la mano, o colgado en la solapa de su chaqueta, lanzará sus ataques mientras promete un mejor futuro. En los cafés de Aubrac, se brindará por la amistad y la salud del candidato.

Desde Tocqueville hasta hoy, una generación tras otra, los hombres en busca de votos se sucedieron. Algunos sabían, otros estaban aprendiendo. Saludar, hablar en público y usar los muchos trucos de campaña. ¿Qué dibujan esas palabras y gestos?

Al estudiar para una tesis sobre la Lozère histórica y política,[15] me había sorprendido la regularidad de las transmisiones. En las genealogías analizadas, los linajes de los representantes electos se superponían con los linajes patrimoniales.[16] Los mandatos se heredaban regularmente. Sin embargo, no había visto un fenómeno esencial en ese momento: las habilidades electorales se adquieren y se perfeccionan con la experiencia. En este nivel

---

[15] Y. Pourcher, 1987.

[16] E. Claverie, P. Lamaison, 1982.

de campaña, ¿podemos hablar también de un patrimonio electoral que se transmite en etapas regulares (cuando alguno lo saca de entre sus recursos) como una piedra preciosa? Hecho de palabras, gestos y signos, su inmaterialidad es evidente.

"¡Cuántas manos estrechadas, besos dados y promesas hechas!" podría decir, con nostalgia, un antiguo representante. ¿Siguen activos o se esfumaron subsistiendo solo en la memoria de unos pocos testigos? ¿Están perdidos? ¿Siguen siendo eficaces? Vaya uno a saber. Pero más que la naturaleza exacta de ese patrimonio y su forma de transmisión, que varía según las épocas y los grupos, subrayo su dinámica. La adaptación y evolución necesarias de las prácticas y habilidades existentes.

Otra vez, nuevas elecciones, y nuevos apretones de manos y promesas. Pero lo que más importa, en mi opinión, es la forma de hacer las cosas y el arte puesto en el montaje y la composición. Un ejercicio apasionante y excitante, la campaña es una superación existencial. Poder durar, poder seguir. ¡Y ganar!

Detrás de los simples gestos, sonrisas, apretones de manos, palmadas, fórmulas y eslóganes del candidato, encuentra lo que es esencial para él: la pasión por el combate, quizás incluso la pasión por la guerra.

Alrededor de estos hombres y mujeres en los caminos de campaña, se congregan los grupos. Ellos están ahí para entrenarlos, guiarlos y llevarlos a la victoria. Si hay transmisión, me parece que es sobre todo con esa expectativa, la de desafío y confrontación. "Morir sobre el escenario, como Molière", solía repetir Georges Frêche. Diputado, intendente de Montpellier, presidente del consejo regional, vibraba al ritmo de la guerra electoral. La muerte lo derrotó luego de una campaña llevada a cabo como una provocación final: a los partidos, a las ideas y a la vida.[17] Imponiendo a todos sus maniobras, sus dudosas fórmulas y sus estatuas de los grandes hombres de la historia del mundo. Porque, más allá de la repetición y la transmisión, la novedad y la creación son también necesariamente esenciales. Los verdaderos líderes forman los grupos que ellos mismos manipulan y someten. Como lo hizo Alcibíades una vez, se levantan y gritan a su séquito: "Atenienses, ¡nadie está más capacitado para ejercer el mando que yo!" Así es como nacen las carreras políticas y las ricas trayectorias que las acompañan.

Antes de cerrar este delicado asunto de las elecciones, volvamos por última vez al Aubrac. Las últimas elecciones cantonales nos dan la oportunidad de hacerlo. El 20 de marzo de 2011, el cantón de Nasbinals eligió

---

[17] Ver la película de Yves Jeuland, *Le Président* [*El presidente*] (2011).

a su último consejero general.[18] Dos candidatos compitieron entre sí. Por un lado, el intendente de la capital del cantón, presidente de la comunidad de comunas, representando a la UMP, Bernard Bastide; por otro, Jean Aldebert, catalogado centro derecha, sin mandato actual. Dos campos se afrontaron, movilizando todos sus recursos.

La historia política del cantón de Nasbinals es elocuente. Desde 1922, e ininterrumpidamente, los Remize-Aldeberts, todos médicos, fueron elegidos consejeros generales.[19] El primero, el Dr. Jean Remize,[20] estuvo a cargo de 1922 a 1967, y luego su yerno, el Dr. André Aldebert, lo reemplazó de 1967 a 1966. Su hijo, el Dr. Pierre Aldebert, un médico especialista con sede en Mende,[21] lo sucede. En 2011, la jubilación de este último da lugar a su hermano menor, Jean Aldebert, kinesioterapeuta en Nasbinals. Como suplente, elige a su cuñada, esposa del concejal saliente. ¿Cómo decidió Jean Aldebert embarcarse en la aventura electoral?

"Fue por el pedido insistente de mi hermano Pierre, y después de una larga reflexión, comenzaré, si me lo permiten, mi vida política", escribió en su boletín.

La decisión se tomó en familia. Hoy puedo afirmar sin temor a equivocarme lo que Thérèse Aldebert[22] le habría dicho a su joven hijo, si aún estuviera viva: "Jean, no puedes escapar. Debes cumplir con tu deber". Para ella, hija, esposa y madre de consejeros generales, "la verdadera cabeza política de la familia" según el senador Jacques Blanc, asumir el mandato era una obligación familiar.

Jean Aldebert cruzó esa línea. Después de su abuelo, su padre y su hermano, él también usó sus recursos de candidato, visitando casas, dándose la mano, explicando y disfrutando en los bistrós.

¿Qué aportó de diferente al ejercicio en comparación con otros representantes de la familia? Solo una observación cuidadosa, y por lo tanto una comparación, podría dar una respuesta. Por su parte, su oponente, un rico restaurador y hotelero, también invirtió grandes cantidades de recursos. El resultado fue acorde al compromiso.

Jean Aldebert fue elegido por 406 votos contra 403 de su rival.

En Aubrac, el linaje político de Aldebert tiene un nuevo representante.

---

[18] Thucydide, 1964, t. II, p. 149.

[19] La nueva reforma territorial hizo que desaparecieran los consejeros generales, para crear los nuevos consejeros territoriales.

[20] También será presidente del consejo general de la Lozère.

[21] Los Remize-Aldebert también gestionaron durante varios mandatos –perdiendo y ganando– la municipalidad de Nasbinals.

[22] Tenía buena relación con ella, así como con todos los miembros de la familia.

Bibliografía

ABÉLÈS, Marc. 1989. *Jours tranquilles en 89. Ethnologie politique d'un département français.* París: Odile Jacob.

______. 1990. *Anthropologie de l'état.* París, Armand Colin.

ABÉLÈS, Marc, Henri-Pierre JEUDY. 1997. *Anthropologie du politique.* París: Armand Colin.

AUGÉ, Marc. 1994. *Pour une anthropologie des mondes contemporains.* París: Aubier.

BALANDIER, Georges. 1967. *Anthropologie politique.* París: PUF.

______. 1980. *Le pouvoir sur scènes.* París: Balland.

______. 1985. *Le détour.* París: Fayard.

BARTHES, ROLAND. 1957. *Mythologies.* París: Seuil

BOURDIEU Pierre. 1984. " La délégation et le fetichisme politique " . *Actes de la recherche en sciences sociales,* no. 52-53, 49-55.

BURDEAU, Georges. 1979. *La politique au pays des merveilles.* París: PUF.

CLAVERIE, Elisabeth, Pierre LAMAISON. 1982. *L'impossible mariage. Violence et parenté au Gévaudan aux 17e, 18e et 19e siècles.* París: Hachette.

FIRTH, Raymond. 2000. " Attitudes et gestes de respect " . *Communications, Nº 69,* 37- 60.

MAUSS, Marcel. 1950. *Sociologie et anthropologie.* París: PUF. HEUSCH, Luc de. 2002. *Du pouvoir. Anthropologie politique des sociétés d'Afrique centrale.* Nanterre: Société d'ethnologie.

HUARD, Raymond. 1991. *Le suffrage universel en France, 1848-1946.* París: Aubier.

KERTZER, David. 1992. " Rituel et symbolisme politiques des sociétés occidentales " . *L'Homme,* n°121, 79-90.

KLEIN, Joe. 1996. *Couleurs primaires.* Traducido por A. Champon. París: Presses de la Cité.

MAUGHAM, W, Somerset. 1989. *Et mon fantôme en rit encore. Journal 1892-1944.* Traducido por C. Derblum. Paris: Les Éditions du Rocher.

______. 1967. *Manuel d'ethnographie.* París: Payot.

MILLER Arthur. 2002. *Ces comédiens qui nous gouvernent.* París: Éditions Saint-Simon.

MITTERAND, François, WIESEL Elie. 1995. *Mémoire à deux voix.* París: Éditions Odile Jacob.

OFFERLÉ, Michel (dir.). 1999. *La profession politique XIXe-XXe siècle*. París: Belin.

POURCHER, Yves. 1987. *Les Maîtres de granit. Les notables de la Lozère du XVIIIe siècle à nos jours*. París : Olivier Orban (2ª edición, Plon, 1995).

______. 1990. " Un homme une rose à la main. Meetings en Languedoc de 1985 à 1989 " . *Terrain*, n°15, 77-90.

______. 1991. " Tournée électorale " . *L'Homme*, n.° 119, 61-79.

______. 2002. " Mémoire généalogique et représentation politique " . *Ethnologies comparées*, 4 (http://alor.univ-montp3.fr/cerce/revue.htm).

______. 2004. *¡Votez tous pour moi ! Les campagnes électorales de Jacques Blanc en Languedoc-Roussillon (1986-2004)*. Prólogo de J. Mossuz-Lavau. París : Presses de sciences-po.

______. 2007. *Politique Parade. Pouvoir, charisme et séduction*. París: Seuil.

RIVIÈRE, Claude. 1988. *Les liturgies politiques*. París: PUF.

SHILS, Edward. 1975. *Centro y Periferia*. Chicago: Chicago Press.

SMITH, Pierre. 1979. " Aspects de l'organisation des rites " . En M. IZARD y P. SMITH (ed.), *La fonction symbolique. Essai d'anthropologie*. París: Gallimard.

THUCYDIDES. 1964. *La guerre du Péloponnèse*. París: Gallimard.

TOCQUEVILLE, Alexis de. 1978. *Souvenirs*. Prólogo de F. Braudel, epílogo de J. Mayer. París: Gallimard.

El *mestre* y su "curso"
Figura e institución de la transmisión patrimonial
del canto en el sur de Portugal[1]

Cyril Isnart y José Rodrigues dos Santos

En su libro *Usos del patrimonio* [*Uses of heritage*], Laurajane Smith (2006) propone ir más allá de una visión institucional del patrimonio y de las patrimonializaciones tomando conciencia, por un lado, de la difusión globalizada del *Discurso patrimonial autorizado* (o AHD, *Authorized heritage discourse*) que parece dirigir la conciencia patrimonial de los expertos y los organismos nacionales e internacionales y regular los efectos del desarrollo del patrimonio en todo el mundo; y tener en cuenta, por otro lado, las formas alternativas y conflictivas que este discurso pone de manifiesto en el mundo social ordinario. Desde esta perspectiva, la consideración etnográfica de las prácticas patrimoniales ordinarias, que parecen estar menos impulsadas por las instituciones políticas que por los grupos locales o comunitarios, da acceso a un vasto campo de exploración del hecho patrimonial. En particular, nos invita a leer las consecuencias de la patrimonialización en los márgenes de las sociedades contemporáneas que están globalizando sus representaciones y formas de hacer las cosas, al tiempo que reconstruyen sus pasados e identidades dentro de estos nuevos marcos. De tal manera, el campo de la globalización de la patrimonialización es

[1] Este texto forma parte de una investigación colectiva sobre la dinámica de la música vocal regional en el Alentejo (financiada por la Fundação para a Ciência e a Tecnologia, FCT/ MCTES - COMPETE - FCOMP - 01-0124- EDER-0070036), dirigida por José Rodrigues dos Santos.

un laboratorio para la reconstrucción de los sentimientos autóctonos y los marcos locales de la experiencia que también forman parte de una historia de mayor o menor tradición de prácticas de patrimonio local.

El *cante alentejano*,[2] una forma de canto polifónico del sur de Portugal, ofrece el marco para un múltiple y sensible cuestionamiento sobre el compromiso de algunos grupos locales en patrimonializarlo y cómo lo conciben. En particular, el curso de canto[3] abierto al público en Évora impartido por el *mestre* (maestro) de *cante alentejano* Joaquim Soares nos ofrece un testimonio fundamental sobre este tema. Los discursos que expresan la toma de conciencia de un momento crítico en la transmisión del *cante* y que acompañan a prácticas patrimoniales como la del *mestre* Soares, se combinan de forma original con el lugar que ocupan hoy las estructuras resultantes del *Authorized Heritage Discourse* y las concepciones locales vinculadas a la reivindicación de una identidad musical regional. Si bien esta iniciativa no cuenta con un apoyo unánime, ya que la concepción del don y de la transmisión biológica del *cante* está muy difundida entre los cantantes, el análisis de la práctica patrimonial del curso del *mestre* Soares permite acceder a las modalidades de reconstrucción de las memorias colectivas –y de las tensiones que las atraviesan– en contextos extrainstitucionales.

El *cante*. De la "canción de acompañamiento" a su patrimonialización

En la región del Alentejo portugués prevalecía un sistema de grandes propiedades en el que una minoría de propietarios de latifundios contrastaba con una clase trabajadora sin tierra, cuya pobreza venía acompañada de una dependencia total de los grandes terratenientes. Era una sociedad rural a la que no se quería llamar sociedad campesina, como sí se llamaría a las zonas rurales al norte del Tajo, donde dominaba un régimen de pequeña propiedad. La práctica religiosa y la relación con la Iglesia Católica también diferenciaban los dos mundos: esquemáticamente, al norte del

---

[2] El término *cante* es un regionalismo utilizado principalmente desde mediados del siglo XX para referirse a una forma particular de canto polifónico en el Alentejo. En los años 1950, el principal actor de esta formalización del *cante* fue el Padre Marvão (Marvão 1946, 1948, 1949; P. Clemente 2000). El *cante* fue objeto de un interés sostenido por parte de varios etnomusicólogos (como Michel Giacometti (2008) y João Ranita Nazaré (1984), cuyos estudios se centraron en los aspectos musicales y sociales de la práctica del *cante* desde los años cincuenta hasta los setenta).

[3] Para mayor comodidad, nos referiremos a la actividad de un grupo informal (en el sentido de que no hay registro, ni obligación de asistir, ni evaluación, etc.) de transmisión del *cante* como un "curso".

Tajo había una intensa práctica religiosa y una fuerte integración social de la iglesia; en el sur, la práctica religiosa era menor. Las últimas décadas han traído profundos cambios en la sociedad alentejana. El efecto combinado de la migración a las grandes ciudades y al extranjero ha reducido la densidad de población; ya no son solo los campos los que se convierten en desiertos, sino también muchos pueblos.[4]

Es en este contexto que el *cante* evolucionó durante el siglo XX. Inicialmente traído por los trabajadores agrícolas, durante el trabajo, los descansos en el café o en los viajes, el *cante* se formalizó a través de la constitución de "grupos corales" que suponen una práctica organizada y regular dirigida a la actuación en público. La historia de la patrimonialización de este canto en el Alentejo va en paralelo con la de la *folclorização* (folclorización) de las culturas populares portuguesas durante y después de la dictadura (1928-1974).[5] Fue impulsada primero por el poder político de la dictadura en direcciones similares a las de los regímenes totalitarios del siglo XX, antes de ser asumida por la población rural como expresión de identidad de una nueva autonomía cultural después de la revolución de 1974. Desde entonces, se ha convertido en un símbolo de identidad para las poblaciones de los pueblos de donde proceden las prácticas, al igual que para los migrantes de Lisboa, París o Toronto. De esa manera se crearon, desde el primer tercio del siglo XX varios centenares de grupos corales que actúan disfrazados en festivales, ferias y fiestas y que a menudo aparecen en la televisión.

Aunque la multiplicación de los grupos corales sea un fenómeno a nivel nacional, estos grupos cultivan cierta originalidad en el mundo de las expresiones regionales portuguesas.[6] Se ven a sí mismos como descendientes directos de los antiguos que cantaban de manera "espontánea" y "auténtica", es decir, antes de que surjan los grupos. Muchos grupos corales tienen también la misión de salvaguardar, recoger y revivir no solo el repertorio y la forma de cantar *alentejana*, sino también las antiguas formas de vestir (reconstitución de trajes) y de trabajar (acopio de herramientas), misión que suelen resumir con el epíteto *"etnográfico"* que añaden al nombre de su grupo.[7]

---

[4] De los 10 millones de habitantes de Portugal, casi 9,5 millones viven al norte del Tajo y poco más de 0,5 millones en el sur.

[5] S. Castelo-Branco y J. Branco, 2003.

[6] Afirman no ser grupos folclóricos en el sentido de los *ranchos folclóricos* (véase S. Castelo-Branco y J. Branco 2003), que son asociaciones para armar espectáculos de bailes y música regionales.

[7] El uso del adjetivo está controlado por la *Federação de Folclore Português*, institución que verifica el cumplimiento de los criterios de "autenticidad" y "fidelidad a la tradición" de los grupos federados.

El sistema patrimonial creado por algunos de los grupos corales, como el grupo dirigido por el *mestre* Soares, tiende a abarcar cuatro áreas culturales: el *cante*, los trajes, los objetos relacionados con la actividad agrícola y la gastronomía. Estos objetos, que se convierten en patrimonio gracias a la acción de cada grupo coral, pueden destacarse por diferentes medios (a través de discursos, actuaciones, comidas, programas de radio o televisión), pero la mayoría de las actividades tienen lugar en la sede del grupo, *a sede*, que adquiere una importancia simbólica particular.[8]

En Évora, por ejemplo, las comidas las preparan y sirven los miembros del grupo y están compuestas por las principales especialidades regionales en forma de buffet. Al final de la comida, una serie de 4 a 7 canciones es interpretada por los cantantes ya sin sus delantales pero sin vestirse con sus trajes tradicionales, quienes se reúnen informalmente detrás del mostrador. Es durante esta secuencia de cantos que un portavoz cuenta la historia del grupo, explica la exposición de los objetos agrícolas en el comedor y recalca que el grupo también tiene una función de conservación. En este sentido, las actuaciones musicales, discursivas y gastronómicas en conjunto constituyen un dispositivo en el que se afirma la fuerza simbólica del grupo.

Así, hemos pasado imperceptiblemente de una práctica informal del canto, en las tabernas o en los lugares de trabajo agrícolas, lo que Bernard Lortat-Jacob llama una "canción de acompañamiento", a una reivindicación patrimonial con pretensiones de institucionalización, basada en una conciencia aguda de los cambios sociales, culturales y demográficos de la población local. M. Rautenberg (2003) o G. Ciarcia (2006) han identificado dichos cambios como un discurso de pérdida que determina una condición para patrimonializar.

La figura del *mestre*

Aunque la transmisión del *cante* ya no se realice a través de una inmersión cotidiana a lo largo de toda la vida, la institución cultural que constituye hoy el grupo coral saca a la luz un conjunto de nuevas modalidades y actores de aprendizaje, entre los que destaca la figura del maestro o *mestre*. Este término se refiere a un título que posee un hombre a menudo anciano, reconocido por su conocimiento del *cante* y por sus cualidades vocales. Puede ser el fundador o el director del grupo, o quien dirige sus ensayos,

---

[8] La estructura de los asientos del grupo, aparte de las limitaciones de tamaño o disposición de las salas, sigue un patrón que consiste generalmente en una taberna (bar, sillas y mesas) y un escritorio.

pero a menudo tiene varios de estos papeles. A veces, algunos *mestres* son conocidos mucho más allá del grupo del que están a cargo y son reconocidos por otros *mestres* como los mejores entre ellos.

Joaquim Soares, el *mestre* del *Grupo Coral e Etnográfico dos Cantares de Évora,* representa, en el ámbito del cante *alentejano,* una figura atípica pero muy reveladora del cuidado patrimonial del *cante*. Joaquim Soares llegó tarde al *cante*: procedente de un entorno de clase media urbana en el Alentejo en los años 1940, recibió una educación superior a la media, inicialmente fue un diseñador industrial altamente calificado. Más adelante, pasó a formar parte de la orquesta filarmónica y de música popular y se dedicó al *cante en* 1976 cuando un jazzista alemán, que había ido a dar un concierto a Portugal (cuando apenas había vuelto a la democracia) preguntó en la sala si alguien podía cantarle una melodía local: algunas personas se esforzaron en cantar una canción incompleta y el *mestre* se sintió avergonzado por no poder responder al pedido del extranjero.[9] Funda su grupo a los 35 años, luego de mudarse de Beja a Évora, la capital de esa región. La mudanza y su origen social lo alejan de lo que se considera el "corazón" de los lugares del *cante*.[10] Muy de a poco, J. Soares logra disipar el escepticismo de algunos, la desconfianza de otros, la hostilidad de otros pocos. Su práctica reivindica una seriedad que complementa su relativa "distancia" de los orígenes normalmente legítimos del *cante* y su representación dominante en el medio: "el *cante* no se puede aprender". Sin embargo, gracias a una concepción que se aleja de la espontaneidad original, su grupo adquiere una coherencia y una calidad que lo destacan como uno de los mejores grupos de la región, cada vez más reconocido a lo largo de sus décadas de actividad. Más de veinte años después de sus inicios, Soares se convirtió en cofundador de la federación de grupos corales de *cante alentejano* (Asociación "Moda" 2000).[11]

---

[9] Esta narración constituye el relato de la implicación personal y emocional del *mestre* en la patrimonialización del *cante*, que rescata cuando un extranjero se acerca a él o cuando tiene que presentar el grupo a periodistas - o etnólogos.

[10] Es interesante señalar que, para los actuales actores del *cante*, el lugar considerado como "original" y "auténtico" del *cante* se sitúa en el sur del Alentejo, creando una oposición musical y simbólica entre el norte (sin *cante*) y el sur (con *cante*) de la región. El grupo del *mestre* Soares se encuentra en el límite de la parte norte, lo que implica una compleja relación de legitimación simbólica. Una etnografía y geografía simbólica de estas fronteras es uno de los objetos del proyecto de investigación.

[11] Al reunir a más de sesenta grupos, la "Moda" desempeña una función facilitadora pero también claramente normativa, definiendo e intentando difundir "buenas prácticas" entre los grupos. La definición de esas buenas prácticas se debió mucho a la difusión de ideas a las que el *mestre* Soares suscribe.

Historia del "curso"

El mestre Soares es el pionero en la iniciativa de dar cursos de *cante* abiertos al público en general. Propone así una respuesta práctica a la cuestión de la transmisión que desafía la concepción espontánea dominante. En primer lugar, aceptó la invitación del Rector de la Universidad de Évora, en la década de 1990, a crear un coro de *cante alentejano* para la comunidad académica (estudiantes, profesores, personal administrativo). Después de varios años de existencia, el coro se dio de baja por falta de participantes regulares. Sin embargo, hombre de convicciones, el *mestre* Soares aceptó unos diez años más tarde el reto de crear otro grupo de aficionados, esta vez en el marco de una asociación recreativa, antiguo club social de la clase media de Évora.

A partir de 2006, logra reunir un grupo informal de amantes del *cante*. Procedentes de todos los ámbitos sociales, participantes de todas las edades se reúnen todos los martes, de 8 a 9 de la noche.

Hay que señalar dos características importantes de lo que hemos denominado el "curso": al dirigir un grupo abierto a todos y gratuito, el *mestre* Soares siempre rechazó cualquier tipo de remuneración, e insistió en distinguir por completo el programa de transmisión de su grupo coral. Situadas inicialmente en dos lugares distantes del centro histórico, las actividades de los dos grupos (los "profesionales" del grupo coral y los "aficionados" del curso), se fueron acercando en el espacio, según las vicisitudes vinculadas a la disponibilidad de los locales. Los "aficionados" se reúnen desde hace tres años en los locales adyacentes a la "sede" de los *Cantares de Évora*. Pero esto no altera la clara separación de los dos tipos de actividad. En cierto modo la separación efectiva de las dos actividades, al tener lugar en lugares contiguos se hace más evidente: son en efecto dos tipos de prácticas distintas, que obedecen a modalidades de transmisión y aprendizaje totalmente diferentes.

¿Cómo funciona?

Entre 10 y 20 personas, con un núcleo principal de 6-7 personas, colocan sillas en círculo y una mesa delante de una de las sillas, reservada para el *mestre*. Luego de algunas charlas amistosas y banales sobre el clima, el fútbol o los eventos musicales de la semana pasada, el *mestre* distribuye cancioneros que saca de una carpeta mientras todos se sientan en el círculo. El cancionero es un cuaderno con unas quince páginas fotocopiadas, que contiene las letras de 92 canciones numeradas en el orden cronológico de su entrada al *corpus*. El *mestre* pide a uno de los participantes que elija una *moda* (una canción, un tema). A continuación, se indica un título o un número y el *mestre* presenta la *moda* diciendo, por ejemplo, si la *moda* elegida es *"Erva cidreira"*: *"Erva cidreira diz assim"* ("[título de la canción] dice así"). Entona la *moda* que los participantes retoman a la par del *mestre*. Normalmente, una canción se canta de principio a fin y luego el *mestre* pide una nueva canción con la fórmula "Quem escolhe?" (¿Quién elige?). Puede suceder que la *moda* no sea muy conocida y que el *mestre* la repita por segunda vez, tratando de apoyar con su voz y sus gestos la interpretación de los pasajes sensibles.

Aunque el *mestre* se ayude a menudo con el cancionero, ya que no todas las *modas* incluidas forman parte del repertorio de la banda "profesional", no tiene otro elemento como ayuda memoria musical. El curso de *cante alentejano* dura una hora y pico y se ejecutan unas quince *modas*.

En esta descripción esquemática no se contemplan las interacciones verbales que acompañan el aprendizaje y que provienen del propio *mestre* o de una pregunta o comentario de uno de los participantes. Basándonos en una presencia etnográfica[12] y en secuencias de vídeo realizadas entre septiembre de 2009 y mayo de 2010, pudimos establecer una tipología provisional de las intervenciones verbales del *mestre* y asociarlas a una "función patrimonial" en una perspectiva similar a la de Gaetano Ciarcia sobre los mecanismos patrimoniales, en su ensayo sobre la pérdida sostenible (2006). Así pues, tres tipos de discurso podrían asociarse a tres funciones: la *explicación* o lo que es el *cante*; la *puesta a punto* o la búsqueda de autenticidad; y *la legitimación del repertorio* o la narración de la ancestralidad.

La *explicación* o lo que es el *cante*

Cuando aparecen nuevas personas a la clase de canto, a menudo extranjeros o amigos de los participantes habituales, el *mestre* dedica mucho tiempo a explicar el vocabulario de esta música vocal. Una vez elegida la *moda*, el *mestre* no la canta directamente, sino que explica cómo se canta en el curso: un solista, el *mestre*, canta el primer verso de la primera estrofa y a veces el de las siguientes, y el coro se engancha después.

Insiste en que, de esta manera, se canta de una manera diferente respecto de otros grupos corales. En efecto, mientras que en el curso el *mestre* canta solo el primer verso, en los grupos corales el solista que inicia la *moda* (el *"ponto"*) canta solo toda la primera estrofa, así como la cuarta.[13]

---

[12] José Rodrigues dos Santos participa en ese curso desde hace 4 años.

[13] Estas estrofas se llaman *"cantigas"* y rodean la *moda* propiamente dicha (compuesta de dos estrofas). Las *cantigas* son libres, a discreción de los cantantes, mientras que las dos

Un segundo solista, el *alto,* debe entonces cantar el primer verso en la tercera superior (pero a veces solo la primera palabra, o parte del verso) de la segunda estrofa. Recién en ese momento, el coro hace su entrada y continúa acompañándolo. En la interpretación vocal colectiva del curso, el *mestre* puede cantar el primer verso de la primera estrofa como "*ponto*" en el tono de los "*baixos*" o "*segundas*" (el coro) y también cantar la línea del "*alto*" en lugar de cantar al unísono con el grupo de participantes.

Así pues, el comentario explicativo sobre la manera de colocar las tres partes (*ponto, alto,* coro) en el *cante alentejano* implica la transmisión de una organización de las partes en el *cante* que es compartida y consensuada con los demás grupos, aunque la distribución de los papeles no siga el patrón habitual.

La puesta a punto o la búsqueda de autenticidad

La segunda temática se refiere a la puesta a punto de las versiones musicales o poéticas de una canción. La principal cuestión que está en juego en esta puesta a punto es la clasificación más o menos definitiva de una *moda* en lo que *el mestre* Soares llama el "*cancioneiro tradicional*" o repertorio tradicional.

Como es evidente para él y para todos los presentes, hay un gran número de piezas de diversos orígenes (temporales, geográficos, sociales) y existen muchas formas diferentes de interpretarlas. El *mestre* debe relativizar su juicio a cada rato: "Acá, nosotros lo cantamos así". Por lo tanto, la autenticidad no se juzga tanto por criterios de clasificación aristotélicos[14] que exigen respuestas por sí o por no, sino más bien a partir de "referencias virtuales" que sirven para ubicarse dentro del juego social en torno a conceptos "difusos" como el de identidad. Este problema es el de cualquier transmisión relativa a una "tradición": si la "tradición" es aquello que viene del pasado, definir en qué consiste será siempre un problema sin una solución sencilla. No obstante, la "referencia virtual" de la autenticidad sigue siendo necesaria, cualesquiera sean las ilusiones o inventos que satisfagan esa necesidad.

En el discurso y en las prácticas que nos ocupan intervienen dos criterios de autenticidad: la pertenencia al grupo social que reivindica el *cante*

estrofas de la *moda* son fijas y no pueden ser intercambiadas o modificadas. Para descripciones más desarrolladas, véanse los textos de Marvão y Nazaré citados anteriormente, y S. Castelo-Branco 1997, pp. 51-61.

[14] En términos de condiciones necesarias y suficientes para que un objeto pertenezca a una clase, y no en términos de grado de pertenencia (L. Zadeh, 1965; E. Rosch y C. Mervis, 1975).

como propio (trabajadores rurales y aldeanos del sur del Alentejo que practican estas formas de canto desde la infancia) y la antigüedad de las canciones y las maneras de cantar. Ambos se refieren, desde dos enfoques distintos, a una noción de ancestralidad.[15]

La legitimación del repertorio o la narración de la ancestralidad

El tercer espacio verbal de transmisión del *cante* lo componen los relatos de cómo se llega a conformar el repertorio del curso. A veces, en respuesta a un pedido de los participantes, o espontáneamente al comentar la elección de alguna *moda,* el *mestre* relata las condiciones en las que recuperó la canción o la escuchó por primera vez. Asociando la memoria precisa de una interpretación con una fuerte dimensión geográfica,[16] este tipo de relato introduce los coros de campesinos de su infancia, la voz de su abuela o de una anciana de un pueblo del sur del Alentejo. Estas narraciones garantizan la antigüedad de las canciones y la inclusión en la comunidad de los cantantes del pasado, los antepasados del canto, permitiendo incluir las *modas* en el "cancionero tradicional". Estos cantos más antiguos se acercan más y mejor al modelo del *cante alentejano* que el *mestre* considera "verdadero", el canto de los campesinos en las tabernas y en los lugares de trabajo a principios del siglo XX. Es hacia ese horizonte que se dirige el esfuerzo del *mestre* Soares, posicionándose como pasador y continuador de la tradición del *cante* que, al no estar muy documentado, solo puede reconstruirse, a menudo de manera especulativa y virtual.

La dignidad del *cante*

A esta pureza original, reconstruida en parte por su enseñanza, el *mestre* contrapone las prácticas actuales del *cante,* corrompidas por ciertos cantantes y sobre todo por ciertas prácticas espectaculares que no respetan la profundidad estética y moral del *cante,* una inquietud que resume bajo el término de "*dignidade do cante*" (dignidad del *cante*).

La puesta en escena del *cante* en los espectáculos durante los cuarenta y ocho años de la dictadura estuvo marcada, debido al objetivo político buscado, por cierta solemnidad ritual (presencia de funcionarios, discursos, silencio, etc.). Después de la "revolución de los claveles", la creación de grupos y sus espectáculos públicos, liberados de la camisa de fuerza

---

[15] C. Lévi-Strauss, 1977, p. 332.

[16] Cf. nota *supra* sobre la geografía del *cante* que está en juego en las representaciones de los actuales actores de esta música.

política y administrativa, dio lugar a una proliferación sin precedentes, acompañada por la multiplicación de situaciones límite, en las que los espectáculos se deterioraron y con ellos "la dignidad del *cante*".

El *mestre* Soares critica los encuentros de grupos en ferias, en donde las presentaciones son tapadas por los altavoces, o los "desfiles" de grupos en calles sin espectadores, o en las calles de las ciudades de los suburbios de Lisboa, donde los habitantes los miran como animales curiosos. Los cantantes, que a menudo siguen siendo rurales, se sienten a veces profundamente fuera de lugar en los grandes escenarios o cuando los invitan a la televisión. Catapultados del pueblo al escenario, a los grupos se les hace difícil dar el salto de una actuación más o menos espontánea, con todas sus vacilaciones y errores que se toleran en el contexto local, pero que son chocantes "en concierto" y en los auditorios o escenarios de los grandes teatros de Lisboa.

A la luz del contexto más amplio en el que se inscribe el curso apto para todo público, la "dignidad" del *cante* se manifiesta como la síntesis de las funciones patrimoniales de la autenticidad y la ancestralidad, que permanecen por supuesto vinculadas a la historia y la personalidad del *mestre* Soares, en tanto actor del proceso de patrimonialización. El *mestre* Soares también crea las condiciones para su propia legitimidad al definir y defender la dignidad del *cante*.

Sin embargo, una buena definición y uso del *cante* también implica la construcción de un consenso colectivo en torno a la necesidad de salvaguardar el *cante* tal y como lo entiende el *mestre* Soares.

Establecer mecanismos de transmisión del *cante* en los diferentes niveles de la sociedad (su grupo coral, la federación de grupos regionales, el curso abierto de *cante alentejano*, incluso su participación en el círculo político local) parece ser la base de una nueva legitimidad musical y patrimonial.

Así pues, más allá de la eficacia política del patrimonio institucional, el ejemplo de esta patrimonialización "común" de la música por el *mestre* Soares nos permite ver cómo se construye un patrimonio, las herramientas de su transmisión y la legitimación del papel del "pasador" como elementos sensibles y complejos, implicando modalidades afectivas, morales y estéticas individuales con usos y representaciones colectivas del pasado.

Bibliografía

CASTELO-BRANCO, Slawa El-Shawan. 1997. *Voix du Portugal*, Paris/Arles : Cité de la Musique/Actes Sud + CD.

CASTELO-BRANCO, Slawa El-Shawan, Jorge Fretitas BRANCO. 2003. *Vozes do Povo: a Folclorização em Portugal*. Oeiras: Celta Editora.

CIARCIA, Gaetano. 2006. *La perte durable. Étude sur la notion de patrimoine immatériel*. París, Lahic-Mission à l'Ethnologie, coll. Les carnets du Lahic. http://www.lahic.cnrs.fr/IMG/pdf/Ciarcia_perte_durable.pdf

CLEMENTE, Luís Miguel S. 2000. "Um olhar sobre o Cante Alentejano: Introdução ao estudo da vida e Obra de António Alfaiate Marvão". *Arquivo de Beja* XIII, n.° 3, 37-48.

GIACOMETTI, Michel, Fernando LOPES GRAÇA. 2008 [1960]. *Musica regional portuguesa*. Lisboa: Portugalsom, PS 5009-6 CDs.

LÉVI-STRAUSS, Claude (dir.). 1977. *L'identité*. París: PUF.

LORTAT-JACOB, Bernard. 2008. " Le chant de compagnie ". En *Lortatjablog* en línea. http ://lortajablog.free.fr/idexphp?option=com_contentask-view d=85&Itemid=41.

MARVÃO, António Alfaiate. 1946. "O canto popular alentejano". *Arquivo de Beja,* vol. I, n.° 3, 314-323.

______. 1948. "O canto popular alentejano". *Arquivo de Beja,* vol. I, n.°5, 116-123.

______. 1949. "O canto popular alentejano". *Arquivo de Beja,* vol. I, n.°4, 320-326.

NAZARÉ, João Ranita da. 1984. *Prolégomènes à l'ethnosociologie de la musique*. París: Fundación Calouste Gulbenkian.

RAUTENBERG, Michel. 2003. *La rupture patrimoniale*. Bernin: A la croisée.

ROSCH, Eleanor, Carolyn MERVIS. 1975. "Family Resemblances : Studies in the Internal Structure of Categorie". *Cognitive Psychology*, n.ge. Londres: Routledge.

ZADEH, Lotfi. 1965. "Fuzzy Sets". *Information and Control*, n.° 8, 338-353.

Todo lo que queda

¿Un "patrimonio corporal militar"?
La disciplina y el ejército

Jeanne Teboul

La importancia y la diversidad del patrimonio militar material es innegable: los castillos, las fortificaciones o los museos son testigos concretos de un marcaje militar del territorio. Estas zonas muy a menudo están protegidas, mejoradas y puestas en valor por asociaciones y estructuras estatales que a través de estas prácticas les confieren el estatus de objetos del patrimonio.

En el contexto del desarrollo de las nociones de patrimonio cultural, y aún más de patrimonio cultural inmaterial, los lugares memoriales, pero también los cantos, desfiles, conmemoraciones, tradiciones y símbolos militares, ¿no forman parte de un "patrimonio militar" por derecho propio? Estos elementos, aunque muy diversos, tienen en común la necesidad de unir a las personas, de crear vínculos e identidad. Un capitán me explicaba una canción de los paracaidistas de la siguiente manera: "Esta canción es lo que te hace paracaidista… cuando la cantás, es como si dijeras: 'Pertenezco a la gran familia de los paras'".[1] Más allá de esta función identitaria, se entiende que existe una cierta conciencia del valor patrimonial de estos elementos, conciencia que se expresa, por ejemplo, en las misiones encomendadas al Servicio Histórico de la Defensa (SHD), considerado "guardián

---

[1] Capitán G., 1er Regimiento de Combatientes Paracaidistas, noviembre de 2009.

de las tradiciones y el simbolismo"[2] de los ejércitos. Además de "preservar", este servicio debe también "defender" las "particularidades militares".[3]

¿Cómo explicar tal deseo de conservación? ¿Qué elementos se ven favorecidos por esta lógica y por qué? Los procesos fuertes de transmisión observados en el campo, ¿solo deben ser analizados como formas de dar vida a este patrimonio? ¿No pueden ser considerados como objetos de patrimonio por derecho propio?

Este artículo se propone entonces estudiar las técnicas del cuerpo militar y su transmisión desde una perspectiva patrimonial. Sabemos hasta qué punto el *habitus* corporal está vinculado al grupo al que pertenece (social, sexual)[4] y hasta qué punto las prácticas y representaciones del cuerpo pueden ser determinadas por esos grupos. Intentaremos ver, en el contexto militar, cómo se domestica este cuerpo individual, moldeado por la institución para que corresponda a las imágenes idealizadas del cuerpo de combate que se inscriben en un largo tiempo. Estos modelos corporales sirven como referencia y serán transmitidos por los mentores a los jóvenes reclutas militares de diversas formas y por distintas vías.

Por lo tanto, en primer lugar, describiré las prácticas, costumbres y representaciones del cuerpo transmitidas durante la fase de entrenamiento militar (conocida como "incorporación" cuando los nuevos reclutas se suman a un regimiento). Luego intentaré destacar los modos específicos de transmisión de este "patrimonio corporal" antes de describir las principales cuestiones en juego. Este artículo se basa en

---

[2] Sitio web del Servicio Histórico de Defensa: http://www.servicehistorique.sga.defense.gouv.fr/Le-SHD-conservatoire-des.html

[3] Suboficial Mayor M., Servicio Histórico de Defensa, febrero de 2010.

[4] L. Boltanski, 1971.

datos recogidos en varios campos militares[5] y forma parte de una tesis doctoral en antropología social.[6]

Usos y técnicas corporales: ¿un patrimonio?

Dirigida por Stanley Kubrick en 1987, la película *Full Metal Jacket* comienza con una escena reveladora: la ida a la peluquería de los nuevos reclutas alistados en una unidad de *marines*. Vemos a jóvenes sentados, impasibles, con la cabeza rapada. Aunque sea ficción, la película se inspira en gran medida en la realidad, se centra en uno de los elementos esenciales de la formación de los soldados: el trabajo sobre y alrededor del cuerpo.

Las recientes campañas de reclutamiento militar hacen hincapié en la multiplicidad de aprendizajes en el ejército: se promete a los futuros alistados que aprenderán "mucho más que un oficio", "aprenderán mucho sobre [ellos] mismos" hasta el punto de "convertirse en [ellos] mismos". Sin embargo, al llegar al regimiento, los nuevos reclutas comenzaron con dos actividades significativas: recibieron su "paquete" y se pusieron el uniforme, y luego fueron a la peluquería. Desde el principio del entrenamiento, hubo un deseo de transformarlos físicamente: el objetivo era producir cuerpos similares que fueran capaces de "convertirse en un solo cuerpo".

Recrear la neutralidad

Antes de proceder a la transmisión de cualquier patrimonio corporal militar, las primeras intervenciones sobre los cuerpos tienen como objetivo "hacer desaparecer todo exceso". Es necesario hacer "tabula

---

[5] Dos regimientos fueron particularmente estudiados. Uno es el primer regimiento de combatientes paracaidistas en Pamiers (Ariège) durante la incorporación de una nueva promoción de reclutas (cuarenta y siete jóvenes), con el fin de observar su formación. Esta encuesta cualitativa incluye datos recogidos a través de observaciones (durante actividades deportivas, cursos, entrenamientos y ejercicios físicos, marchas, ceremonias, pero también momentos más "casuales": tiempo libre, comidas…) y conversaciones informales con los jóvenes reclutas y sus supervisores. El segundo trabajo de campo se realizó en el Servicio Histórico de la Defensa (Vincennes) con un Suboficial Mayor que me guio en mis búsquedas documentales (órdenes, reglamentos militares…).

[6] Tesis provisoriamente titulada "'Faire les corps' pour 'faire corps'. La fabrique du combattant" ["'Formar los cuerpos' para hacer cuerpo. La fábrica de combatientes"], iniciada en 2008 (laboratorio LISST-CAS). Quiero agradecer a mi directora de investigación Agnès Fine y a Nicolas Adell.

rasa del pasado" y "podar".[7] Este deseo de producir "neutralidad" (expresión utilizada por un cabo mayor del regimiento de paracaidistas) se manifiesta en un doble fenómeno de desfeminización de la apariencia y de eliminación de los atributos civiles. Así, a los jóvenes alistados se les pide que eliminen todos los signos y características de la feminidad tradicional; las joyas, el maquillaje o los accesorios para el cabello están prohibidos salvo en raras ocasiones (durante las cuales su uso permanece sujeto a regulaciones estrictas y precisas)[8]:

> Cuando llegan, se les pide que eliminen todos sus signos femeninos… el cabello demasiado largo, las joyas demasiado vistosas o lo que… bueno, las pequeñas cadenas discretas no… lo que se vea … para que todos sean iguales. (Capitán L.)

Esta defeminización parece ir de la mano con la eliminación de los atributos civiles. Tan pronto como llegan al regimiento, los hombres alistados deben dejar sus pertenencias personales y ya no se permite la ropa que recuerde la vida civil. La atención prestada a las marcas (y más generalmente a los estilos) de la ropa es reveladora: un capitán de paracaídas me explica que las marcas son "muy mal vistas en el ejército" porque crean "diferencia". Diferencia social ("no tenemos por qué saber quiénes eran antes: cuál es su origen, si sus padres tienen plata o no…"), diferencias culturales (el capitán menciona a un soldado de origen marroquí que llegó al regimiento con "vestimenta tradicional") pero también diferencias de gustos y "personalidades". El mito de un "aprendizaje de la universalidad"[9] bajo las banderas, en gran parte heredadas de la tradición republicana, parece seguir siendo actual.[10]

---

[7] Teniente Coronel M., Toulouse.

[8] El ATT 101 (Reglamento de Disciplina General de las Fuerzas Armadas) indica respecto del peinado que una mujer soldado "debe reservarse toda fantasía excesivamente llamativa" y debe "adoptar un peinado compatible con el uso del sombrero prescrito". Otras reglas más específicas se encuentran en el "Rapace 920". El reglamento interno del servicio (específico del primer regimiento de combatientes paracaidistas) establece que el uso de joyas "no está permitido en la vestimenta militar", con la excepción de los anillos de boda y los anillos de compromiso. También prohíbe el uso de "piercings visibles". Se prohíben los peinados "excéntricos", así como tinturas para el cabello demasiado poco "discretas" o diferentes del "color natural". Por último, este reglamento insiste en la prohibición de llevar maquillaje "salvo para el uniforme de noche, con la condición de que sea discreto y apropiado".

[9] B. Boëne, 2003.

[10] Respecto de este punto, parece interesante subrayar la diferencia entre estas voluntades institucionales explícitas ("todos son iguales ante esta insignia", "poner a todos en pie de igualdad") y las prácticas efectivamente observadas. En el

Estos dos procesos deben ser vistos en conjunto en el sentido de que tienen el mismo objetivo ideal: en ambos casos, la institución trata de borrar las particularidades (de género, sociales, culturales o individuales), deshacer a los individuos de sus pertenencias anteriores para crear cuerpos indiferenciados, neutrales, sin historia ni identidad (el Capitán G. describe explícitamente el paso por la peluquería como una "sesión de pérdida de la identidad"). Este nuevo cuerpo es un cuerpo que acaba de renacer (después de que le hayan afeitado la cabeza, un asalariado dice que se siente como un "recién nacido") al que podremos enseñar (nuevamente) a caminar, hablar, comportarse corporalmente.[11]

Construir semejantes

El cuerpo recién nacido será entonces habilitado, cuidado. Será medido, pesado, controlado y luego sometido a ejercicios, presiones, estiramientos y correcciones. Durante la formación y de diversas maneras, los participantes aprenderán formas de ser todos un solo cuerpo. Recibirán la transmisión de lo que podríamos llamar el "patrimonio corporal", cuyos principales elementos describiremos ahora.

Las "técnicas corporales"[12] son parte de este "patrimonio corporal", que deben distinguirse de los "usos" del cuerpo ya que estos dos elementos no implican el mismo grado de codificación; cumplen por lo tanto funciones diferentes y no generan los mismos canales de transmisión.

Las "técnicas corporales" comprenden posiciones fijas ("posiciones reglamentarias") como el saludo, posición de firmes o en descanso, pero también formas de utilizar el cuerpo, de moverlo (orden cerrado, marcha sin cadencia, al trote...). Estas técnicas son objeto de una

---

campo, la cuestión de los "looks", por ejemplo, alimenta en gran medida las charlas entre los jóvenes o los soldados, que suelen contarse sus últimas compras o alaban la estética de una marca y desprecian claramente ciertos gustos de vestimenta. También es ilustrativo el ejemplo de las marcas de automóviles. El teniente B. me dice que aprovechó su primer sueldo para comprar un auto: "no cualquier coche, un BMW coupé".

[11] Esta idea de un renacimiento simbólico en el ejército podría apoyarse en numerosos ejemplos de tradiciones militares pasadas y presentes. El fenómeno de dar nuevos nombres a los reclutas (la mayoría de las veces apodos humorísticos) parece marcar este deseo de renacer, de dar una nueva identidad. Las ceremonias de padrinazgo militar (en particular la ceremonia de San Cirilo conocida como "25-50") modifican las filiaciones, colocan a los estudiantes militares en nuevas redes para que todos sean parte de un mismo movimiento.

[12] M. Mauss, 1936.

importante codificación: se anotan en los manuales oficiales que detallan las posiciones de la cabeza y los brazos, dan indicaciones sobre la colocación de las piernas o el torso, ilustran las buenas o malas maneras de ejecutar un gesto o de mantener una posición.

Le livre du soldat: les leçons du fantassin [*El libro del soldado: clases del infante*], el general André Laffargue y el teniente François Laffargue. 207ª edición, 1949.

20ᵉ Leçon *bis* (Ex.) ★

Saluer

I. — Quelle est la position du salut?

Corps. — Attitude du garde-à-vous.

Tête. { — Droite (ne penchant pas de côté). — Tournée vers la personne à saluer — Légèrement relevée. }

Bras. { — Avant-bras — replié au-dessus de l'arrière-bras. — Arrière-bras — à hauteur et dans le prolongement des épaules. }

Main. { Touchant la tête, au-dessus de l'oreille, avec l'extrémité des doigts. Dans le prolongement de l'avant-bras — *doigts* allongés et joints. — *paume* ressortie et face en avant. }

II. — Comment s'exécute le salut?

De pied ferme. — D'abord — *Se mettre au garde-à-vous.* Ensuite Saluer de la façon suivante: 1ᵉʳ mvt. — Etendre le bras droit *horizontalement* dans le *prolongement* de la ligne des *épaules*. 2ᵉ mvt. — Replier vivement l'avant-bras, en même temps relever vivement la tête. 3ᵉ mvt. — Renvoyer vivement le bras droit dans le rang, replacer la tête à sa position *normale*.

En marchant : — D'abord — *Prendre le pas cadencé.* Ensuite — Saluer à 6 pas environ de la personne à saluer. 1ᵉʳ mvt. — (sur le pied *droit*). Etendre le bras droit (comme ci-contre). 2ᵉ mvt. — (sur le pied *gauche* en accentuant le pas). Replier l'avant-bras (comme ci-contre). 3ᵉ mvt. — Rester dans l'attitude du salut 2 pas après avoir *dépassé* la personne et renvoyer le bras (comme ci-contre).

NOTA. — Le salut doit s'exécuter sans que la tête et le corps bougent vers la droite ou vers la gauche.

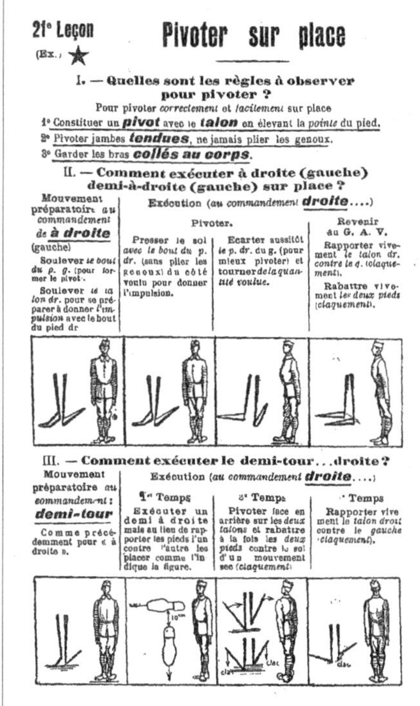

21ᵉ Leçon (Ex.) ★

Pivoter sur place

I. — Quelles sont les règles à observer pour pivoter ?

Pour pivoter *correctement* et *facilement* sur place 1º Constituer un *pivot* avec le *talon* en élevant la *pointe* du pied. 2º Pivoter jambes *tendues*, ne jamais plier les genoux. 3º Garder les bras *collés au corps*.

II. — Comment exécuter à droite (gauche) demi-à-droite (gauche) sur place ?

Mouvement préparatoire au commandement *de à droite* (gauche)	Exécution (au commandement *droite....*)		
	Pivoter.		Revenir au G. A. V.
Soulever *le bout du p. g.* (pour former le pivot). Soulever *le talon dr.* pour se préparer à donner l'impulsion avec le bout du pied dr.	Presser le sol avec le bout du p. dr. (sans plier les genoux) du côté voulu pour donner l'impulsion.	Ecarter aussitôt le p. dr. du g. (pour mieux pivoter) et tourner *de la quantité voulue*.	Rapporter vivement le p. dr. contre le g. (claquement). Rabattre vivement les deux pieds (claquement).

III. — Comment exécuter le demi-tour...droite ?

Mouvement préparatoire au commandement : *demi-tour*	Exécution (au commandement *droite....*)		
	1ᵉʳ Temps	2ᵉ Temps	3ᵉ Temps
Comme précédemment pour « à droite ».	Exécuter un demi à droite mais au lieu de rapporter les pieds l'un contre l'autre comme l'indique la figure.	Pivoter face en arrière sur les deux talons et rabattre à la fois les deux pieds contre le sol d'un mouvement sec (claquement).	Rapporter vivement le talon droit contre le gauche (claquement).

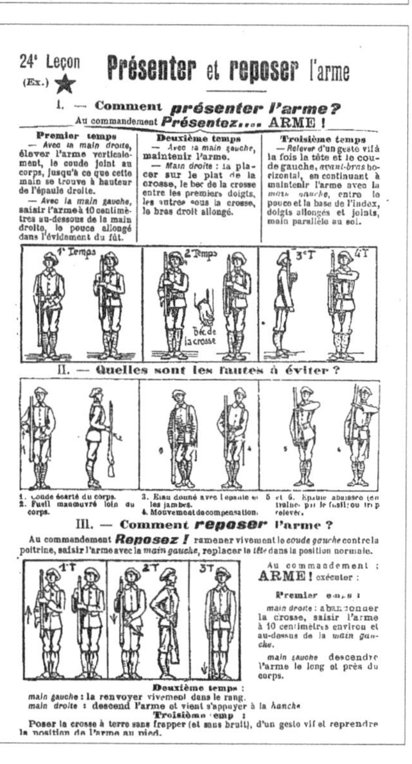

24ᵉ Leçon (Ex.) ★

Présenter et reposer l'arme

I. — Comment *présenter l'arme?* Au commandement *Présentez.... ARME !*

Premier temps — Avec la main droite, élever l'arme verticalement, le coude joint au corps, jusqu'à ce que cette main se trouve à hauteur de l'épaule droite. — Avec la main gauche, saisir l'arme à 10 centimètres au-dessous de la main droite, le pouce allongé dans l'évidement du fût.

Deuxième temps — Avec la main gauche, maintenir l'arme. — Main droite : la placer sur le plat de la crosse, le bec de la crosse entre les premiers doigts, les autres sous la crosse, le bras droit allongé.

Troisième temps — Relever d'un geste vif à la fois la tête et le coude gauche, avant-bras horizontal, en continuant à maintenir l'arme avec la main gauche, entre le pouce et la base de l'index, doigts allongés et joints, main parallèle au sol.

II. — Quelles sont les fautes à éviter ?

1. Coude écarté du corps. 2. Fusil manœuvré loin du corps. 3. Bras donné avec l'épaule et les jambes. 4. Mouvement de compensation. 5 et 6. Crosse abaissée (en traînée par le fusil; ou trop relevée).

III. — Comment *reposer* l'arme ?

Au commandement *Reposez !* ramener vivement la *coude gauche* contre la poitrine, saisir l'arme avec la *main gauche*, replacer la *tête* dans la position normale.

Au commandement : *ARME!* exécuter :

Premier temps : main droite : abandonner la crosse, saisir l'arme à 10 centimètres environ et au-dessus de la main gauche. main gauche descendre l'arme le long et près du corps.

Deuxième temps : main gauche : la renvoyer vivement dans le rang. main droite : descend l'arme et vient s'appuyer à la hanche.

Troisième temps : Poser la crosse à terre sans frapper (et sans bruit), d'un geste vif et reprendre la position de l'arme au pied.

Aunque en la realidad se haga poco (o ningún) uso de estas láminas, tienen un valor testimonial y permiten legitimar las prácticas de los formadores militares a través de la tradición.[13] Esclarecen, dan sentido y valor a los gestos actuales porque muestran –supuestamente– que siempre fue así y se vuelven vínculos entre las generaciones de soldados:

> No hay treinta y seis mil maneras de saludar. Se saluda como los antiguos. (Comandante Z.)

> (Estas láminas) son nuestra referencia… no las consultamos todas las mañanas, pero sabemos que existen… son como una prueba… (Capitán G.)

La repetición de gestos o posiciones que se consideran idénticas en el tiempo crea entonces una continuidad y dibuja los contornos de una identidad militar que tiene sus propias formas específicas de utilizar el cuerpo, distintas del mundo civil.

Transmitidas jerárquicamente (del instructor al recluta por medio de órdenes), estas prácticas corporales se caracterizan finalmente por su aspecto técnico y, por lo tanto, requieren entrenamiento, repetición y perfeccionamiento. En el terreno, durante las clases y los ejercicios, es habitual dar órdenes para que se realicen estas técnicas ("parate derecho", "brazos más rectos", "hombros atrás", "volvé a ponerte los pantalones"…).

Pero el patrimonio corporal también está compuesto por prácticas más informales y menos reguladas. Los usos del cuerpo no están escritos y se transmiten sobre todo durante charlas entre los soldados y reclutas, como consejos y recomendaciones benévolas dirigidas a los más jóvenes, los menos experimentados o los de menor rango. Aconsejan principalmente sobre mantener la higiene del cuerpo (cuidar los pies después de una larga caminata, dar preferencia a tal o cual comida antes de un esfuerzo físico intenso…) y su belleza (peinarse, lustrar las botas cuando hay tiempo…). Aunque *a priori* sean más insignificantes, estos usos nos parecen igualmente importantes en la medida en que marcan en gran medida la *hexis* del cuerpo militar y dan lugar a prácticas cotidianas. El Sargento H., a cargo del departamento de reconversión del regimiento de paracaidistas, me explica que un soldado es "inmediatamente reconocible" por los civiles: en su forma de hablar, pero también de "pararse", "peinarse", "caminar" o "sentarse".

Constituido por prácticas más o menos formales o reguladas, este patrimonio parece, sin embargo, difundir la misma imagen, el mismo ideal: el de

---

[13] En general, el uso de la tradición para justificar las prácticas actuales parece ser muy común. En el campo, mis preguntas se respondían a menudo de la misma manera: "lo hacemos porque siempre lo hicimos así".

un cuerpo derecho, "enderezado",[14] que debe cuidarse. Un cuerpo que debe estar limpio e impecable, ya que está muy extendida la idea de que "la apariencia traduce la virtud moral y bélica del ser profundo".[15] Hay que trabajar la belleza del cuerpo: en el campo, los supervisores felicitan a los jóvenes que tienen buen aspecto dándoles el apodo de "lindos" [*beaux-gosses*]. Un oficial recuerda esta preocupación por la estética (a veces incluso en detrimento de la eficiencia):

> Hay una cultura del músculo y la apariencia en el Ejército. Muy a menudo los militares piden un talle menos para que el uniforme esté más al cuerpo, más ajustado [...]. Es un desastre en términos de camuflaje térmico [...]. Son uniformes para desfilar, no de combate.[16]

Normas y prácticas de transmisión: el modelo disciplinario

> *Siempre hay quilombo en los anfiteatros de las universidades…*
> *Vi un reportaje en la tele… los jóvenes hablan en clase, comen,*
> *se levantan… ¡Asusta! ¡Acá en clase, ni una palabra! (Cabo T.)*

Al contarle mis antecedentes, el cabo T. me dijo que desaprobaba enérgicamente las formas de hacer las cosas en la universidad, que en su opinión se oponían claramente a los métodos de enseñanza militar.[17] En el ejército, "reina la disciplina"; durante las clases, "no vuela ni una mosca". Esta distinción casi sistemática entre el sistema escolar y el militar nos permite palpar el sentimiento de algunos instructores que piensan haber logrado establecer y preservar su propio modelo específico de enseñanza, que por otra parte es muchas veces motivo de orgullo, y parece formar parte de su "identidad", de su "patrimonio" militar. ¿Cómo describir y analizar este modelo? ¿Cómo se transmiten los conocimientos y las habilidades al ejército?

---

[14] G. Vigarello, 1978.

[15] J.-M. Mantin, 2009.

[16] *"Quand l'armée française voulait changer le bariolage des treillis"* artículo publicado el 23/12/2009 en el blog "Secret Défense" de la página web de Libération.fr

[17] Este discurso muy crítico hacia los métodos de enseñanza de la institución escolar es muy frecuente en el contexto militar. Las escuelas civiles se perciben a menudo como lugares donde "los valores esenciales como el respeto, la disciplina y la obediencia" (Teniente V.) se perdieron en pos de una pedagogía demasiado flexible y laxa.

Un modelo normalizado evolutivo

Muchos civiles han asumido la idea heredada del antiguo reglamento general de disciplina según la cual "la disciplina es la principal fuerza de los ejércitos".[18] La imagen que siempre se difunde es la de un oficial de alto rango gritando a una dócil tropa entrenada para obedecer a toda costa, a pesar de lo absurdo de las órdenes dadas.

Cambio de mando, archivos del primer regimiento de combatientes paracaidistas.

Esta visión civil parece distorsionar bastante la realidad de las prácticas de transmisión. Por supuesto, el modelo que prevalece en el ejército sigue siendo el de la disciplina (en contraposición a la singularidad)[19], similar en muchos aspectos a las características observadas en la incorporación de las habilidades de la danza clásica.[20] Ambos modelos hacen hincapié en la técnica de ejecución de los gestos, establecen una organización formal de transmisión basada en la imitación (del profesor de danza o del instructor

---

18 Tratado ATT 101 en vigor de 1933 a 1966.

19 S. Faure, 2000.

20 Históricamente, el vínculo entre el ejército y la danza es fuerte. En los siglos XVII y XVIII, la danza se enseñaba en las escuelas militares donde se expedían certificados. Véase en particular H. y J.-M. Guilcher, 1970.

militar) y transmiten la imagen de un cuerpo-máquina que puede ser constantemente modelado, transformado y perfeccionado.

Pero, a diferencia de ciertas imágenes de Épinal,[21] el modelo de disciplina militar no es arbitrario: al contrario, está sometido a un marco estricto y las prácticas de transmisión están regidas por numerosos textos. El TTA 193 (reglamento de pedagogía militar, "*Tratado para todas las armas*") es el ejemplo más destacable: establece los principios del aprendizaje en el ejército, detalla los derechos y deberes de cada individuo y define la "disciplina" militar. También proporciona orientación pedagógica a los instructores a fin de desarrollar una formación de calidad.

Al analizar este reglamento, hay una clara evolución del modelo a lo largo del siglo XX. La pedagogía militar –al menos en su aspecto normativo, legal– no es idéntica de un período a otro y es importante destacar estas transformaciones para comprender con mayor precisión las realidades del campo. A principios de la década de 1930, los soldados debían "obedecer las órdenes ciega y absolutamente" de un líder considerado "infalible". Esta obediencia era una señal de "sumisión" y hacía (teóricamente) impensable cualquier manifestación, comentario o crítica individual. En las décadas de 1960 y 1970 se introdujo el modelo de "obediencia por adhesión". A partir de ese momento, se tiene en cuenta al soldado: tiene que entender las órdenes que se le dan para cumplirlas porque las considera relevantes y legítimas. En 2002, el jefe del Estado Mayor del Ejército de Francia, Bernard Thorette, en un discurso oficial,[22] pidió a los instructores "dirigir con el corazón" y a los soldados que "obedecieran con simpatía", mostrando el deseo de la institución de transformar las relaciones humanas y pedagógicas. El modelo disciplinario tradicional se modificó así para dar mayor lugar al soldado y reforzar los lazos que lo unen a su instructor; el "primer deber" del subordinado sigue siendo obedecer las órdenes, pero se trata hoy en día de una obediencia "consciente" y limitada (obedece "en el marco de las leyes, costumbres de guerra y convenciones internacionales"). El líder se ha convertido en una figura justa ("premia los méritos y castiga las faltas"), un modelo para sus subordinados: es quien da el ejemplo "por su capacidad, rectitud, sentido de la justicia y entereza".

¿Cómo se dio la efectivización de este modelo normativo, abstracto? ¿Qué se ve realmente en el campo sobre estas transmisiones?

---

[21] Ciudad conocida por su imprenta donde se realizaban en el siglo XIX las célebres imágenes de Epinal, muy usadas como propaganda por Napoleón. [Nota del traductor]

[22] Discurso previo a la entrega de los cascos y sables a las escuelas de Coëtquidan pronunciado por Bernard Thorette, General del Ejército, jefe del Estado Mayor del Ejército el 8 de noviembre de 2002.

Jeanne Teboul

¿La perseverancia del modelo disciplinario?

Según los soldados que conocimos, el trabajo del cuerpo no se termina nunca. Siempre es posible y deseable aumentar el rendimiento, mejorar la velocidad o la agilidad, multiplicar la fuerza o corregir las posturas. Sin embargo, la mayor parte del patrimonio del cuerpo militar mencionado anteriormente parece ser transmitido durante el entrenamiento inicial, que tiene lugar a lo largo de seis meses. Aunque no es posible describir aquí en detalle todos los aspectos de esta pedagogía militar, podemos identificar algunas de sus características principales.

El aprendizaje en el ejército pasa ante todo por la imposición de restricciones. Como hemos visto, el cuerpo está sujeto a órdenes que tienen como objetivo iniciar una acción, enderezar una actitud o corregir la ejecución de un movimiento. La limitación del cuerpo se expresa en particular en su aspecto temporal: así, los reclutados son cronometrados casi sistemáticamente en sus actividades (deportes, por supuesto, pero también actividades más cotidianas como ordenar la habitación o vestirse). Marchar al paso es un ejemplo particularmente revelador: muestra cuerpos contenidos dentro de límites de tiempo estrictos y precisos, obligados a respetar el ritmo establecido por el líder que acelera o desacelera el paso.

La transmisión de técnicas y usos del cuerpo se basa en gran medida en la práctica. Nunca hay un alto grado de abstracción, las clases siempre están acompañadas de ejemplos y situaciones concretas. Durante una sesión sobre el uso de un arma de fuego, el instructor especifica: "Nunca podrán usar un fusil de asalto si nunca aprendieron a usar un fusil de asalto". Se entiende aquí que la teoría solo se utiliza en la medida en que puede aplicarse directamente en la práctica; debe trasladarse inmediatamente al terreno. Durante la misma sesión, el Cabo Mayor concluyó: "solo lo entenderán cuando hayan disparado". Por lo tanto, es haciendo, dándose cuenta uno mismo que el recluta puede adquirir estas técnicas. Este tipo de transmisión a través de la práctica se opone claramente a los métodos escolares académicos (o al menos con la representación de ellos por la mayoría de los soldados que entrevistamos) que dan prioridad a los conocimientos teóricos, al conocimiento sobre las habilidades:

> En la escuela no era bueno… te preguntan cosas… te piden que *sepas* cosas que en realidad no sirven para nada… acá, no te preguntan nada… te piden… que demuestres, que muestres de lo que sos capaz. (Cabo Mayor T.)

Este método de transmisión parece atraer a los jóvenes reclutas que tuvieron una relación difícil con la escuela (Maxime: "acá no nos molestan con explicaciones que duran horas"; Yoan: "estamos metidos a fondo en la acción"; Karim: "no nos quedamos sentados en nuestras mesas"), sobre todo porque suele estar acompañado por una implicación concreta de los instructores, que no se conforman con transmitir simplemente los conocimientos (como el profesor) sino que participan en las actividades para "dar el ejemplo". Aunque esta participación deba ser calificada porque se lleva a cabo en diferentes grados según las actividades y la posición jerárquica del instructor, la relación entre el instructor y su recluta se caracteriza por una fuerte proximidad, en lo corporal en particular.

Por último, es importante destacar la importancia de la experiencia corporal en el proceso de aprendizaje. Porque si uno aprende *con* su cuerpo, en ejercicios prácticos, también aprende *a través de* su cuerpo, en la piel. Por ejemplo, durante un curso de topografía, un instructor dijo: "cuando ves muchas líneas juntas *(en el mapa),* eso quiere decir que sufrirás"; aún más explícitamente: "el próximo que cometa un error, da tres vueltas al regimiento: si no aprendés con la cabeza, lo entenderás con los pies".

En conclusión: lo que está en juego en la transmisión disciplinaria

Al finalizar la formación, el objetivo de los soldados es lograr mecanizar los gestos, posturas, técnicas o usos. Los novatos devenidos militares deben poder disparar, saludar, estar atentos, lustrar sus zapatos o marchar al paso "sin pensar en eso" (Cabo Mayor T.). La repetición (de secuencias, ejercicios, posiciones…) es por lo tanto una herramienta pedagógica muy utilizada que permite transformar los movimientos difíciles y extraños en "hábitos", en "reflejos naturales" (Capitán G.). Esta falta de "control consciente de los movimientos"[23] otorga un gran poder a los instructores que lograron formar cuerpos que responden a las órdenes (casi) como autómatas. Más allá de la repetición como proceso pedagógico, la utilización de ejercicios destinados a trabajar la sincronización (de los movimientos en la marcha a pie, de la voz al aprender canto, por ejemplo) muestra esta misma voluntad institucional de producir un "cuerpo de ejército": un cuerpo único y homogéneo.

Dado que el ejército se percibe a menudo como una institución orientada en gran medida a sus antiguas tradiciones y símbolos, se podría tener la imagen de un patrimonio corporal que no ha evolucionado, que ha permanecido congelado. Sin embargo, debemos concluir destacando la naturaleza dinámica y evolutiva de este patrimonio. Dentro del marco institucional altamente estructurado y estandarizado que describimos, las

---

[23] S. Faure, 2000.

reapropiaciones individuales son frecuentes. El campo de la vestimenta es un buen ejemplo de estos pequeños desfasajes con la regla que permiten que una mujer soldado pueda "llevar pequeñas hebillas, discretas pero lindas" (Teniente B.) o para otros colocar su boina roja de una manera más personal (inclinándola a la derecha o a la izquierda, colocándola más o menos hacia adelante…). Todos estos son pequeños gestos que no están en consonancia con las prácticas reglamentarias y que muestran el deseo de "personalizar" un patrimonio corporal que a veces se considera demasiado estricto.

Bibliografía

BOËNE, Bernard. 2003. " La professionnalisation des armées: contexte et raisons, impact fonctionnel et sociopolitique " . *Revue française de sociologie.* Edición especial "Profession : militaire" dirigido por François GRESLE, XLI, n.° 4, 647-693.

BOLTANSKI, Luc. 1971. " Les usages sociaux du corps " . *Annales ESC,* n.° 1, 205-233.

FAURE, Sylvie. 2000. *Apprendre par corps. Socioanthropologie des techniques de danse.* París: La Dispute.

GUILCHER, Hélène, Jean-Michel GUILCHER. 1970. " L'enseignement militaire de la danse et les traditions populaires ". En *Approches de nos traditions orales.* París: Maisonneuve y Larose.

MANTIN, Jean-Michel. 2009. " En uniforme: être et paraître ". *Inflexiones. Civils et militaires : pouvoir dire,* n.° 12.

MAUSS, Marcel. 1936. " Les techniques du corps " . *Journal de psychologie* XXXII, n.° 3-4.

VIGARELLO, Georges. 2001 [1978]. *Le corps redressé.* París: Armand Colin.

El formador de formadores

Hervé Terral

Usemos como guía el *Diccionario histórico de la lengua francesa* [*Dictionnaire historique de la langue française*] que propone muchas veces sugerencias interesantes para abordar introducciones. El verbo "formar" viene del latín "formare" (*circa* 1135): se trata de dar una forma, de conformar, arreglar, instruir, regular,[1] etc. Eventualmente, de reformar en el sentido de restaurar (*circa* 1174), a veces, es cierto, de deformar. Desde ese punto, nos vemos inmersos en el vocabulario altamente polisémico de la educación: instruir (en el sentido primario de preparar), cercano a educar (en el doble sentido de alimentar y tirar hacia, o incluso dar a luz) – cuando no a animar (dar aliento), un término de absoluta actualidad hoy en día: hay animadores de todo tipo, en los juegos televisivos por ejemplo que, a lo largo de las décadas, contribuyeron a formar gustos en el público (se dice a veces "formatear"). El término formador, "el que forma" es, según Rey, propio a Dios (en 1488), entendiéndose que "Dios formó al hombre" (ya en 1150 en francés y, por supuesto, mucho antes en latín).[2] Podríamos considerar que ese sustrato religioso desapareció completamente en la actualidad. Esto sería hacer caso omiso de la voluntad de los distintos poderes, conscientes o no de ello, de muchos formadores, o incluso de los textos contemporáneos

---

[1] La regla en latín se dice"norma". Es esa acepción que se retoma en la apelación "escuela normal", fundada alrededor de 1830 y desaparecida en 1991,"escuela reguladora de todas las escuelas" según el Inspector General Félix Pécaut a fines del siglo XIX.

[2] A. Rey, 1998, p. 1462-63

que siguieron la corriente de pensamiento del mayo francés. Por ejemplo, el inspector de la Academia Francesa Jean Repusseau, basándose en "el Evangelio según San Mateo (IV, 1-2)" que evoca en 1969, en la muy laica *Revue française de pédagogie* [*Revista francesa de pedagogía*] del Instituto nacional de investigación pedagógica:

> ...el pedagogo "a imagen de Dios" (no se trata del Dios soberano de la antigüedad, sino el Dios hecho hombre, que "por fin acepta que el hombre le dé la espalda, le escupa en la cara y lo crucifique", ese Dios que señala entonces al maestro moderno, a veces simple principiante: este último "respetaría la libertad de sus estudiantes hasta el punto de limitar su acción al aprendizaje de técnicas de adquisición de conocimientos, [...] se negaría constantemente a presumir y a hacer milagros y huiría de la admiración hasta el punto de ingeniárselas para hacerse siempre olvidar.[3]

¿Existió alguna vez un inspector más modesto? El inspector Repusseau, poniéndose bajo el signo de la "utopía", pretendía más tarde promover "el acceso de todos al escenario del *homo docens* [...], un hombre en situación de servicio, un hombre de pie y no un hombre de rodillas".[4]

Sin embargo, después de la década de 1970 en la que la "formación para adultos" se había consagrado institucionalmente, nacida tímidamente entre las dos guerras,[5] en la de 1980 migraron al campo de la formación términos que provenían directamente de la empresa, ávida de presentarse como "ciudadana", en un esforzado espíritu sintético ecléctico, o incluso como "ecológica" ("no usemos bolsas de plástico"); mientras que en el estricto ámbito pedagógico, incluyendo la enseñanza escolar (antes del bachillerato), la pedagogía por objetivos, *behaviorista* desde su concepción y con el propósito de ser eficaz, se había convertido en la referencia en los sectores profesionales y tecnológicos. Jean-Pierre Le Goff iba a tener cierto éxito analizando –en una vasta obra– lo que era gloriosamente irrisorio de tal o cual programa difundido en (para) las oficinas de formación de los

---

[3] J. Repusseau, 1969.

[4] J. Repusseau, 1972. Este texto parece seguir la línea de Henri Bouchet, el filósofo católico y autor de una tesis sobre *La individualización de la enseñanza* (1933, publicada en 1948) y considerado como el padre de la "pedagogía diferenciada". En un texto escrito el 22 de mayo de 1968, este último propuso el "reciclaje" de "los profesores, las autoridades ministeriales y académicas, especialmente los inspectores, y también los padres". Sin embargo, no indicaba quién debía supervisar este reciclaje... Aunque afirmaba, no muy optimista: "¿Qué podemos esperar de organismos como la Inspección General, la Sociedad de Agregaciones, la Sociedad de Especialistas, la Federación de Padres de Alumnos? ". Cf. E. Chanel, 1973.

[5] H. Terral, 2009, 3era parte.

empleadores.[6] Estas palabras, más o menos nuevas, las conocemos bien hoy en día, ya que se han convertido en algo de todos los días: profesionales de la educación, una denominación distintiva y gratificante sin que se sepa si se refiere al artesano como"artista" o al mundo de las "profesiones" liberales, en el sentido anglosajón del término;[7] ingeniería (que se puede declinar hasta la saciedad sin mucha precisión: didáctica, pedagógica, formación, etc.); recursos humanos, desembocando en su gestión estratégica; consultoría; auditorías (de establecimiento, de formación); optimización de la acción; gestión del grupo-clase… La revista *Educación y Management* del Centro Regional de Documentación Pedagógica de Créteil (CRDP), una academia a menudo en la vanguardia de la "reforma", ofrecía incluso a sus lectores privilegiados (directores de escuela, inspectores, asesores superiores de educación) un *test* diseñado en línea con la prensa para ejecutivos: "¿Es usted un gerente estresado?" (n.º 12, octubre de 1993. Estamos, hay que decirlo ahora mismo, en las antípodas de una concepción global de la educación, como declaró un tal Georges Gusdorf –excelente historiador de las ciencias humanas, y también gran erudito– treinta años antes, cuando vio en el profesor la figura de "Orfeo, el poeta cuyos encantamientos domaban a las bestias y a las piedras".[8]

Desde entonces, el mundo de la formación ha seguido proliferando, como una hidra, para seguir en el reino mitológico…

La Asociación Francesa de Sociología tomó conciencia del fenómeno a través de los argumentos de un simposio organizado en octubre de 2008… en la Universidad de Créteil:[9]

> Desde que empezó a contabilizarse, la cantidad de agentes de formación solo fue en aumento. De 1982 a 2002, se multiplicó por cuatro. Sin embargo, esta explosión demográfica va acompañada de una notoria inestabilidad. Ya en la década de 1960, los estudios sociológicos detectaron los primeros indicios de un proceso de profesionalización, pero este movimiento no ha podido encontrar todavía un resultado definitivo, a pesar de la aparición de elementos de unificación identitaria [...] Lo que se conoce desde finales de la década de 1980 como profesiones de formación es un grupo vasto y dispar, que reúne actividades con nombres diversos y una gran diversidad de perfiles y estatus. Está particularmente marcado por la cantidad de trabajadores ocasionales.

---

[6] J.-P. Le Goff, 1995.

[7] H. Terral, 1997, p. 1-20 en particular.

[8] G. Gusdorf, 1963, p. 42.

[9] Cf. E. de Lescure, C. Frétignié, 2010.

Uno de los primeros comunicadores, Pierre Hébrard, considera un "desafío" el hecho de querer "trazar un cuadro de las profesiones de la formación a escala europea". Las siguientes intervenciones ilustran este análisis, ya que nos referiremos sucesivamente a instituciones específicas francesas, identificadas por sus siglas, "ingenieros de formación del CESI", "ejecutivos de formación sanitaria en IFSI", "formadores de docentes de LP en IUFM", "formadores de BAFA" (tipos de "formadores ocasionales"), "tutores a distancia", "coaches de empresa" (¿en el segmento de "formadores emergentes"?), "acompañantes de VAE" sin olvidar los "entrenadores sindicales de la CGT y la FO", ni tampoco ocasionalmente, en un contexto sociopolítico pasado, la introducción de la psicosociología en Francia durante la Guerra Fría.[10] Este movimiento de ampliación de la formación –"formación permanente", como dicen los programas políticos– ya se formulaba en los títulos mismos de los trabajos de síntesis anteriores: Jacky Beillerot, figura conocida de las ciencias de la educación, ya había escrito en 1982 *La société pédagogique* [*La sociedad pedágogica*], en el que afirmaba que "después del sueño, la pedagogía era la primera actividad" de sus contemporáneos, a lo largo de toda su vida; la socióloga Monique Hirschhorn (1993), por su parte, hablaba ni más ni menos de *L'ère des enseignants* [*La era de los maestros*].

La formación –y la formación de los formadores como consecuencia– ya no parece tener límites claros; todo convirtió en objeto de formación y esta formación, cercana al desarrollo personal e incluso a la creación (¿divina?), alcanza el grado de panacea que debería resolver todos los problemas de la humanidad (desde el amor hasta el trabajo, de la salud a la vida espiritual). Un exitoso programa diario (Radio Monte Carlo, de 14 a 16 horas), dirigido por una ex actriz de películas eróticas, ilustra este movimiento sincrético: la presentadora, una educadora *volens nolens,* da consejos estrictamente técnicos/sexológicos (a favor de un determinado juguete sexual, lubricante…), evoca sin problemas la "espiritualidad" (¿oriental?), se refiere a diversos especialistas (sexólogos, psicólogos de todas las ramas, incluso prostitutas de las que hoy llaman "profesionales"). Cuando es estrictamente "profesional" –en el sentido de que tiene por objeto adquirir las competencias propias de una profesión– la formación es ante todo una formación "de alguien a algo", como lo señaló el filósofo Olivier Reboul.[11] Pero puede salir de ese marco estrecho muy rápidamente y abrazar, a través

---

[10] Cabe señalar de paso que el término "psicosociología", lejos de ser una creación norteamericana importada después de 1945, ya se utilizaba en Europa en la década de 1900, en particular en Alemania.

[11] O. Reboul, 1989, capítulo 1. Es posible referirse también a una obra más completa del mismo autor: O. Reboul, 1984.

de lo "relacional", la totalidad del ser. Toma luego los caminos ya abiertos a lo largo de los siglos por la enseñanza, sobre los cuales podemos identificar dos arquetipos de maestro, bien establecidos en la historia:

Primero, el maestro laborioso que caracteriza tanto la práctica en el campo como la imitación, a menudo repetida de forma idéntica, de lo que ya se hace: el auxiliar, el ocasional, el sustituto, el principiante tienen, de hecho, como primeros viáticos, lo que vieron en tanto alumnos o estudiantes y se sirven de las herramientas que creen conocer (de ahí el triunfo, durante décadas, de tal o cual manual que se ha vuelto casi intemporal: en Francia, el *Bled*, el *Lagarde y el Michard*; antes, los diversos *Lhomond*). Existen por supuesto momentos en los que la tradición se recompone, o incluso da paso a la innovación: durante el siglo XVIII, se produjo por ejemplo una transición de la *Normalschule* (literalmente, "escuela normal", en realidad una simple escuela tomada como modelo donde se realizaba un "curso de formación", es decir, una pasantía) a la *Seminarien* (el equivalente de nuestras modernas escuelas normales con maestros y clases de aplicación) que, desde el Ducado de Sajonia-Gotha o el Reino de Prusia, se extendió por toda Francia (vía Estrasburgo, 1810) y a otros lugares de Europa. De la misma manera, ese laborioso maestro que debe recibir un "permiso para enseñar" (ya sea de la Universidad, de su orden religiosa, de las autoridades administrativas municipales, etc., según su rango) debe someterse además a las codificaciones que regulan su práctica: las *Conductas*, siendo las más famosas las de los Hermanos de las Escuelas Cristianas, concebidas en 1684 por Jean-Baptiste de La Salle, que seguirán difundiéndose sin grandes cambios hasta 1870; las diversas *Ratio Studiorum*, en primer lugar la de los jesuitas, que Durkheim estudiará de cerca (cf. su curso de 1905, publicado más tarde con el título *L'évolution pédagogique en France*); los numerosos *Tratados de estudios*, como el del abate Claude Fleury (1686) o el de Charles Rollin (1726), más conocido aún ya que fue usado como verdadero *organon* de la enseñanza secundaria hasta principios del siglo XX. El "buen Rollin" –como lo llamaremos a partir de ahora– recomendaba conocer a los Antiguos y la Gramática "que nos dejaron los Señores de Port-Royal", pero también el dominio de la "pronunciación" de la "voz" del "gesto" (Libro VIII); distingue incluso (en el Libro VII) una "física de los eruditos" (Ptolomeo, Copérnico, Ticho-Brahe) de una "física de los niños" (es decir, al alcance de los niños), que nuestros modernos "pedagogos" creían haber descubierto a través de la noción de "transposición". Dicho esto, este enfoque era revisado por la religión católica: Rollin recomendaba así describir a los animales "según el orden que Dios siguió en la creación". Esto evoca otro arquetipo del maestro.

El maestro inspirado. Si la idea de formación profesional de docentes parece aún tan difícil de aceptar hoy en día, es porque se representa la enseñanza desde hace mucho tiempo como la manifestación de una "gracia" de la que se hace eco una "vocación". Así, en 1896, el padre Follioley, director del liceo público de Nantes, exhorta a su joven profesor de literatura, Edouard Herriot (1872-1957), destinado a Lyon, a no renunciar al "rarísimo e inestimable" don del que era depositario y a "convertirse [...] en director y pastor de la juventud".[12] Esta afirmación, con menor o mayor elitismo según los autores, ya sea explícitamente religiosa o vista de manera secular, se articula en torno al tema del Encuentro entre el maestro y el alumno: entre Sócrates y Menón, Agustín y Adeodato, Descartes y su criado holandés, el joven Nietzsche y su público en Basilea en 1872, etc. Cuanto más modesto es el discípulo (como el joven esclavo), más fuerza tiene el maestro para llevarlo al "Maestro interior" que ya está ahí, el único verdadero según Agustín. *El homo docens* se convierte así en el agente de una Revelación, de un descubrimiento conjunto de uno mismo y del orden del mundo. Nadie afirmó esto de manera más convincente que el teólogo moravo Jean-Amos Comenius: "El hombre nace apto para adquirir el conocimiento de las cosas. En primer lugar, porque es la imagen de Dios [...] Puesto que entre todas las cualidades de Dios domina la omnisciencia, la imagen de esta cualidad necesariamente también brilla en el hombre" (*Didáctica Magna*. 1633, cap. V. 4). El pedagogo puede, entonces, definirse como la "imagen de Dios" según la expresión ya presentada por el inspector Repusseau (1969); puede incluso, como dice el antropólogo Pierre Sansot, saborear la alegría de lo inefable: "cuando el maestro se encuentra con la gracia, ejerce su influencia a distancia, y es ahí donde reside la maravilla de las maravillas: que pueda modelar tantos seres diferentes de él. "[13] En *La educación moral* (un curso para profesores del Sena) y algunos otros textos, Durkheim ya comparaba al sacerdote y al profesor laico: uno era "el intérprete de su dios", el otro "de las grandes ideas morales de su tiempo y país". Daniel Hameline insistió en "la función, sacerdotal y profética a la vez, de un alto diálogo entre el hombre y la humanidad", pero no sin las aporías de la "ilusión taumatúrgica".[14]

Estos dos arquetipos, el maestro laborioso y el maestro inspirado, pueden, tanto en la práctica del aula como en el discurso educativo, cohabitar con bastante facilidad: así lo ilustran la pedagogía de Port-Royal (como Jacqueline Pascal que se apresuró a poner en práctica el método de lectura

[12] H. Besseige, 1960, p. 70.

[13] P. Sansot, 1994, p. 183.

[14] D. Hameline, 1971, chap. VII.

de su augusto hermano invocando con fuerza "a Dios y su santa gracia")[15] o las exhortaciones del dúo Dominique Garat y Joseph Lakanal, para la apertura de la Escuela Normal del año III (1795), dividida entre la necesidad urgente de producir libros elementales y la de, ni más ni menos, "recrear la comprensión humana".[16] Sin embargo, es indudable que la enseñanza primaria valoraba al maestro laborioso; la enseñanza secundaria también, pero dejando abierta la referencia al maestro inspirado, tanto es así que, durante los debates previos a la reforma de 1902, el filósofo spenceriano Alfred Espinas (1844-1922) afirmaba:

> En la escuela secundaria, solo se deben dar cosas exquisitas, cada lección debe ser original [...] Todo el mundo cree estar enalteciéndose al hacer enseñanza secundaria, pero va en detrimento de los estudiantes que necesitan algo completamente diferente, que necesitan una educación modesta, práctica, catequística, en una palabra, elemental [...]. Los alemanes no tienen esa delicadeza; reconocen la necesidad de la catequesis, permítanme usar la palabra en su sentido pedagógico.[17]

Cabe señalar, sin embargo, que los jóvenes beneficiarios becados de los Centros de iniciación a la enseñanza superior (CIES), creados paralelamente a los Institutos universitarios de formación de maestros (IUFM), confesaban en 1995 que su escasa formación "profesional" era una pérdida de tiempo... en detrimento de la tesis, expresión absoluta de sus futuras competencias.

Si observamos de cerca varias décadas, o incluso siglos, existe una resistencia a la formación pedagógica de los maestros, y es particularmente fuerte hoy en día, a través de ciertas posturas típicas:

- El recurso al empirismo y la glorificación de los "territorios" junto al respeto de las tradiciones: "nuestros viejos maestros" dirían al unísono Renan, Péguy, Bellesort... y muchos inspectores primarios desde 1890.[18] E. Herriot, gran defensor de la enseñanza técnica y muy elogioso de la Escuela Normal Superior de la calle Ulm de París, por

---

[15] J. Pascal, 1657.

[16] Discurso inaugural (24-10-1794) escrito por el abogado D. Garat y leído en sesión plenaria por J. Lakanal. Los profesores (Laplace, Monge...) presentaron magistralmente sus teorías, pero no produjeron los libros elementales (compartiendo los elementos" básicos) esperados. Por el contrario, aparecerá un siglo después de la obra del filósofo M.-J. Guyau (1854-1888): *L'Année enfantine de lecture courante, Première année de lecture courante*, etc.

[17] A. Espinas, 1988.

[18] Cf. los artículos, muchas veces no firmados, de la *Revue pédagogique*: 1890 (n° 2, 4), 1893 (n°5).

otra parte, había afirmado este posicionamiento en un célebre pasaje en el que se oponía a la cultura ("lo que queda en la mente cuando nos olvidamos de todo") y a la pedagogía:

La pedagogía reina. Creemos poco en esa ciencia, o al menos en la teoría de esa ciencia. Cuando un futuro maestro posee un conocimiento que debería influenciar a sus alumnos, el resto se adquiere no a través de los libros de texto sino a través del contacto directo con la juventud, con la vida.[19]

En 1991, cuando se crearon los Institutos Universitarios de Formación de Maestros (IUFM), los inspectores de la escuela secundaria recordarán que "son la memoria de los territorios y de las prácticas profesionales y, como tales, tienen una visión global de las necesidades de formación".[20]

– El don de la enseñanza, que se encarnó en expresiones ahora olvidadas: "maestro de raza", "pedagogo nato". Lo que Durkheim llamó "una verdadera gracia de estado", "una aptitud nativa" que permitió "proscribir para siempre la reflexión pedagógica y declararla sin razón de ser" (Lección inaugural del Curso de Agregaciones, 1905). Por otra parte, Georges Pompidou, hablando del estudiante de la Escuela Normal Superior, la quintaesencia del maestro, escribió, no sin énfasis:

Esta cualidad es consustancial. Uno no se convierte, nace normalista, como se nacía caballero [...] Los guardianes del Santo Grial, cuya asamblea toma el nombre de jurado para la ocasión, reconocen a sus jóvenes compañeros y los llaman a ellos.[21]

– La cultura general y/o la filosofía, por ejemplo en Alfred Fouillée (1838-1912): "¡Que nadie entre en la enseñanza si no es filósofo!" diría en la *Revue des Deux-Mondes* el 1° de noviembre de 1890; pero también en Gabriel Compayré (1843-1913), autor de numerosos libros de texto para las escuelas normales, cuando evoca "los principios filosóficos de la pedagogía" (*Revue pédagogique,* 1911, n.° 2). Con el paso del tiempo y la especialización de los conocimientos, el dominio de la materia enseñada será evocado como un valor casi exclusivo.

---

[19] Citado en E. Herriot, 1932, p. 172.

[20] Ministerio de Educación Nacional, *Journée d'études des IPR-IA*, Sorbona, 7-10 de octubre de 1991.

[21] En su prólogo a. Peyrefitte, 1994.

La "Société des agrégés" hace de este su credo, al igual que la mayoría de las numerosas asociaciones de especialistas, que se oponen obstinadamente a toda mención de "conocimientos transversales": de ahí, por ejemplo, su crítica convergente al informe *Principes pour une réflexion sur les contenus de l'enseignement* [*Principios para una reflexión sobre los contenidos de la enseñanza*], redactado en marzo de 1989 por los profesores del Collège de France, Pierre Bourdieu y François Gros.

— El recurso a la investigación, una alternativa considerada durante mucho tiempo más gratificante que la agregación, destinada demasiado a menudo a los humildes profesores de las escuelas secundarias provinciales.[22] Algunas retóricas presentes en los IUFM (de 1991 a hoy), como la recurrente "formación para la investigación", se destacan parcialmente de este registro: investigar es la señal indudable que uno es parte de la enseñanza superior (¿pero en qué lugar?) y significa poder dominar su oficio.

Estos diferentes argumentos pueden combinarse (el sello del "discurso oficial" en la educación según O. Reboul). Se expresan con mucha fuerza en los distintos componentes de los IUFM, muchas veces al servicio de intereses categóricos: algunos de ellos tienden a valorar el campo (la pasantía); otros, la investigación universitaria, una distinción importante; un tercer grupo pretende derivar su legitimidad como formadores de formadores a partir del éxito en una competición que demuestre sus cualidades intelectuales (Capes, más agregaciones, etc.); otros a partir de un entrelazamiento: por ejemplo, los maestros formadores de la enseñanza primaria, profesores experimentados o catedráticos de escuelas, que, además, disponen de un certificado *ad hoc*. Los IUFM heredaron culturas más o menos consolidadas (escuelas normales de diversos tipos, centros pedagógicos regionales controlados por la inspección, sectores –algo marginales– de la formación universitaria) que pondrán su futuro a merced de los vientos: entre la innovación abierta y los múltiples conservadurismos, en un contexto de conquistas institucionales.[23] Su integración en las universidades ("escuelas internas") irá acompañada en 2010 de una división de tareas como una (falsa) resolución, de hecho, de las tensiones denunciadas durante mucho tiempo: en la universidad, formación a nivel de maestría (con investigación calificada); en el campo, formación práctica. Entre los dos: nada o casi nada. Esta "reforma" –que permite economizar salarios

---

[22] P. Uri, 1938, en particular p. 40.

[23] A. Robert, H. Terral,2000. Cf. en particular la conclusión general.

que antes se atribuían a los maestros en formación– representa en realidad un salto atrás singular y restablece el antiguo modelo de enseñanza secundaria, el modelo de antes de la guerra, como mínimo: la licencia (o el simple bachillerato), y luego la clase *ad vitam aeternam*. También permite introducir en el mercado laboral a los graduados de "master" (Bachillerato + 5 años) susceptibles de incorporarse a los "vacíos" o "nichos" del Ministerio de Educación (reemplazos, puestos menores) -antes de que se pongan en tela de juicio todos los concursos nacionales y la contratación por parte de los directores de escuela locales (*gerentes*), o para cubrir puestos "ocasionales" en las múltiples empresas de formación *lato sensu*. A partir de junio de 2010, una de las más grandes de estas empresas, Forprof, propone formar a fines de verano...a los ganadores de las competiciones que ya tendrán clases justo después: "Nos imaginamos el concepto de entrenador pedagógico para que el profesor complete su formación", dice su director, abriendo una brecha en una pared ya agrietada.[24]

Conclusión

Es evidente que la noción de formación invadió ya el conjunto de la vida, tanto individual como colectiva, como "aprendizaje permanente" en los propios términos del idioma oficial de la educación, ya sea "desarrollo personal" como una especie de autorrealización con sabor a *New Age* o una estricta "formación profesional". Pero detrás de esta modernidad se encuentra la sombra de un patrimonio en el sentido etimológico de "bienes heredados" por los padres (primero entre ellos Dios Padre, el Creador y "formador" originario del hombre).

Esta dimensión religiosa está bastante presente, se diga lo que se diga, en un momento inicial que procura ser una regeneración de la "comprensión humana", a saber, la Escuela Normal de Año III de París para los "formadores de formadores" que debían encargarse de la aparición de un sistema educativo en los flamantes departamentos: los eruditos, clérigos modernos elevados al rango de "formadores de formadores de formadores[sic]," imparten cursos *ex cátedra* sobre sus ciencias, aunque primero debían proporcionar a su público herramientas técnicas. Este hiato inicial

---

[24] Agencia AEF, comunicado n°133527, 16 de junio. Cf. también *Libération* del 11 junio de 2010 ("Cursos de formación remunerados para profesores principiantes mal preparados"), estimando el precio de esta formación adicional en 600 euros. Ya existía una cierta porosidad entre los IUFM y el sector de la formación privada a través de formadores recién jubilados, deseosos de "que los jóvenes se beneficien de sus competencias" o de diversos trabajadores temporales en busca de una remuneración complementaria.

entre el "conocimiento académico" y la tecnología pedagógica[25] recorrerá la historia de las escuelas de formación de maestros a lo largo de 150 años o la formación más discreta de los maestros: por una parte la teoría (conocimientos disciplinarios en la escuela secundaria, "asignaturas" en la escuela primaria), por otra parte la pedagogía –"teoría práctica", un intermediario entre la teoría científica de la educación y la práctica concebida como el arte de la enseñanza– dijo Durkheim en 1911,[26] o incluso el "montón" ("formación en el trabajo"), todo ello con un trasfondo sagrado encarnado por la transmisión.

Este modelo entró mayormente en crisis, al avecinarse el carácter cada vez más técnico de la formación, por un lado, y su dimensión relacional, por otro. Los conocimientos, la pericia y las habilidades interpersonales coexistirán y chocarán entonces en un cierto grado de confusión, en dosis variables según la institución. Durante casi veinte años, los Institutos Universitarios de Formación de Profesores (el título por sí solo ilustra los compromisos inestables entre los diferentes puntos de vista) serán testigos de estas vacilaciones. La transición a la "masterización [*sic*]" universitaria puede representar un retorno a la tradición más arraigada de la enseñanza secundaria tardía: por una parte, los conocimientos disciplinarios (acompañados de un *ersatz* de ciencias humanas) que ahora transmite únicamente la *alta burguesía universitaria*; por otra parte, el campo, *terra incognita*, o incluso el arbusto o la selva donde crece el "salvaje", señalado por instructores que son precisamente "del campo", a veces denominados informantes "indígenas" en el subdiálogo de la investigación-formación… ". 'Si queremos que todo continúe, antes que nada todo debe cambiar", decía ya en un famoso libro, *El guepardo* (1954), el joven y ambicioso Tancredi Falconeri, que, más allá de la "reforma" se proclamaba revolucionario de Garibaldi… para la ocasión.

Bibliografía

BESSEIGE, Henri. 1960. *Herriot parmi nous.* París: Magnard.

CHANEL, Emile. 1973. " Henri Bouchet (1896-1972) ". *Binet-Simon,* n.° 535, 266-270.

DELVOLVÉ, Jean. 1922. *La technique éducative.* París: Alcan.

DURKHEIM, Emile. 1911. " Pédagogie ". En Ferdinand BUISSON, *Nouveau dictionnaire de pédagogie.* París: Hachette.

---

[25] Utilizo esta palabra para referirme a la obra olvidada de Jean Delvolvé (1872-1948), profesor de filosofía en las facultades de Montpellier y luego de Toulouse: J. Delvolvé, 1922.

[26] E. Durkheim, 1911.

ESPINAS, Alfred. 1988. " Déposition ". En Stéphane DOUAILLER y otros, *La philosophie saisie par l'Etat*, 608-609. París: Aubier.

GUSDORF, Georges. 1963. *Pourquoi des professeurs ?* París: Petite Bibliothèque Payot.

HAMELINE, Daniel. 1971. *Du savoir et des hommes*. París: Gauthiers-villars.

HERRIOT, Edouard. 1932. *Normale*. París: La Nouvelle Société d'Edition.

LE GOFF, Jean-Pierre. 1995. *Le mythe de l'entreprise*. París: La Découverte.

LESCURE, Emmanuel de, Cédric FRÉTIGNÉ (dir.). 2010. *Les métiers de la formation, approches sociologiques*. Rennes: Presses universitaires de Rennes.

PASCAL, Jacqueline. 1657. *Règlement pour les enfants de Port-Royal*.

PEYRE-FITTE, Alain. 1994 [1963]. *Rue d'Ulm*. Prefacio de Georges Pompidou. París: Fayard.

REBOUL, Olivier. 1984. *Le langage de l'éducation*. París: PUF.

______. 1989. *La philosophie de l'éducation*. París, PUF: coll. " Que sais-je ? "

REPUSSEAU, Jean. 1969. " Le pédagogue 'image de Dieu' ". *Revue française de pédagogie*, n.° 7, 46-50.

______. 1972. *Homo docens. L'action pédagogique et la formation des maîtres*. París: Bourrelier-A. Colin.

REY, Alain. 1998. *Dictionnaire historique de la langue française*. París: Le Robert.

ROBERT, André, Hervé TERRAL. 2000. *Les IUFM et la formation des enseignants aujourd'hui*. París: PUF.

SANSOT, Pierre. 1994 [1990]. *Cahiers d'enfrance*. París: Petite bibliothèque Payot.

TERRAL, Hervé. 1997. *Profession : professeur*. París: PUF.

______. 2009. *Eduquer les pauvres, former le peuple. Généalogie de l'enseignement professionnel français*. París: L'Harmattan.

URI, Pierre. 1938. *La Réforme de l'enseignement*. París: Rieder.

La transmisión de las prácticas astronómicas
Continuidades y rupturas dentro del observatorio
de Toulouse en los siglos XVIII y XIX

Jérôme Lamy

¿Cómo se transmiten las prácticas astronómicas? ¿Qué vectores se utilizan? ¿Quiénes participan en la transmisión de las formas de observar, calcular y presentar resultados? Estas preguntas reenvían inmediatamente a dos dificultades paralelas: por un lado, definir de manera relativamente estable qué son las prácticas astronómicas y, por otro lado, cómo captar históricamente el significado de los modos de transmisión de un conjunto de conocimientos concretos. En este capítulo, me propongo examinar estos obstáculos heurísticos centrándome en un espacio específico (el observatorio de Toulouse o, más precisamente –ya volveremos sobre ello– los observatorios de Toulouse) dentro de un tiempo histórico extendido, de principios del siglo XVIII hasta principios del siglo XX. Nos preguntaremos entonces, a través de los dispositivos de transmisión de las prácticas astronómicas, la forma en que se establecen los *corpus* de las prácticas, cómo se forjan las identidades cognitivas y cómo se organiza la comunidad astronómica. Examinaremos sobre todo los procesos concretos de transmisión de los conocimientos astronómicos analizando tanto los medios elegidos como las condiciones sociales y políticas en los que se llevan a cabo.

En la primera parte de la presentación se considerarán los modos de difusión de las prácticas astronómicas en el siglo XVIII; en la segunda parte se estudiarán los cambios provocados por la profesionalización de la astronomía tolosana a principios del siglo XIX; por último, la tercera parte tratará sobre las especificidades de la enseñanza de los métodos de observación y cálculo en el seno de un observatorio remodelado por la política científica voluntarista de la Tercera República.

Transcribir un saber oral: la astronomía de la Ilustración como patrimonio inmaterial

Durante el Siglo de las Luces,[1] un pequeño grupo de astrónomos de la élite noble de Toulouse, organizó una observación del cielo. Como miembros de la Academia de Ciencias locales (sin por eso depender ella), estos científicos provinciales construyen sus propios observatorios, examinan el cielo asiduamente, realizan cálculos de reducción de datos y algunos de ellos publican sus resultados en libros o revistas especializadas. Centraremos nuestra atención en un astrónomo particularmente prolífico de Toulouse, Antoine Darquier. Nacido en 1718 en Toulouse, estudió en un colegio jesuita parisino.[2] Había obtenido por su padre el cargo de "antiguo administrador de los impuestos de la Elección de Lomaña [...]"[3] y era noble por herencia de sus antepasados provenientes de la administración de Toulouse. Darquier pertenece a la élite tolosana: tiene una fortuna considerable e invierte en las actividades culturales de la ciudad. Miembro de la Sociedad de Ciencias de Toulouse desde temprana edad, Darquier mantiene primero un observatorio académico que pronto abandona para fundar, en lo alto de su casa, un espacio dedicado al examen celestial. Invirtió su fortuna personal en el perfeccionamiento del observatorio, comprando instrumentos y publicando libros. Sin dejar de participar en la vida académica local, amplió gradualmente su horizonte relacional, al mantener correspondencia con las academias de ciencias de París y Berlín, y estar en contacto con la mayoría de los astrónomos franceses y extranjeros (de Lalande a Le Monnier, de Bernoulli a Herschell) y escribir numerosos informes de observación que atestiguan su intensa actividad académica.

Darquier utiliza dos vectores muy diferentes para transmitir conocimientos y prácticas astronómicas.

En primer lugar, moviliza a jóvenes aspirantes a científicos, que no son lo suficientemente ricos para tener su propio observatorio. Para ello,

---

[1] También llamado la época de la Ilustración, el Siglo de las Luces corresponde al siglo XVIII, en el que se generó una profunda creencia en el progreso de la humanidad a través de las ciencias. [Nota del traductor]

[2] Anónimo 1827, p. 303.

[3] Archivos Departamentales de Gers (ADG), C 430, Registro de ediles, ordenanzas, disposiciones, aprovisionamientos, renuncias, 4 de enero de 1718.

aprovecha su buena relación con Jérôme Lalande, el astrónomo parisino y profesor del Colegio de Francia. Este último tenía un grupo de estudiantes sin recursos que estaban ansiosos por mejorar sus habilidades astronómicas. Por su parte, las obligaciones administrativas de Darquier le impiden realizar él mismo los cálculos de reducción en sus observaciones (es decir, las operaciones para transformar las coordenadas de las estrellas examinadas en un sistema universal que otros astrónomos pudieran entender). El futuro astrónomo del Observatorio de París, Méchain, pero también Tabary, Mersais, Rivet y Duc-La-Chapelle pasan así por Toulouse o se escriben con Darquier para aprender los elementos esenciales del cálculo astronómico. La forma final de las observaciones, tal como se presenta en los libros o en las disertaciones académicas, nunca muestra estos largos cálculos, no tan complejos pero numerosos y repetitivos. Estos calculistas invisibles dejaron pocos rastros de sus actividades y es difícil medir la importancia de esta introducción a las matemáticas ingratas que el astrónomo de Toulouse les ofreció a cambio de una remuneración. En las *Observaciones astronómicas* publicadas por Darquier en 1777, se indica que "M. Méchin, un joven astrónomo de gran mérito y talento, estaba dispuesto"[4] a comparar los resultados con las principales tablas astronómicas. Darquier explicaba que "todos los cálculos de las localizaciones lunares de M. Méchin se hicieron dos veces en cuadernos". Especifica que él mismo "revisó aquellos que [le] parecían alejarse de lo observado".[5] Asimismo, es difícil comprender con precisión qué conocimientos y habilidades fueron utilizados por los alumnos comunes de Lalande y Darquier luego de sus estadías en Toulouse. Una mención reproducida por Duc-La-Chapelle en su diario de observación, pero firmada por Darquier indica el método correcto para medir la posición de la Luna según la fase en la que se encuentra.[6]

Los caminos seguidos por estos calculistas de las sombras articulan dos tradiciones pedagógicas.

La primera y más antigua, que se remonta a la Edad Media, es la *peregrinatio academica*. Esta movilidad estudiantil basada en una red de universidades y colegios nunca fue, como nos recuerda Daniel Roche, un fenómeno masivo en la época medieval.[7] Aunque se limita a una fracción marginal de la población, la circulación de estudiantes persiste en los

---

[4] A. Darquier 1777, p. IX.

[5] *Ibid.*, p. X.

[6] Biblioteca de Montauban, Ms. 89/3, Anne Jean Pascal Chrysostome Duc-La-Chapelle, *Observaciones astronómicas*, T. III, 1796-1798, portada.

[7] D. Roche 2003, p. 579.

tiempos modernos. Concierne principalmente a la élite y sigue siendo "parte de los hábitos intelectuales y académicos".[8] Los viajes universitarios se organizan sobre la base solidaria y permiten que estas prácticas se retroalimenten. En este itinerario académico, "la sociabilidad y los estudios constituyen la base de un aprendizaje tanto social como profesional".[9] Lalande y Darquier se benefician de la *peregrinatio academica* para formar a sus alumnos y les permiten enfrentarse a los hábitos y prácticas de otros observadores científicos; poniéndolos en contacto con una secuencia decisiva y a menudo ingrata de la actividad astronómica, la reducción de las observaciones. Al mismo tiempo, estos jóvenes científicos ingresan a la carrera de astrónomo –como se preveía en el siglo XVIII, en un régimen académico principalmente aristocrático– y preparan sus primeras publicaciones conscientes de la importancia de los intercambios entre los observadores científicos. La segunda tradición en la que se insertan las carreras de los calculistas de Darquier y Lalande está ligada al modelo de organización constituido por el Uraniborg de Tycho Brahé. El astrónomo danés del siglo XVI usó su poder y recursos para formar un equipo de asistentes que trabajaban para él.[10] En una escala mucho más pequeña, Antoine Darquier también reunió a su alrededor algunos asistentes y "técnicos invisibles" a quienes pagaba,[11] para ayudarlo principalmente con los cálculos. El astrónomo de Toulouse tuvo que ocuparse de sus actividades como recaudador de impuestos para hacer sus observaciones, redactar sus trabajos y presentarlos a la Academia local. Delega por lo tanto las reducciones a sus asistentes, a quienes emplea y forma al mismo tiempo. Los estudiantes que Jérôme Lalande le confía se unen a este círculo de colaboradores. El aprendizaje itinerante que Lalande ofrecía a sus estudiantes, combinando la *peregrinatio academica* y la economía erudita, puso de relieve la manera en que el astrónomo parisino y su homólogo tolosano imaginaron la transmisión de conocimientos en el siglo XVIII, la introducción a la sociabilidad erudita y la organización de los mecanismos de reproducción de la disciplina. Desde esta perspectiva, los viajes iniciáticos parecen ser ritos *institucionales*[12] que estructuran un grupo erudito y aseguran su perpetuación.

El segundo vector utilizado por Antoine Darquier para transmitir las prácticas astronómicas es una recopilación, recurso más clásico, publicada en 1786 que se presenta como una obra de iniciación. Esta producción del

---

[8] *Ibid.*, p. 615.

[9] *Ibid.*, p. 604.

[10] J. R. Christianson 2000, p. 3.

[11] J. Lalande 1803, p. 879.

[12] P. Bourdieu 1983, pp. 101-102.

observador de Toulouse, titulada *Lettres sur l'astronomie pratique* [*Cartas sobre la astronomía práctica*], constituye un objeto original en el paisaje editorial erudito de la segunda mitad del siglo XVIII. El observador de Toulouse recalca que la ciencia de las estrellas se transmite a través de la palabra, y no existe un soporte impreso donde fijar una gramática de la práctica astronómica. Darquier deja en claro que quiere ocuparse de un espacio editorial aún virgen, lo que lo convertiría en un miembro indispensable de la comunidad astronómica francesa. El científico de Garonne parece haber logrado su objetivo. En 1792, Jérôme Lalande, en el decimocuarto libro de su *Astronomía*, dedicado al "uso de los instrumentos y a la práctica de la observación", se refiere a las *Cartas sobre la Astronomía Práctica* de Darquier en las que el observador parisino asegura haber encontrado "datos útiles sobre este tema".[13]

El público al que apuntaba el astrónomo es muy difícil de definir. Sin embargo, la estructura del libro, que compila cartas ficticias escritas por Darquier para un corresponsal anónimo, nos permite trazar los contornos del potencial lector. Antoine Darquier eligió escribir sus cartas para un hombre. Se lo imagina como un aristócrata urbano,[14] capaz de financiar "un observatorio, instrumentos [y] un reloj de péndulo".[15] El astrónomo tolosano asume también que el estudiante ficticio está motivado "solo por el deseo de convertirse en un buen observador".[16] Esta última observación se explica por la economía de singularidad que caracteriza al civismo elitista del siglo XVIII. En Toulouse, en particular, los criterios de distinción en la alta sociedad se basaban en la inversión en la práctica académica.

Las *Cartas sobre la Astronomía Práctica* no son "un tratado de astronomía", sino que deben permitir al estudiante "prepararse para la observación".[17] El astrónomo de Toulouse sabe lo difícil de su misión: "lo que era fácil, por así decirlo, con las armas en la mano, se hace más difícil por un detalle que uno no percibe inmediatamente; dos palabras en el observatorio, con el ojo con el telescopio, valen mucho más que diez páginas de instrucción".[18] El aprendizaje de la astronomía se realiza principalmente a través de la manipulación. El enfoque didáctico de Darquier se basa sobre todo en su experiencia y práctica personal. El observador científico de

---

[13] J. Lalande 1792, p. 655.

[14] Darquier (1786, p. 4) pide a su corresponsal ficticio que le describa cómo se implementaron los establecimientos astronómicos en la ciudad, "colocados en lo alto de las casas".

[15] *Ibid.*, p. 21.

[16] *Ibid.*, p. 1.

[17] *Ibid.*, p. 92.

[18] *Ibid.*, p. 1.

Toulouse comparte su propio aprendizaje de los nombres de los diferentes cráteres de la Luna, permitiendo un reconocimiento más rápido cuando entran o salen de las sombras. Con el afán de llevar su enfoque pedagógico a una práctica concreta, Antoine Darquier multiplica los ejemplos, indica todos los cálculos a realizar e incluso explica con lujo de detalles los pormenores ergonómicos que condicionan la postura del observador. El astrónomo de Garonne advierte que el cuerpo detrás del instrumento está sujeto a una disciplina muy estricta. Las manos del observador se colocan en posiciones precisas y ejercen una presión medida. La repetición de los movimientos permite limitar la incomodidad de un territorio somático intensamente vigilado. El cuerpo del aprendiz de astrónomo no está simplemente erguido, se encorva y se retrae; sus manifestaciones más naturales, el sudor y la respiración, surgen como defectos que conviene eliminar.

La transmisión de las prácticas astronómicas, mediante el reclutamiento de calculistas o la transcripción de la enseñanza oral, atestigua los intentos de Darquier de restaurar las facetas menos visibles de la observación celeste. Desde lo ingrato de los cálculos de reducción hasta la difícil disciplina de la anatomía, aparece un conjunto de habilidades raramente evocadas en los libros de astronomía. Estos conocimientos concretos y poco accesibles están siempre atrapados en patrones sociales que ellos mismos ayudan a perpetuar. La astronomía aristocrática de Darquier presupone un contingente de calculistas sin ingresos; el observador ideal de sus *Cartas sobre la Astronomía Práctica* solo podría ser un doble del autor. Los mecanismos de reproducción de una comunidad astronómica muy pequeña durante la Ilustración y mal encuadrada por las instituciones educativas permiten vislumbrar la fuerza de un régimen de conocimiento basado ante todo en la lógica individual y el mantenimiento de las jerarquías sociales.

Las dificultades para inventar una forma estable de enseñanza de las prácticas: una transmisión interrumpida en la primera parte del siglo XIX

Integrado a la Escuela Central de la ciudad de Garonne a partir de 1796, el espacio científico se transformó en una estructura de enseñanza encargada de transmitir los elementos esenciales de la ciencia de los astros. El director, nombrado por las autoridades locales, tenía que combinar las actividades de investigación con las prácticas de enseñanza. La posición del observador cambió radicalmente al tener la obligación de enseñar en vista de que, hasta el final del siglo de las Luces, no podía contar con su condición de científico para vivir, mientras que el profesorado sí era remunerado. Integrar a los observadores científicos en las instituciones educativas surgidas de la Revolución Francesa no solo fue color de rosas, y las diferentes estructuras administrativas y políticas que gestionan este nuevo orden educativo dejan en claro las exigencias a las que estaban sometidos los profesores, así como la obligación de alinearse con una filosofía general.

El nuevo marco administrativo que impone que los observadores científicos se conviertan en pedagogos no coincide con las aspiraciones de los eruditos del siglo XVIII, que eran reacios a cumplir con las obligaciones de la enseñanza. El 27 de abril de 1799, Jérôme Hadancourt, antiguo alumno de Darquier, respondió a la administración del departamento, que le ordenó "abrir un curso de astronomía". Señaló que no podría enseñar el 7 de mayo siguiente, ya que "Mercurio debía pasar sobre el disco solar" y tenía que observarlo "durante casi todo el día [...]".[19] Jacques Vidal, que sucedió a Hadancourt al frente del establecimiento astronómico de Toulouse, también fue sancionado en 1805 por no haber aceptado enseñar. El científico explica en su respuesta "que un observador no tiene casi ningún momento que no sea aprovechado para una de las observaciones de las que es responsable [...]". Además, añade, "la lectura demasiado literal de la parte del programa [...] de los estudios relativos al observatorio se vuelve perjudicial para el observatorio sin ser una actividad perceptible para el público". Vidal sostiene que un curso no puede tener lugar en momentos fijos, porque "las observaciones no son compatibles con un horario fijo". El astrónomo insiste explicando que "los pasajes de la Luna por el Meridiano, que de un día para otro tienen lugar tres cuartos de hora más tarde, son una prueba de esta afirmación".[20] La argumentación de Vidal se refiere, pues, a la incompatibilidad irreductible entre la actividad de un astrónomo sometido a fenómenos celestes fluctuantes y la práctica educativa sujeta a horarios regulares. La Oficina de la Escuela Central, condenando la actitud del observador de Toulouse, no acepta estos argumentos. Comunica que "las funciones del señor Vidal no se limitan únicamente a las observaciones astronómicas, y que, en su calidad de profesor, también se le exige que enseñe esta ciencia".[21]

[19] ADHG (Archivos departamentales de la Haute-Garonne), 1L 1021-36, Carta de Jérôme Hadancourt a la administración del departamento de Haute-Garonne, 27 de abril de 1799.

[20] ADHG, 2O Toulouse 110, Copia de una carta de Jacques Vidal a M. Descoulombre, vicepresidente del Consejo de las Escuelas de Toulouse, Nivoso año IV (diciembre 1804 - enero 1805).

[21] AMT (Archivos municipales de Toulouse), Bx 35, Registro de las deliberaciones en la Oficina de administración de la Escuela Especial Comunal de las Ciencias y Artes de Toulouse, año XIII-1808, T. I, sesión del 17 de mayo de 1806, f° 58.

El Jurado de Instrucción de la Escuela Central ya le había recordado a Hadancourt unos años atrás que había sido "elegido para ejercer la doble función de profesor de astronomía y conservador del observatorio".[22]

Las negativas y la obstinación de los dos astrónomos molestaron a la administración de la escuela. En 1807, la Oficina de la Escuela Central está disgustada porque Vidal "solo busca evitar el cumplimiento de sus deberes".[23] Recuerda que "un profesor debe garantizar el cumplimiento de las horas que la administración le paga [...]".[24] Los responsables de la institución escolar señalan las discrepancias entre sus objetivos y los de Vidal. Si el astrónomo tolosano "se dedica enteramente al Progreso de la Ciencia, [...] los resultados de sus estudios y observaciones no llegarán al público"[25] porque trabaja sobre todo "para él y para su propia gloria".[26]

Vidal, como Hadancourt, formados en el Siglo de las Luces, mantuvieron las reglas de una práctica astronómica independiente de las presiones de enseñar. La nueva organización científica que se crea y que integra el ámbito escolar dentro de su redistribución, impone normas que los observadores del siglo anterior ven como ajenas. Este desajuste entre los científicos reclutados y los objetivos que ahora se les asignan muestra un cambio completo en la percepción de la actividad del astrónomo. Sin embargo, las reticencias son severas y las señales de una adaptación imposible a los requisitos educativos durarán hasta el final del Imperio.

La ubicación del curso de astronomía atestigua la brecha entre la cultura académica del siglo XVIII y la que surge en los primeros años del siglo XIX.

La Escuela Central de la Ciudad de Garonne fue creada en 1805, en los edificios del "Colegio Nacional" e impone a los profesores de las diferentes disciplinas que vayan a enseñar a ese establecimiento. Vidal pide "cambiar el lugar que se le había asignado para dar sus lecciones y trasladar su clase a la sede del observatorio".

El astrónomo sostiene que "es imposible transportar sin peligro desde el observatorio al Colegio Nacional los instrumentos que los Estudiantes

---

[22] ADHG, 2O Toulouse 110, Informe del Jurado de Instrucción de la Escuela Central del Departamento de Haute-Garonne, 15 Nivoso año VI.

[23] AMT, Bx 35, Registro de las deliberaciones del Consejo de Administración de la Escuela Especial Comunal de las Ciencias y Artes de Toulouse, sesión del 22 de agosto de 1807, f° 192.

[24] *ibid.*, f° 192.

[25] AMT, 5S 74, Análisis del Consejo de Administración de la Escuela Especial sobre la situación de la Escuela durante los tres primeros meses de 1807.

[26] *Ibid.*

deben poder ver cada tanto".[27] Los miembros de la Oficina de la Escuela Central rechazan este pedido, argumentando que el traslado del lugar de enseñanza podría tener "serias desventajas ya que el Observatorio está demasiado lejos del Centro de Estudios y sería imposible para la mayoría de los estudiantes tomar el curso de Astronomía y poder seguir con los otros para cursos de la Rama de Conocimientos necesarios completar su instrucción".[28] En particular, los administradores de la escuela subrayan que si el curso se divide "en teoría y práctica, es natural que la primera de estas dos partes se enseñe en los locales normales de la escuela [...]".[29] Vidal hace oídos sordos a esta propuesta y desprecia la autoridad municipal. En una misiva del 3 de mayo de 1806, asegura "que tenía la intención de dar un curso, pero que no podía hacerlo en otro lugar que no fuera el observatorio".[30]

En varias ocasiones realiza "observaciones acerca de la lejanía del Colegio del Observatorio" y le parece "muy desagradable ser obligado a ir a ese lugar para dar una clase".[31]

Los cambios políticos, administrativos e institucionales de la Revolución Francesa y el Imperio modificaron la práctica astronómica y las condiciones de su reproducción. Sin embargo, los observadores preparados para transmitir los conocimientos, formados en el siglo anterior, rechazan tajantemente esta ruptura. Siguen considerando su actividad docente no como una responsabilidad pública encomendada por la administración, sino como un ejercicio de capacitación cuasi privado destinado a formar a sus propios asistentes.

Poco a poco, no obstante, las disposiciones legislativas más restrictivas y la desaparición de esta generación de observadores científicos de la Ilustración fueron normalizando la enseñanza de la astronomía en Toulouse. La creación en 1850 de una cátedra de astronomía en la Facultad de Ciencias otorgada al director del observatorio de la época, Frédéric Petit, asentó definitivamente la doble función científica y pedagógica en el seno del gremio científico.

---

[27] AMT, Bx 35, Registro de las deliberaciones del Consejo de Administración de la Escuela Especial Comunal de las Ciencias y Artes de Toulouse, año XIII-1808, T. I sesión del 10 de enero de 1807, f° 101.

[28] *ibid.*, f° 103.

[29] *ibid.*, sesión del 29 de abril de 1806, f° 52.

[30] *ibid.*, sesión del 22 de agosto de 1807, f° 191.

[31] *ibid.*, sesión del 23 de diciembre de 1807, f° 220.

La transmisión de las prácticas astronómicas se organiza entonces en torno a dos actividades. Por un lado, Frédéric Petit imparte un curso de astronomía a los estudiantes de la Facultad de Ciencias.

Es una enseñanza muy teórica, libre de cualquier ejercicio práctico. Por otra parte, Petit organiza un curso público de astronomía para la burguesía local: esta presentación popular de los conocimientos astronómicos elude la cuestión de sus habilidades y se presenta como un entretenimiento cultural mundano.

A mediados del siglo XIX, Frédéric Petit estaba entonces solo en su observatorio; no formaba a un asistente; sus estudiantes recibían conocimientos abstractos; el público de sus conferencias era ajeno a los aspectos prácticos de la ciencia de las estrellas. Esta es una gran ruptura en la transmisión de las prácticas dentro del establecimiento astronómico de Toulouse. El observatorio está aislado a nivel nacional; nombrar a otros directores fue problemático hasta la Tercera República.[32] La formación universitaria de principios del siglo XIX ya no fue la misma que durante el siglo de las Luces.

Aprender "en el lugar": predominio de las matemáticas y prácticas de rutina en la Tercera República

La Tercera República cambió radicalmente la organización de la astronomía francesa. Una serie de decretos remodelaron la cartografía de los observatorios provinciales: los de Burdeos, Lyon y Besançon se crearon en la década de 1880 y los de Marsella y Toulouse volvieron a abrir en la década de 1870. Cada establecimiento estaba encabezado por un director rodeado de un pequeño equipo; los criterios precisos de contratación estaban ahora vinculados a una jerarquía de tareas y funciones. El proceso de formación de un colectivo ilustrado rompe con la soledad de los astrónomos de la primera parte del siglo XIX. Es precisamente en los modos de reclutamiento de los astrónomos de Toulouse que podemos identificar las prácticas transmitidas.

En primer lugar, hay que señalar que de 1875 a 1907 –período correspondiente a la aplicación de las reformas republicanas de la astronomía en Toulouse– los directores del observatorio de Toulouse (primero Félix Tisserand, luego Benjamin Baillaud) fueron estudiantes de la Escuela Normal Superior en París, licenciados y doctores en matemáticas. A lo largo de sus estudios, realizaron la formación práctica en astronomía del Observatorio de París: bajo la dirección de astrónomos experimentados, Tisserand y

---

[32] Régimen republicano en vigor en Francia de 1870 a 1940. [Nota del traductor]

Baillaud practicaron el manejo de instrumentos (telescopios, pero también accesorios de observación como los micrómetros) y la observación de astros particulares (como los cometas que deben ser seguidos durante varios días).

En Toulouse, Tisserand y Baillaud pueden elegir los miembros de los colectivos académicos que los rodean. El decreto del 13 de febrero de 1873 en su artículo 11 establece que "los astrónomos auxiliares y los ayudantes de astrónomo serán nombrados por el ministro a pedido de los directores [...]".[33] Es un sistema de cooptación. Los científicos a la cabeza del establecimiento astronómico de Toulouse se dirigen a dos círculos muy distintos para contratar a sus colaboradores. Los directores del observatorio de Garonne convocan a graduados en matemáticas o desarrollan estrategias locales de reclutamiento. En el primer caso, Benjamin Baillaud no duda en fomentar el acceso de los egresados de la Escuela Normal a los puestos disponibles en Toulouse.

En 1884, el astrónomo buscaba "un hombre distinguido con múltiples puntos de vista" para "aumentar el personal".[34] Se dirige a "Jules Tannery, su cacique en la Escuela Normal, de la que se había vuelto el vicedirector de ciencias",[35] quien le recomendó a uno de sus alumnos, Henri Andoyer, primer lugar en la licenciatura.[36] El joven normalista es nombrado "astrónomo asistente del Observatorio de Toulouse"[37] el 30 de septiembre de 1884. Luego de haber defendido su tesis en 1886,[38]es ascendido a "astrónomo adjunto"[39] de tercera categoría al año siguiente. Andoyer deja el establecimiento de la Cité Garonnaise en 1892 para entrar en una prestigiosa carrera parisina en la Universidad.[40] Un año antes, Benjamin Baillaud trae a Toulouse a Eugène Cosserat. Otro egresado de la Escuela Normal recibido en matemáticas en 1886, que al poco tiempo ya es nombrado "astrónomo

---

[33] A. de Beauchamp 1882, p. 844. Decreto relativo a los observatorios del Estado, 13 de febrero de 1873.

[34] B. Baillaud 1929, p. 193.

[35] *ibid.*, p. 193.

[36] S. H. Dieke, 1970, p. 156.

[37] AMT, 2R 124, Disposición del Ministro de Instrucción Pública y Bellas Artes, 30 de septiembre de 1884.

[38] H. Andoyer 1886.

[39] AMT, 2R 124, Disposición del Ministro de Instrucción Pública y Bellas Artes, 31 de marzo de 1887.

[40] Armand Lambert, Henri Andoyer, s.l.n.d., [París, 1929], pp. 6-12; y P. Véron 1997, p. 89.

asistente".[41] Termina el doctorado en ciencias matemáticas tres años más tarde y se convierte así en astrónomo adjunto antes de abandonar su puesto para unirse a la Facultad de Ciencias de Toulouse en 1895.[42] La carrera de Alphonse Blondel es similar a la de Andoyer y Cosserat. Estudiante de la Escuela Normal Superior, licenciado en matemáticas en 1907,[43] y reclutado ese mismo año por Baillaud para ocupar el puesto de astrónomo asistente en la ciudad de Garonne.[44] Blondel también es recomendado por Jules Tannery, quien lo describe como "un excelente alumno" que "ya desde el segundo año [...] expresó el deseo de dedicarse a la astronomía".[45]

La Escuela Normal de la calle Ulm en París es por lo tanto una reserva permanente de colaboradores para el director del observatorio de Toulouse. Aprovechando sus vínculos personales y profesionales en la Escuela, Baillaud trae a jóvenes licenciados a Garonne y poco a poco convierte el instituto astronómico en una atractiva carrera, implementando un programa académico clásico conectando París con la provincia. Los jóvenes normalistas que recluta son todos matemáticos y por lo tanto no tienen ninguna experiencia práctica en astronomía. El director del establecimiento académico de Garonne los inicia in situ con el manejo de los instrumentos y las sutilezas de la observación celestial. Benjamin Baillaud, al hablar sobre Eugène Cosserat, cuenta que "el primer año de su estadía en el Observatorio [de Toulouse] fue dedicado a la instrucción astronómica y a su formación como observador".[46]

Aunque Benjamin Baillaud prefiera el perfil de los licenciados, no es el único criterio de selección de los directores del Observatorio de Toulouse. Al necesitar encontrar rápidamente personal competente para formar un equipo de trabajo activo, obliga a los astrónomos que administran el establecimiento a atraer colaboradores de un segundo círculo, menos estricto en cuanto a los requisitos de formación, pero también más circunscrito en la geografía de reclutamiento. Cuando Félix Tisserand llega en 1873 a Toulouse, no disponía de la asistencia de ningún astrónomo. Tuvo que formar

---

[41] *Informe sobre los trabajos científicos de Eugène Cosserat*, Toulouse, Imprimerie et Librairie Édouard Privat, 1908, p. 5.

[42] *Ibid.*, p. 5.

[43] AN (Archivos nacionales), F 17, 25705, Disposición del Ministro de Instrucción Pública, Bellas Artes y de Culto, 25 de agosto de 1907.

[44] AN (Archivos nacionales), F 17, 25705, Disposición del Ministro de Instrucción Pública, Bellas Artes y de Culto, 25 de noviembre de 1907.

[45] AN, F 17, 25705, Carta de Jules Tannery a Benjamin Baillaud, 1907.

[46] AASP (Archivos de la Academia de Ciencias de París), Dossier biográfico de Eugène Cosserat; Benjamin Baillaud, *Informe sobre los trabajos de M. Eugène Cosserat, acompañando su candidatura a la dirección del Observatorio de Toulouse*, 9 de marzo 1908.

él mismo a sus asistentes. La práctica de la enseñanza ayuda a identificar a los estudiantes potencialmente dotados para la astronomía. Así, Benjamin Baillaud implementó primero unas clases magistrales en la Facultad. Allí enseña astronomía[47] y desarrolla un programa para estudiantes universitarios que resume las "teorías generales de la mecánica celeste" y la "teoría de los instrumentos".[48] El director del observatorio incluso amplía su práctica didáctica publicando sus clases en 1893.[49] Pero aprender los rudimentos de la ciencia de los astros implica también una enseñanza in situ, en el observatorio. El *Anuario de la Universidad*, publicado en 1902, establece que "los estudiantes tienen permitido asistir al Observatorio astronómico, meteorológico y magnético de Toulouse. En ese espacio se familiarizarán con el uso de los instrumentos, algunos de los cuales están totalmente a disposición".[50] Los diversos observadores, tengan o no función en la Facultad, se encargan de realizar demostraciones concretas durante las sesiones prácticas. Durante el mes de enero de 1898, uno de los asistentes de Baillaud dio "explicaciones [...] a los estudiantes del curso de astronomía sobre cómo determinar el nadir y la medición de arcos".[51] Para no omitir ningún detalle en la formación de los estudiantes y para mostrarles todas las facetas de la disciplina astronómica, se asigna a Jean Carrère, el mecánico del observatorio, la tarea de explicar al público universitario el "desarmado del Micrómetro Estelar Doble del Telescopio así como [...] su iluminación".[52]

Varios estudiantes de Tisserand y Baillaud entran así en el observatorio después de haber obtenido su licencia (es el caso de Joseph Perrotin y Guillaume Bigourdan). Ocupan puestos de categoría inferior (asistente o ayudante de astrónomo) antes de obtener el rango de doctor y alcanzar la cima de la jerarquía astronómica (Perrotin se convirtió en director del Observatorio de Niza y Bigourdan terminó su carrera de astrónomo en el Observatorio de París). En este segundo círculo de colaboradores, los directores esbozaron un plan de estudios alternativo en el que no se exigían títulos académicos. Las becas municipales permitieron reclutar a estudiantes de bachillerato "deseosos de trabajar como estudiantes auxiliares de astronomía en el Observatorio de Toulouse". La parte esencial del aprendizaje radica en el manejo de

---

[47] AN, F 17, 23735, Ministerio de Instrucción Pública, Enseñanza Superior, Informes, 1898-1899.

[48] *Ibid.*, 1887.

[49] B. Baillaud 1893.

[50] *Universidad de Toulouse. Anuario del año 1902-1903*, Toulouse, Imprimerie Édouard Privat, 1902, p. 134.

[51] AMT, 2R 112, *Informe anual del servicio meridiano*, 1898.

[52] AMT, 7Z 67, Agenda de Jean Carrère, 15 de mayo de 1902.

las escotillas de las cúpulas, las lecturas meteorológicas, la copia de los registros de observación y los cálculos de reducción simples y repetitivos. Los estudiantes de astronomía son evaluados regularmente en su capacidad para cumplir con los requisitos del servicio. Así, Tisserand integra al joven Mercadier en el pequeño grupo que trabaja a sus órdenes, pero no le convence su aptitud. En 1878, confesó a Benjamín Baillaud, su sucesor, que Mercadier "era poco cuidadoso y tenía poca predisposición".[53] Le aconseja "desvincularlo"[54] cuanto antes. El Observatorio de París también contaba con su Escuela de Astronomía, fundada en 1880, y destinada a "preparar un personal numeroso, educado y formado"[55] para los establecimientos más recientes. El director del Observatorio de París, Ernest Mouchez, espera que "eligiendo a algunos jóvenes entre los candidatos más instruidos [...]", y haciendo que pasen "dos años en un laboratorio científico con una organización tan potente [...]" como la institución científica capitalina, "se logrará formar a los más hábiles astrónomos, llenos de entusiasmo [...]".[56] El joven Jean Rey seguía los cursos de Maurice Loewy y Aimable Gaillot y "parece tener aptitudes especiales para las aplicaciones teóricas".[57] Su "asiduidad" y su "trabajo regular"[58] le permiten ser clasificado como "segunda categoría"[59] al salir de la escuela. Nombrado asistente de astrónomo en el Observatorio de París,[60] Jean Rey es convocado a Toulouse por Benjamín Baillaud quien, en 1882, quiso completar su "instrucción"[61] e integrarlo a su personal. La escuela, creada por Mouchez, solo entrenó a un puñado de estudiantes, antes de desaparecer a mediados de 1880.

La Tercera República, al remodelar los procesos de selección y contratación de astrónomos, también transformó la transmisión de las prácticas. Las matemáticas están en el corazón de la formación.

La mecánica celeste, dominante en Francia desde el famoso descubrimiento de Neptuno por el cálculo de Le Verrier, impone esta disciplina

---

[53] AMT, 2R 102, Carta de Félix Tisserand a Benjamin Baillaud, 26 de octubre de 1878.

[54] *Ibid.*

[55] Amiral Mouchez s.d. [1880], p. 1-2.

[56] *Ibid.*, p. 3.

[57] AN, F 17 13576, Ernest Mouchez, Informe sobre los trabajos del primer trimestre de 1880, 30 de abril de 1880.

[58] AN, F 17 13576, Ernest Mouchez, Informe sobre los trabajos del segundo trimestre de 1880, 28 de octubre 1881.

[59] *Ibid.*

[60] AMT, 2R 124, Carta del ministro de Instrucción Pública de Bellas Artes a Benjamin Baillaud, 18 de febrero de 1882.

[61] AMT, 2R 107, Carta de Ernest Mouchez a Benjamin Baillaud, 8 de febrero de 1882.

como un criterio primordial en el ejercicio astronómico. La excelencia en este campo de los alumnos de la Escuela Normal Superior de París se complementa con la enseñanza práctica *in situ*. El manejo de los instrumentos es secundario. Por otra parte, las tareas más oscuras e ingratas (como los cálculos de reducción repetitivos) se confían a asistentes sin ninguna formación matemática particular, pero que también aprenden "en el acto" cómo manejar los instrumentos, cómo tomar lecturas meteorológicas y en general, cómo funcionan los servicios de un observatorio.

A lo largo de casi dos siglos, la transmisión de las prácticas astronómicas en el seno del Observatorio de Toulouse se caracterizó inicialmente por rupturas profundas: la astronomía aristocrática del siglo XVIII, basada en el mecenazgo didáctico, dio paso a nuevas formas de enseñanza instituidas. Si el astrónomo del Siglo de las Luces formaba discípulos, fue sobre todo para deshacerse de cálculos laboriosos e ingratos. Las *Cartas sobre la Astronomía Práctica* de Darquier subrayan con bastante claridad la dificultad de encontrar una forma adecuada de evocar la transmisión de las prácticas: la posición del cuerpo, la colocación de los instrumentos, el desarrollo de los cálculos son más fáciles de explicar *in situ*.

La primera parte del siglo XIX estuvo marcada en Toulouse por un declive de estas prácticas didácticas aristocráticas. La enseñanza en la Escuela Central modifica los hábitos de los astrónomos formados en el siglo XVIII: los cursos eran públicos, los conocimientos se transmitían en un marco pedagógico claramente identificado. No había discípulos, los estudiantes buscaban diplomas. Sin un grupo de estudiantes, el personal del observatorio se reduce al director solamente. La transmisión de las prácticas se interrumpe.

Con la Tercera República, la educación pública y la formación de los discípulos se conjugaron: tanto si procedían de París como de los colegios de Toulouse, los astrónomos del observatorio aprendieron el manejo de los instrumentos y el funcionamiento de un observatorio "en acción".

Al finalizar este recorrido, se plantea la cuestión de si las prácticas transmitidas durante casi dos siglos dentro del establecimiento erudito de Garonne constituyen un patrimonio que daría a la astronomía una fuerte identidad disciplinaria. Se dibujan dos líneas a lo largo de los dos siglos examinados: por un lado, el predominio del cálculo y el engorro de los astrónomos con respecto a las simples pero repetitivas operaciones matemáticas que implican el registro diario de las posiciones celestes; por otro lado, el aprendizaje *in situ* del manejo de los instrumentos. Es en el hueco de una cúpula, con el ojo pegado al lente o al telescopio, que los astrónomos aprenden los gestos apropiados y las operaciones a realizar. Sin embargo, los sucesivos cambios en los métodos de transmisión a lo largo de casi dos siglos nos permitieron ver aún mejor la fragilidad y la labilidad de los procesos de difusión de conocimientos técnicos: los cambios en las instituciones, los cambios políticos o el aislamiento de los actores pueden interrumpir o regenerar la transferencia de las prácticas académicas.

Bibliografía

ANDOYER, Henri. 1886. *Contribution à la théorie des orbites intermédiaires.* Tesis presentada en la Facultad de Ciencias de París: Gauthier-Villars.

ANÓNIMO. 1827. " Éloge d'Antoine Darquier " . *Histoire et Mémoires de l'Académie Royale des Sciences Inscriptions et Belles Lettres de Toulouse*, t. I, 302-306.

BAILLAUD, Benjamin. 1893. *Cours d'astronomie. Première partie : quelques théories applicables à l'étude des sciences expérimentales.* París: Gauthier-Villars et fils.

______. 1929. " Henry Andoyer " . *Journal des Observateurs*, vol. XII, n.° 11, 193-198.

BEAUCHAMP, Alfred de. 1882. *Recueil des lois et règlements sur l'enseignement supérieur. T. II: 1848-1874.* París: Typographie Delalain frères.

BOURDIEU, Pierre. 1983. *La noblesse d'état. Grandes écoles et esprit de corps.* París: Les Editions de Minuit.

CHRISTIANSON, John Robert. 2000. *On Tycho's Island. Tycho Brahe and his assistants, 1570-1601*, Cambridge: Cambridge University Press.

DARQUIER, Antoine. 1777. *Observations astronomiques faîtes à Toulouse.* París: J. Aubert.

______. 1786. *Lettres sur l'astronomie pratique.* París: Didot fils y Jombert jeune.

DIEKE, Sally H. 1970. "Henri Andoyer". *Dictionary of Scientific Biography 1*, 156. Nueva York: Charles Saikner's Sons.

LALANDE, Jérôme. 1792. *Astronomie*, t. II : París, Imprimerie P. Didot l'aîné.

______. 1803. *Bibliographie astronomique, avec l'histoire de l'astronomie depuis 1781 jusqu'en 1802.* París: Imprimerie de la République.

MOUCHEZ, Amiral. n.d. [1880]. *Elèves-astronomes. Organisation des études.* París: Gauthier-Villars.

ROCHE, Daniel. 2003. *Humeurs vagabondes. De la circulation des hommes et de l'utilité des voyages.* París: Fayard.

VÉRON, Philippe. 1997. *Les astronomes français, 1850-1950* [Manuscrito inédito], Observatoire de Haute Provence.

SEXTA PARTE

Múltiples legados

No nacemos "cocineras", nos volvemos "cocineras"
El género y la transmisión cultural en la UNESCO

Ellen Hertz[1]

Introducción

¿Somos todos iguales ante el patrimonio? La respuesta pareciera ya encontrarse en la pregunta si nos referimos a la etimología de la palabra, que nos da todas las razones de sospechar que el patrimonio se rige por mecanismos patriarcales más bien clásicos.[2] En el *Diccionario histórico de la lengua francesa* (1992), el término "patrimonio" designa en primer lugar "todos los bienes y derechos heredados del padre, a veces como oposición, en francés antiguo, a *matremoigne, matrimonio*". Esta definición se refiere,

[1] Mi agradecimiento a Nicolas Adell por haber organizado un coloquio muy estimulante sobre la cuestión de la transmisión y por haber tenido la amabilidad de incluir este texto en el volumen resultante. Mi agradecimiento también a Christine Delphy, Julie Perrin, Jean-Yves Pidoux, Jean-Louis Tornatore y Raymonde Wicky por sus cuidadosas relecturas. Cualquier error, omisión u aproximación que puedan haber quedado en el texto pese a todas esas relecturas se me atribuirán plenamente.

[2] Huelga decir que un verdadero análisis sociológico de los regímenes de la riqueza material no puede limitarse en modo alguno a la etimología del término, y que en la práctica las mujeres (especialmente las no casadas) pudieron verse beneficiadas de diversas formas de derecho a la herencia y a la transmisión de bienes muebles e inmuebles. Con esta breve introducción, quisiera simplemente señalar que un simbolismo de género condiciona nuestra comprensión del "patrimonio" y especialmente del "patrimonio mundial de la humanidad" tal como fue consagrado desde hace varias décadas por los Estados y los organismos internacionales.

a primera vista, a una forma de simetría o complementariedad: para los padres el patrimonio, para las madres el matrimonio; pero solo revela en realidad la mitad del fenómeno, ya en 1283, según el *Französisches etymologisches Wörterbuch* (1958), la palabra *"patremuine"* designa también "propiedad que proviene del padre y de la madre" (énfasis añadido). Ya no hay complementariedad, lo femenino es absorbido por lo masculino. Ahora bien, la generalización del régimen del "patrimonio" (de hombre a "Hombre") no se debe a una inmaculada asunción hacia cielos más universalistas, sino a la exclusión, sin ningún tipo de juicio, de su "socio". En efecto, en los siglos siguientes, el significado de "patrimonio" cambiará lenta pero seguramente, y en una dirección que era, en retrospectiva, predecible. A partir de los bienes transmitidos por la madre a sus hijos, el "matrimonio" adquiere, durante el siglo XIV, un significado "derivado" hacia la noción de casamiento, significado que se vuelve a encontrar hoy en día en el adjetivo "matrimonial". "En un doble movimiento de desmaterialización y sustitución, los bienes maternos se transforman en 'situación' y la madre se transforma en esposa."[3]

Ese es entonces el patrimonio material: en resumidas cuentas, adopta la forma de bienes y fortunas que son propiedad de los hombres, monumentos y otras erecciones construidas en honor a otros hombres, todo eso a su vez transmitido material o simbólicamente a otros hombres. Pero ¿qué ocurre con el patrimonio intangible? A primera vista, las cosas parecen bastante diferentes. Como recuerda la UNESCO en un importante informe de la Conferencia Internacional "Evaluación mundial de la Recomendación de 1989 sobre la salvaguardia de la cultura tradicional y popular", celebrada en Washington en junio de 1999:

> En muchas sociedades del mundo la mujer siempre ha jugado un papel vital en salvaguardar y transmitir tradiciones, reglas de conducta y habilidades que se consideran indispensables para mantener la cohesión de la familia y su posición social. Entre estas manifestaciones se cuentan los códigos de ética, los cuentos e historias orales, canciones, música, idiomas, chamanismo, ritos y artes culinarias. En la producción de cultura material, donde un cierto simbolismo, una cualidad artística y la destreza manual se expresan en obras de bordado, tejido y producción de hábitat, entre otros, las mujeres han tenido gran éxito no solo reteniendo y transmitiendo los métodos y prácticas tradicionales, sino también adaptándolos de forma innovadora con elementos modernos, creando así nuevos materiales y modalidades técnicas.[4]

---

[3] E. Hertz 2002, p. 155.

[4] UNESCO 1999, p. 326. Para toda la documentación relacionada con esta reunión, véase en el sitio de la UNESCO. http://www.unesco.org/culture/ich/index.php?meeting_id=00058, consultado el 20 de diciembre de 2010.

Quisiera explorar a continuación el lugar supuestamente particular de la mujer, no en relación con el patrimonio cultural inmaterial (PCI) en su conjunto –una cuestión vasta que va mucho más allá de los límites de este estudio– sino en las representaciones que la UNESCO difundió en torno a esta nueva noción, en particular en lo que respecta a su transmisión. Una vez introducidos los principales textos de la UNESCO sobre el tema, analizaré los expedientes de candidatura de tres ejemplos de PCI recientemente inscriptos en la Lista Representativa de la Humanidad: "la comida gastronómica de los franceses", "la dieta mediterránea" y "la cocina tradicional mexicana, una cultura comunitaria, ancestral y viva – el paradigma de Michoacán". Estos tres elementos tienen la ventaja analítica de estar centrados en una actividad ampliamente considerada como femenina: la preparación de alimentos. Esta actividad también está en perfecta armonía con lo que la Convención define como esencial del PCI: un arte antiguo, hecho de conocimientos y prácticas relacionados con la naturaleza y el universo, encarnado en habilidades transmitidas oralmente de generación en generación que alimentan –valga la redundancia– el sentido de pertenencia a una comunidad. Ahora bien, como veremos, el lugar que se atribuye a las mujeres en estos tres expedientes varía considerablemente según la forma en que se circunscribe el elemento, el lugar que ocupa la "comunidad o comunidades" respecto del sistema patrimonial y, sobre todo –es la hipótesis que propongo–, el grado de "tradicionalidad" de los países implicados.

¿Qué nos dicen estas variaciones sobre la UNESCO, sobre el PCI y sobre las mujeres?

Las mujeres y la madre en la UNESCO

El consenso de Washington sobre el papel "vital" de la mujer en la transmisión cultural dio mucha tela para cortar. En septiembre de ese mismo año se celebró en Teherán una "Reunión de expertos sobre las mujeres, el patrimonio cultural inmaterial y el desarrollo", que retomó el punto de partida de Washington y explicitó los mecanismos específicos que rigen el papel de la mujer en esta transmisión:

> La participación de las mujeres en las diversas esferas del patrimonio cultural inmaterial es a la vez central y vital. Tales esferas incluyen lo que puede describirse como reinos esenciales de la cultura, indispensables para mantener la cohesión de las relaciones familiares y sociales. Entre ellos se encuentran el idioma, los códigos de ética, las pautas de comportamiento, los sistemas de valores y las creencias religiosas. En la mayoría de las culturas, *las mujeres tienen el papel principal en la crianza de los hijos, a través de*

> *los cuales se produce la transmisión y renovación intergeneracional de muchas de estas formas esenciales del patrimonio inmaterial* [énfasis añadido].[5]

La redacción es ingeniosa y refleja en mi opinión cierta sensibilidad con respecto al análisis feminista.[6] No es "la madre" sino "las mujeres" las que detentan la función de quienes se ocupan principalmente de la crianza de los hijos y, por lo tanto, de los momentos cruciales de la transmisión cultural. Pero existe un riesgo real de una forma de naturalización que conduce, sin solución de continuidad, de la mujer a la madre y de la cultura a la naturaleza.[7] Esta función alcanza seguramente su expresión paradigmática en la transmisión del lenguaje; de hecho, no es casualidad que el primer idioma del niño se denomine "lengua materna" y que la madre sea la principal responsable de la transmisión de este elemento fundamental de identificación y pertenencia cultural.[8] Pero más allá del lenguaje que, como sabemos, no está directamente protegido por la Convención de la UNESCO para la Salvaguardia del PCI, ¿qué ocurre con esos otros tipos de PCI que encuentran una expresión informal, no institucionalizada, cotidiana y ordinaria en las sencillas actividades de las mujeres: desde las canciones de cuna y los cuentos para hacer dormir a los hijos, "desde tiempos inmemoriales" hasta los "remedios de la abuela" sin olvidar bailes y encajes?

Si seguimos las reflexiones de la UNESCO sobre este tema, caemos en la cuenta de que, a pesar de la centralidad de la mujer en la transmisión cultural, o quizás por su aparente naturalidad, su papel en la constitución y salvaguardia del PCI no es evidente en absoluto. Como se señala en un informe presentado dos años después de Washington y resultante de la segunda asamblea celebrada en Teherán en 2001:

> Paradójicamente, la marginación de las mujeres de la esfera pública, a menudo dominada por los hombres, las vuelve las principales transmisoras

---

[5] UNESCO y Comisión Nacional Iraní para la UNESCO 1999a, p. 2. Para toda la documentación relacionada con esta reunión, véase el sitio web de la UNESCO http://www.unesco.org/culture/ich/index.php?meeting_id=00074, consultado el 20 de diciembre de 2010.

[6] Los títulos de las comunicaciones proporcionadas en la reunión de 1999 sugieren, sin embargo, que no todas las sensibilidades femeninas y feministas apuntan en la misma dirección: "Los ritos de la pubertad y la edad adulta: el papel de la mujer en la transmisión de los valores culturales" ("Puberty rites and adulthood : the role of women in transmitting cultural values"); "La emoción del amor, un rasgo culturalmente específico transmitido por las mujeres" ("The love emotion, a culturally specific feature transmitted by women"); o "las mujeres, las viejas creencias y el agua" ("women, old beliefs and water") son algunos ejemplos.

[7] N.C. Mathieu, 1991a y b.

[8] A. Lavanchy, 2009.

del patrimonio cultural inmaterial de sus comunidades. Sin embargo, de la misma manera que el trabajo productivo que hacen las mujeres es frecuentemente subestimado e invisibilizado (un tema muy presente en varios trabajos en proceso), también lo es su aporte a la transmisión del patrimonio cultural inmaterial. La esfera de la mujer suele quedar desvalorizada al asociarla con lo "tradicional" en tanto categoría inferior en la dicotomía "moderno/tradicional".[9]

En este fragmento pueden verse al menos dos pares fundantes del paradigma cultural clásico que se suman al debate: por un lado, la modernidad/tradición, por el otro, lo público/privado. Las mujeres, excluidas simbólicamente de la modernidad y condenadas al ámbito doméstico, se habrían vuelto las guardianas, voluntarias o involuntarias, de la Pequeña Tradición. Este hecho debería situarlas en una posición privilegiada para afirmar su contribución a la salvaguardia y transmisión del PCI. Sin embargo, lamentablemente no es así por la misma razón que antes: siguen siendo excluidas de los espacios –modernos, públicos, institucionales– de reconocimiento oficial.

Invisibilización/sobrevisibilización

Bella paradoja que se refleja de muchas maneras en los programas nacionales e internacionales de salvaguardia del patrimonio cultural inmaterial y en los documentos de la UNESCO. Tomemos como ejemplo una pieza central del aparato "unescovita": los programas nacionales de "Tesoros Humanos Vivos".[10] En francés se llaman "Les maîtres d'art" ["Los maestros del arte"] y vemos que hay pocas dudas sobre el género de un "maestro": de los ochenta y nueve maestros reconocidos hasta 2010,[11] solo diez son mujeres (diseñadoras de vestuario, encajera, cocinera… la lista es terriblemente previsible).[12] Las razones residen sin duda en la contradicción ya mencionada: Francia no se atrevería a presentar en una Convención internacional los remiendos de ancianas que practican sus artes menores en sus casas. Al tratarse de un asunto de patrimonio nacional, se mostrarán actividades

[9] Comisión Nacional Iraní de la UNESCO para la UNESCO, 2001, p. 3. Para toda la documentación relacionada con esta reunión, véase el sitio de la UNESCO, http://www.unesco. org/culture/ich/index.php?meeting_id=00075, consultado el 20 de diciembre de 2010.

[10] Véase en el sitio web de la UNESCO http://www.unesco.org/culture/ich/index.php?pg=00061&lg=EN, consultado el 20 de diciembre de 2010.

[11] En la actualidad hay 141 "maîtres d'art", de los cuales 19 son mujeres. [Nota del traductor]

[12] Véase el sitio web del Programa de los *Maîtres d'art* en http://www.maitres-art.com/, consultado el 20 de diciembre de 2010.

encuadradas en una profesión; es más, la profesionalización del oficio es uno de los criterios para su admisión en el dispositivo nacional, al igual que los procedimientos institucionales necesarios para controlar su calidad y garantizar su transmisión.

Pasando del reconocimiento a la representación, es aún más sorprendente ver el lugar que se da a la mujer en las imágenes exhibidas en el sitio web de la UNESCO para promover el patrimonio cultural inmaterial, o en los diversos folletos que surgieron del "Infokit" que explicaría la Convención de 2003 a los Estados miembros y a las "comunidades". Tomemos por ejemplo el primer documento del "kit" titulado "¿Qué es el patrimonio cultural inmaterial?" (2009). La imagen de la portada, en primer plano, muestra a una hermosa joven africana, vestida con una tela con motivos de leopardo, que claramente participa de una danza o ritual con otros jóvenes. En el interior del documento hay cuatro imágenes más, tres de las cuales son de mujeres: una camina por un decorado árabe, otra se engalana para un concurso de canto, y una tercera canta y baila. Al mismo tiempo, las diferentes formas que puede adoptar el PCI están ilustradas a lo largo del documento por veintidós pequeñas imágenes, menos bellas, pero más informativas (ya no hay primeros planos), de las cuales solo dos representan a mujeres. El mensaje es sutil pero perceptible, y reproduce un argumento clásico de la antropología pre-posmoderna: las mujeres, por su naturaleza biológica (es decir, la maternidad), no tienen acceso a una visión holística y distante de la sociedad (de ahí el primer plano), sino que ocupan un lugar entre la naturaleza y la cultura (véase los motivos en leopardo) que las hace incapaces de ser verdaderas interlocutoras culturales.[13] A la sobre-visibilización de las mujeres como instrumentos, o incluso como objetos del PCI, les corresponde también una invisibilización de su papel activo en la producción y transmisión del patrimonio, una *doble vara* identificada desde hace tiempo en los estudios feministas.[14]

La falta de reflexión sobre el lugar asignado a la mujer en la documentación de la UNESCO sorprende aún más al saber que la Sección del Patrimonio Cultural Inmaterial había convocado unos años antes a una tercera reunión de mujeres expertas en cuestiones de género, con el objetivo explícito de utilizar sus recomendaciones "en la preparación de manuales para explicar el funcionamiento de la Convención".[15]

[13] Véase E. Ardener, 1975.

[14] S. Rey, 1994.

[15] UNESCO, 2003, p. 12. Es en este punto de la historia del PCI donde se puede observar el cambio del término "mujeres" a "género", sin reflexionar sobre las consecuencias de este cambio de registro analítico. Estos problemas pueden encontrarse en el proceso de

En el Informe final de la "Expert meeting 'Gender and intangible herita-ge'", celebrada en París en diciembre de 2003, puede leerse:

> Hay una clara necesidad de que la UNESCO aborde las cuestiones de gé-nero en relación con la Convención, aprobada el 17 de octubre de 2003. ¿En qué medida depende el patrimonio cultural inmaterial del género en la práctica y su transmisión? ¿Reconocer y estimular a las mujeres como principales transmisoras del patrimonio inmaterial contribuye al empode-ramiento de las mujeres en las sociedades contemporáneas? ¿Puede el con-cepto de igualdad de género ser siempre compatible con la preservación de las culturas y formas de vida tradicionales? ¿Cómo darle lugar a las cuestio-nes de género en el ámbito del patrimonio cultural inmaterial? [16]

Lamentablemente para esta Sección, la cuestión de la relación entre las mujeres y el PCI resultó ser mucho más compleja de lo que esta postura administrativa optimista podría sugerir. Si se lee con detenimiento, el in-forme del grupo de expertos refleja sobre todo un malestar que se revela desde su primera palabra: "'Las mujeres' [*sic*] son un objetivo prioritario común de las Naciones Unidas, y la promoción de la igualdad entre géne-ros y el empoderamiento de la mujer es uno de los Objetivos de Desarrollo del Milenio de las Naciones Unidas".[17] Es llamativo el uso de las comillas para evocar una categoría social supuestamente evidente. Y solo empeora a medida que el informe avanza. El informe muestra que la decisión de limi-tar la reflexión sobre el género a manuales específicos del tema y no hacer referencia a él en la Convención fue una postura tomada luego de un largo debate. Como algunos Estados temían una discriminación positiva, se deci-dió esquivar la cuestión remitiendo a las mujeres a la categoría de "comuni-dad" o "grupo", tal como se menciona en el artículo 15 ("las comunidades, los grupos y, en su defecto los individuos que crean, mantienen y trans-miten ese patrimonio"). Por último, las eventuales contradicciones entre "tradición" e "igualdad" fueron resueltas en el plano normativo mediante la subordinación de la Convención de 2003 a la Convención de las Naciones Unidas sobre la eliminación de todas las formas de discriminación contra la

---

"incorporación de la perspectiva de género", común en las administraciones nacionales e internacionales, donde a menudo se observa una confusión entre "mujeres" y "hombres", "género" e "igualdad". En lo que respecta a la UNESCO, véase http://portal.unesco.org/en/ev.php-URL_ID=3160&URL_DO=DO_TOPIC&URL_SECTION=201.html. Consultado el 20 de diciembre de 2010.

[16] UNESCO, 2003, p. 2. Para toda la documentación relacionada con esta reunión, véase el sitio web de la UNESCO http://www.unesco.org/culture/ich/index.php?meeting_id=00021, consultado el 20 de diciembre de 2010.

[17] UNESCO, 2003, p. 1.

mujer, cuyo preámbulo reconoce formalmente como un problema el hecho de que la cultura y la tradición pueden contribuir a restringir a las mujeres el ejercicio de sus derechos fundamentales.

Si bien la cuestión del género está "resuelta" de alguna manera en el texto de la Convención, la Sección del PCI, por su parte, se enfrentó diariamente a todo tipo de problemas concretos en la aplicación de la Convención:

> Durante las operaciones cotidianas de la Sección de Patrimonio Inmaterial, [...] nos encontramos a menudo con elementos del patrimonio cultural inmaterial que mostraban aparentes contradicciones entre la realidad de las culturas tradicionales y la noción de igualdad de género [...]. Por ejemplo, hay muchos rituales tradicionales y artes interpretativas en los que hombres o mujeres no son visibles, cuando es probable que estén desempeñando un papel importante detrás de escena. Aunque esta realidad parece ser ampliamente aceptada por la *comunidad* en cuestión,[18] generó a veces controversias en la UNESCO en su relación con los derechos humanos [énfasis añadido].[19]

El grupo de expertas convocadas no resolvió en absoluto estas complejas cuestiones.[20] Por el contrario, propone una serie de reflexiones teóricas tan enriquecedoras como confusas sobre el género y su relación con el PCI, que complican aún más el problema y que merecerían un tratamiento más amplio que el que puedo darles ahora.[21] En las pocas páginas que siguen, me limitaré a mostrar un ejemplo: el análisis del papel que se le atribuye a la mujer en la constitución de tres expedientes para la Lista Representativa del PCI de la Humanidad. Adentrémonos ahora en la cocina interna de la UNESCO, para saborear la manera de resolver en la práctica internacional los problemas teóricos planteados por la Sección del Patrimonio Cultural Inmaterial.

Comidas, dieta, cocina: el amor pasa por el estómago

En 2010, el Comité Intergubernamental para la Salvaguardia del Patrimonio Cultural Inmaterial de la UNESCO incluyó en la Lista Representativa

---

[18] La ambigüedad en el uso del término "comunidad" es evidente aquí de forma concreta, ya que no queda claro en esta cita si la "comunidad" en cuestión es la de las mujeres o la de ambos sexos "juntos". En un nivel más general, encontramos la inclusión que ya vimos en la palabra "patrimonio".

[19] UNESCO, 2003, pp. 1-2.

[20] Se puede suponer que la razón por la que la Sección no ha incorporado la perspectiva de género en sus folletos es que de esta reunión no surgió ninguna perspectiva clara.

[21] Pero véase E. Hertz, 2011.

tres nuevos elementos del PCI relacionados con la preparación y el consumo de alimentos. Aunque se concentren en un fenómeno específico –las habilidades y conocimientos culinarios– cada uno de ellos amplía el alcance de su materia mucho más allá de las artes culinarias, de acuerdo con cuestiones nacionales o regionales identificables. El nacionalismo francés, en una versión "de clase media" o incluso francamente burguesa, encuentra su expresión ideal en la "comida gastronómica de los franceses". En cuanto al expediente de la "dieta mediterránea", revela claramente una preocupación compartida por los cuatro países candidatos para promover el turismo regional. Por último, a través del expediente "cocina mexicana", se expone todo un programa de revalorización de los pueblos autóctonos, reforzado por las preocupaciones ecológicas y un poco de altermundismo. Es evidente que los países han utilizado y abusado del famoso "carácter inclusivo" de la definición de PCI de la UNESCO para ir, a través de pasajes más o menos improbables, desde la materialidad del alimento hasta sus "cimientos" inmateriales. En estas maniobras simbólicas, las mujeres son vistas de forma ambigua.

Empecemos por lo más sencillo: el expediente de candidatura de la "comida gastronómica de los franceses", que no hace ni una sola alusión al papel de las mujeres (o de los hombres, para el caso) en la preparación y el consumo de esta comida.[22] Por el contrario, estamos frente a otra ilustre tradición francesa: el universalismo ciego a las diferencias de poder y posición. Es cierto que en la página 5 del expediente leemos que "los lugares en la mesa pueden marcar el estatus (jerarquía, género)".[23] Pero la división del trabajo que conduce a la comida (su diseño y planificación, la compra de ingredientes, la preparación de la comida y la mesa) no está tematizada, aunque uno tendría todas las razones para creer que está altamente codificada y es parte integral de la tradición en cuestión.

La presentación de diapositivas y el vídeo que acompaña a la candidatura en el sitio web de la UNESCO son más reveladores. Un primer aspecto es obvio: la "comida gastronómica de los franceses" es ante todo una cuestión de consumo, no tanto de preparación (de ahí, se supone, la elección sociológicamente cuestionable de poner en la misma canasta comidas consumidas en familia y banquetes vendidos a cientos de comensales en un restaurante). Las fotografías muestran principalmente gente

---

[22] El expediente completo se encuentra en el sitio web de la UNESCO en la siguiente dirección: http://www.unesco.org/culture/ich/indexphp?lg=frg=00011 RL=00437, consultado el 20 de diciembre de 2010.

[23] UNESCO, 2010a. ¿Debe deducirse de este paréntesis que el género se concibe como un sistema de "estatus" distinto de una "jerarquía"?

comiendo; solo una foto muestra la preparación de una comida con un hombre con sombrero de chef enseñando a una joven una técnica culinaria. El apéndice, que contiene "pruebas del consentimiento libre, previo e informado de la comunidad a la candidatura" también es interesante: solo muestra organizaciones formales, que van desde el Ministerio de Cultura y Comunicación hasta el "Festival l'Art du goût, le goût de l'art" y una miríada (diecisiete para ser exactos) de asociaciones apoyadas por la Misión Francesa para el Patrimonio y las Culturas Alimentarias. Evidentemente, la definición del elemento en cuestión debe mucho a las "comunidades" que apoyaron esta candidatura, activas ante todo en la promoción nacional y regional del comercio gastronómico. En defensa del Ministerio, hay que reconocer que la obtención del "consentimiento libre e informado" de toda la comunidad nacional habría supuesto un importante reto metodológico.[24]

En cuanto al papel de la mujer en la constitución del PCI nacional, el vídeo del sitio de la UNESCO es más matizado y, como tal, bastante interesante, ya que muestra que, contrariamente a todo lo que sabemos sobre la división del trabajo dentro de los hogares, la preparación de una comida "gastronómica" en la familia parece implicar a ambos sexos por igual. Como feminista, uno no sabe si alegrarse por esto o, por el contrario, lamentar el hecho de que el valor de una actividad parece depender del hecho de que los hombres se muestren haciéndola. En todo caso, cualquier conclusión sobre la invisibilidad de la mujer en la "comida gastronómica de los franceses" debe incluir una reflexión paralela sobre el mensaje transmitido en términos de clase social: si el papel de la mujer no se tematiza en el vídeo, la cuestión del estatus de quiénes practican estas comidas tampoco se menciona, cuando salta a los ojos que el nivel socioeconómico es de medio para arriba. Al final, la "comida gastronómica de los franceses" aparece menos como una bella historia de comensalidad que como una sutil cuestión de distinción social.

El proyecto de "dieta mediterránea" presentado a la UNESCO por cuatro países (España, Grecia, Italia y Marruecos)[25] presenta una configuración muy diferente.[26] En primer lugar, en la definición de su ámbito de actividades, la "dieta mediterránea" es aún más amplia que la comida gastronómica, como se desprende del expediente de candidatura, en el que se define

---

[24] El archivo y el vídeo se refieren a una encuesta (con resultados diferentes, por cierto), pero la juntada de firmas "informadas" de aquellos que respondieron no fue parte del proceso.

[25] Se sumaron en 2013 Chipre, Croacia y Portugal. [Nota del traductor]

[26] El expediente completo se encuentra en el sitio web de la UNESCO: http://www.unesco. org/culture/ich/indexphp?lg=frg=00011L=00394, consultado el 20 de diciembre de 2010.

el elemento en cuestión como "las tradiciones y los símbolos transmitidos de generación en generación sobre la base de las prácticas alimentarias, del paisaje a la mesa, como elemento para posibilitar el compartir y celebrar en sociedad".[27] La noción de "comunidad" se define de manera igualmente generosa y polisémica. A veces corresponde a cuatro pueblos, uno en cada Estado candidato, que se supone representan a estos países, pero también –la legendaria hospitalidad de la región que no conoce fronteras– a todo el Mediterráneo. A veces la "comunidad" está representada por ambos sexos, o por uno de ellos. Así leemos: "Las mujeres y los hombres, como verdaderos poseedores y practicantes del elemento, se encuentran dentro de una familia, una hermandad, una corporación, una asociación, toda su población";[28] o bien, en la "Categoría específica de personas con responsabilidades especiales":

> Grupo que merece ser destacado: el de las mujeres, ya que siempre desempeñan un papel muy importante, a menudo esencial, en la transmisión de las habilidades, la recreación de rituales, gestos y celebraciones tradicionales, en la salvaguardia de las técnicas, en el respeto de los ritmos estacionales y la inclusión de todos los valores culturales, sociales y ambientales del elemento, en la educación de las nuevas generaciones.

Se hace referencia también a los "grupos de mujeres"[29] y la lista de asociaciones o grupos que dieron su consentimiento libre, previo e informado incluye por lo menos a cuatro "empresas productivas de mujeres", particularmente en Grecia.

Dado que el expediente abarca actividades tan diferentes como el cultivo de los campos, la pesca, la producción de vino y aceite de oliva, el comercio de verduras frescas, las compras en el mercado, la preparación de alimentos y el comer felizmente, es de esperar que la cuestión del papel de la mujer se pierda dentro del cúmulo de imágenes y actividades, de la misma manera que con la comida gastronómica francesa. Sin embargo, ocurre exactamente lo contrario. En un impulso que opera en un nivel simbólico y no sociológico, la vaga asociación entre las "tradiciones del Sur" y las "mujeres" parece operar, sin que se analice realmente la contribución específica de las mujeres en la constitución y transmisión de este patrimonio. Por el contrario, asistimos en el expediente de candidatura, pero sobre todo en el vídeo que lo acompaña, a una escandalosa serie de declaraciones basadas en estereotipos, donde el clima, el mar, la "historia", la "cultura", el sol, la

---

[27] UNESCO, 2010b, p. 2.

[28] *Ibid.*, pág. 7.

[29] *Ibid.*, pág. 22.

hospitalidad, etc., producen a su vez alimentos materiales e inmateriales para el alma mediterránea, abierta generosamente al mundo entero. Las mujeres ahora sí son tenidas en cuenta, pero sobre todo en el plano de la representación y la retórica.

Nuestro tercer ejemplo, la "cocina tradicional mexicana - cultura comunitaria, viva y ancestral, el paradigma de Michoacán "muestra inmediatamente una ambición más marcada.[30] Las palabras introductorias del vídeo que se encuentran en el sitio web de la UNESCO establecen un vínculo directo entre el valor humano universal del patrimonio construido (los sitios arqueológicos amerindios ocupan un lugar preeminente), la fuerza de su patrimonio inmaterial tradicional (astronomía, matemáticas) y la cohesión de un "pueblo", denominación que solo se pronuncia al final del documental, cuando finalmente nos enteramos de que se trata más precisamente de las comunidades de Michoacán. La cocina está en línea directa con estas tradiciones "ancestrales" y es la piedra angular de un vasto programa de revitalización comunitaria que aborda tanto la cuestión de la agricultura a nivel local como la de mantener la diversidad biológica y cultural del país frente a los efectos de la industrialización, la comercialización y el despojo económico y cultural de las comunidades indígenas.

Es posible que este programa esconda siniestras estrategias nacionales para apaciguar a los pueblos indígenas o incluso para enfrentarlos entre sí. Aun así, las mujeres están en el punto de mira; su lugar no solo es central, es dominante, casi exclusivo. La magnífica presentación de diapositivas en el sitio de la UNESCO tiene treinta y un fotos, incluyendo dieciocho mujeres enteras, dieciocho manos de mujeres, y un anciano, sentado pacientemente esperando que alguien le sirva la comida. En el expediente de candidatura se afirma que sin estas "mujeres cocineras" el tema en cuestión nunca se habría presentado a la UNESCO: "La labor realizada por las mujeres cocineras en muchas comunidades de Michoacán es la estructura central de este documento, ya que han participado en el diseño del modelo de rescate que debe aplicarse para salvaguardar y promover las cocinas locales en otras comunidades de todo el país".[31]

De hecho, la lectura del expediente sugiere que las mujeres son en este caso los verdaderos actores culturales del caso, en el sentido más fuerte de la palabra. No solo cocinan y transmiten estos conocimientos a sus hijas —algo que se espera de ellas, lo que las convierte en nada más que vehículos

---

[30]   El expediente completo se encuentra en el sitio web de la UNESCO: http://www.unesco. org/culture/ich/index.php?lg=frg=00011 &RL=00400, consultado el 20 de diciembre de 2010.

[31]   UNESCO, 2010c, p. 2.

de la tradición– sino que acompañan estas prácticas con un discurso que, según el vídeo, es explícitamente político e identitario. Así, en un brillante pasaje del expediente de candidatura, el único de este tipo que encontré en la plétora de documentos burocráticos que consulté para preparar este documento, se lee:

> A pesar del carácter anónimo del trabajo culinario, entre las muchas empresas motivadas por el proyecto, algunas cocineras[32] movilizaron a sus familias y participaron de manera tan notable que han obtenido reconocimiento, premios, apoyo de sus propias empresas e incluso viajes de trabajo en México y en el extranjero. Mención especial para Benedicta Alejo Vargas, Margarita Morales, Gloria Mejía, Antonina González, Timotea Cervantes, Victoria Cervantes, Juana Bravo, Basilia Amescua, Carmen Vidales, Berta Alicia Cruz, Ángeles Alfaro, Incolaza Isidro Chávez, Vitalina Gallardo, Genoveva Alejo y muchas otras. También participaron hombres cocineros de lugares conocidos por su gastronomía tradicional.[33]

En resumen, todo el expediente y los anexos sobre la cocina mexicana corresponden en todos los aspectos a la representación paradigmática del patrimonio cultural inmaterial que se puede encontrar en los textos promocionales de la UNESCO: la importancia del PCI para la vida material y cultural y la supervivencia de las poblaciones; su papel vital en la promoción social de los grupos minoritarios; su efecto dinamizador, que debe medirse por la vitalidad del apoyo que prestan a los expedientes las comunidades interesadas; comunidades que finalmente se asemejan a las comunidades "reales" en el sentido sociológico del término y no a las asociaciones y otras empresas con una finalidad esencialmente económica como vimos en los expedientes anteriores.

¿Debemos concluir que el "verdadero" PCI pertenece principalmente a las mujeres?

¿El PCI, un nuevo matrimonio?

Una conclusión surge por sí sola al comparar los tres expedientes culinarios de la cosecha UNESCO 2010: cuanto más el país se muestra como "moderno", más invisible es el papel de la mujer en el PCI y, a la inversa,

---

[32] En la versión en francés, la palabra usada para "cocineras" es *cuisiniers* ["cocineros"]. Una vez más, el falso universalismo de los franceses vuelve neutro el sexo de los actores, pero en este caso comete un grave error. *"Cuisiniers"* (para decir *"cuisinières"*) se vuelve, en este contexto, la forma no marcada, y los traductores se ven obligados a inventar "cocineros masculinos" para solucionar el problema.

[33] *Ibid.*, p. 14.

cuanto más se representa al país como "tradicional" (léase "del Sur"), más son visibles las mujeres. Así pues, la cuestión del lugar que se otorga a la "mujer" en el paradigma del PCI se declina según el lugar que ocupa la "tradición" en el dispositivo "unescovita" y en las representaciones globalizadas que lo rodean.

Ahora bien, la "tradición" en la UNESCO actual –como se dijo tantas veces– es un oxímoron alimentado por las mejores intenciones antropológicas: "Tradicional, contemporáneo y vivo a la vez: el patrimonio cultural inmaterial incluye no solo las tradiciones heredadas del pasado, sino también las prácticas rurales y urbanas contemporáneas específicas de diversos grupos culturales".[34]

Es a través de esta definición mágica que la UNESCO intenta "relookear" a la tradición, al servicio de un programa modernista, si los hay, de promoción de la "diversidad cultural". Pero la pelota aún no está en movimiento, y es demasiado pronto para predecir todos los efectos de este dispositivo, en particular en lo que respecta a la cuestión de la transmisión. Como señala N. Adell en su contribución, así como en el texto introductorio de este volumen, la naturaleza reflexiva del paradigma "PCIista" transformó la comprensión de la transmisión cultural: en esta nueva lectura hegemónica, la transmisión cultural se desnaturaliza, incluso se politiza abiertamente. Ya no es ese proceso ancestral que convirtió a las sociedades "frías" en meros instrumentos de los procesos culturales que están más allá de ellas, sino que se trata de un acto intencional, una forma de resistencia abierta a las presiones de la modernización y la homogeneización en la era de la globalización.

¿Podría decirse, entonces, que la transmisión de la tradición así concebida se deshace de sus connotaciones domésticas, incluso domesticadas, para entrar en la arena pública y política? ¿Nos estamos volcando así a un régimen "masculino" hecho de voluntades, movilizaciones e institucionalizaciones variadas? Y si es así, ¿cuáles serán las consecuencias de este nuevo entendimiento sobre el lugar simbólico asignado a las mujeres en la constitución y mantenimiento del patrimonio cultural inmaterial? El ejemplo de Francia, un país que hace siglos empezó a modificar su patrimonio, parece indicar que será un lugar marginal. Pero el ejemplo de México muestra que la movilización identitaria y política puede perfectamente incluir figuras femeninas, o incluso dar a algunas mujeres en particular un papel central en un programa de importancia nacional. Una cosa está clara en este punto: una respuesta completa a esta pregunta no puede lograr deconstruir toda

---

[34] Sitio web de la UNESCO, en http://www.unesco.org/culture/ich/index.php?lg=fr&p-g=00002m, consultado el 20 de diciembre de 2010

la categoría "mujeres" que, como toda categoría social, debe entenderse en sus interacciones con otras formas de categorización y jerarquía, incluyendo la clase, la etnia y, especialmente en el caso del PCI, la "tradicionalidad".

Bibliografía

ARDENER, Edwin. 1975. "Belief and the problem of women" en S. ARDENER (dir.), *Perceiving Women*. Londres: Malaby Press. 1-17.

Diccionario etimológico francés. 1958. Basilea: R.G. Zbinden & Co.

HERTZ, Ellen. 2002. " Le matrimoine " . En M.-O. GONSETH, J. HAINARD, R. KAEHR (dir.), *Le musée cannibale,* 153-168. Neuchâtel: Musée d'ethnographie de Neuchâtel.

______. 2011. " Sex, lies and heritage " . Ponencia en el panel "Making heritage, making knowledge", Congreso Internacional de la Sociedad Internacional de Etnología y Folclore, abril de 2011 Lisboa.

LAVANCHY, Anne. 2009. *Les langages de l'autochtonie : enjeux politiques et sociaux des négociations identitaires mapuche au Chili.* Neuchâtel y París: Editions de l'Institut d'ethnologie y Editions de la Maison des sciences de l'homme.

MATHIEU, Nicole-Claude. 1991a. " Homme-culture et femme-nature? " . En N.-C. MATHIEU, *L'anatomie politique : catégorisations et idéologies du sexe,* 43-61. París: Côté-femmes.

______. 1991b. " Paternité biologique, maternité sociale " , en N.-C. MATHIEU, *L'anatomie politique : catégorisations et idéologies du sexe,* 63-73. París: Côté-femmes.

REY Alain (dir.). 1992. *Dictionnaire historique de la langue française.* París: Dictionnaires Le Robert.

REY Séverine. 1994. *La catégorie de "genre" en anthropologie : émergence et construction discursive.* Lausana: Instituto de antropología y sociología.

UNESCO. 1999. *Informe final.* Conferencia Internacional "Evaluación global de la Recomendación de 1989 sobre la salvaguardia de la cultura tradicional y popular", 23 a 30 de junio de 1999 (Washington, D.C.).

______. *Informe final.* Reunión de expertos "Género y patrimonio inmaterial", 8 a 10 de diciembre de 2000 (París).

______. 2009. Folleto que forma parte de la carpeta de la Convención para la Salvaguardia del Patrimonio Cultural Inmaterial, "¿Qué es el patrimonio cultural inmaterial?" disponible en línea en http://www.unesco.org/

culture/ich/index.php?lg=en&pg=00018, consultado el 20 de diciembre de 2010.

______. 2010a. "Expediente de candidatura n.º 00437 para la inscripción en la Lista Representativa del Patrimonio Cultural Inmaterial en 2010".

______. 2010b. "Expediente de candidatura n.º 00394 para la inscripción en la Lista Representativa del Patrimonio Cultural Inmaterial en 2010".

______. 2010c. "Expediente de candidatura n° 00400 para la inscripción en la Lista Representativa del Patrimonio Cultural Inmaterial en 2010".

UNESCO y Comisión Nacional Iraní para la UNESCO. 1999. *Annotated agenda,* "International Symposium on the Role of Women in Transmission of Intangible Cultural Heritage", 27-30 de septiembre de 1999, Teherán.

UNESCO y Comisión Nacional Iraní para la UNESCO. 2001. *Synthesis Report,* "Activities in the Domain of Women and Intangible Heritage: International editorial meeting and future activities in the domain ", junio de 2001, Teherán.

La gastronomización de la cocina del terruño
Sociología de un cambio de perspectiva

Jean-Pierre Poulain

No hace falta decir que hoy en día se come muy bien en todas las regiones de Francia y… en otras partes del mundo también, agregarán algunos. Abundan las riquezas "gastronómicas" en nuestras regiones: productos, recetas para combinarlos, modales en la mesa, formas de hospitalidad… que atestiguan la originalidad de un arte de vivir nacido de la interacción entre un grupo humano, su cultura y el biotopo en el que la historia lo colocó. También parece evidente que estas "culturas alimentarias" están en peligro y que deben ser protegidas, inventariadas y valoradas o revalorizadas, en cualquier caso, designadas como patrimonio… La toma de conciencia del impacto social y ecológico de haber implementado un sistema agroalimentario mundial contribuyó a que surja la noción de *local food* hacia la que convergen múltiples perspectivas teóricas de las ciencias humanas y sociales.[1] Si bien esto comenzó en la década de 1970 con la crítica ecológica a la industrialización de la producción y distribución de alimentos, se reforzó y academizó con el desarrollo de la etnología y la sociología de los alimentos, con la ampliación y tematización de la noción de patrimonio y, más recientemente, con el marco teórico del desarrollo sostenible. Sin embargo, hay un abismo entre el interés por los modelos alimentarios localizados, los "espacios alimentarios sociales" y su designación como "gastronómicos". Ahora, lo que antes era comida de provinciano, de rústico, de

---

[1] Holt, Amilien, 2007.

mache-rabes[2] para usar la expresión de Molière, ahora no solo es comida, lo cual ya estaría bastante bien, sino que es excelente comida. Por lo tanto, el proceso de "gastronomía" no puede reducirse al de patrimonialización. Nos gustaría explorar esta cuasi inversión de perspectiva, observando la transformación del estatus de las cocinas regionales en la cultura francesa desde una perspectiva sociohistórica. Más específicamente, nos gustaría analizar las condiciones de desarrollo y articulación de los discursos de la literatura gastronómica y la tradición académica sobre las culturas alimenticias locales.

La expresión "gastronomía regional" no solo habría sorprendido a un gastrónomo, a un cocinero o a un *maître* de hotel de los siglos XVIII y XIX, sino que le habría parecido una verdadera contradicción de términos. ¿Cómo podemos aplicar el término "gastronómico" a una cocina guiada por la necesidad? Justamente solo distanciados de las limitaciones podemos proceder a la creación y estetización de los alimentos. El "sistema de la moda" nace del juego copia/distanciación entre la élite aristocrática y la burguesía en ascenso; involucra el movimiento de innovación y complejización de la moda vestimentaria, el arte del perfume o la peluquería y, por supuesto, la gastronomía. Norbert Elias demostró cómo en el proceso de "curialización", la renovación constante de las formas culinarias sirve para mantener a raya a los imitadores y asegurar que las élites legitimen su posición dominante.[3] Este movimiento dio lugar a una complejización de la cocina y a una multiplicación del número de fórmulas contenidas en los libros.[4] Concentradas en París, desde que Enrique IV y en especial Luis XIV comenzaron a centralizar el aparato estatal, las aristocracias provinciales abandonaron cada vez más sus asentamientos locales para vivir en la corte. En ese lugar, donde se concentra todo lo que importa en el reino, tratan de hacer valer los intereses de los territorios que administran. Para acercarse al rey y obtener la señal que pueda poner en marcha su administración, es necesario brillar para hacerse notar, mantener el rango o conquistar un lugar: hay que vivir la vida de la corte. Desde el final del reinado de Luis XIV y durante el reinado de sus sucesores, París y Versalles se convirtieron en los lugares desde los cuales se juzgaba la elegancia, tanto a escala nacional como rápidamente también a escala europea. Al hacerlo, las aristocracias locales dejaron el campo abierto a la burguesía que ya controlaba la economía y que, en esta actitud tan bien descrita en el *Burgués gentilhombre*,[5] em-

---

[2] Literalmente, come-restos. [Nota del traductor]

[3] N. Elias, 1939.

[4] J.-P. Poulain, E. Neirinck, 1987.

[5] *Le Bourgeois Gentilhomme*, obra de Molière de 1670. [Nota del traductor]

pezó a soñar que vivía como aristócratas, es decir, vestirse como…, hablar como…, comer como… El motor de la moda y el proceso para distinguirse está en marcha.

La alimentación aristocrática medieval, hasta llegar al Renacimiento, se caracterizó por distanciarse de la necesidad; la nobleza afirma su estatus social consumiendo productos caros y traídos de lejos (como las especias, por ejemplo) y se oponen así a las prácticas alimentarias populares más sujetas a la presión del nicho ecológico. Algunos recordarán que los nombres culinarios de la cocina clásica utilizan muchas veces nombres de lugares. Podrían dar como ejemplo las guarniciones de *Argenteuil* en las que reina el espárrago, la *Provenzal* en la que el tomate domina, la salsa *Périgueux* territorio de las trufas…

Sin embargo, esto no debe verse como una simple evocación de origen de un producto, no se trata de alguna receta local. Estas denominaciones regionales no tienen otra función que la de afirmar la supremacía de París respecto del territorio nacional.[6] Escuchemos a Grimod de la Reynière: "La galantería más amable que los provinciales pueden hacerles (a los parisinos), es sin duda un manojo de ostras ya pagas".[7] El papel de las provincias se reduce, en el mejor de los casos, al de productor, de proveedor. Nombrarlas es más una cuestión de ponerlas bajo tutela que una señal de reconocimiento.

En el siglo XVIII y principios del XIX la cocina, la gran cocina gastronómica solo podía hacerse en París. Entonces, ¿cómo se dio este giro para que hoy en día el término gastronomía también pueda asociarse con el adjetivo "regional"?

El interés actual por la gastronomía regional, que llamaremos el proceso de "gastronomización" del terruño, puede desglosarse en tres etapas principales. La primera hace del terruño un lugar de resistencia para las antiguas provincias, contra el riesgo de disolución de las "identidades culturales provinciales" en pos de la construcción de la nación. La segunda acompaña al descubrimiento de las provincias para el turismo, en la primera mitad del siglo XX. Por último, la última corresponde al movimiento de inventario que se hizo sistemático a partir de la década de 1980 en el contexto del desarrollo de la "nouvelle cuisine".

---

[6] J.-P. Aron, 1976; J.-P. Poulain 1985; J.-P. Poulain, E. Neirinck, 1987.

[7] A. Grimod de la Reynière, 1802.

La resistencia a departamentalizar

Cuando, en el período posrevolucionario, la república rompe con las viejas provincias y departamentaliza el territorio nacional,[8] se multiplicaron los libros de cocina regionales. La reacción, en el doble sentido de la palabra, abraza las lenguas, los trajes y las cocinas regionales como estandarte de las identidades regionales. En Occitania, el movimiento Félibrige titulará *L'Aïoli* a su revista militante, que de libro de cocina nada tiene. Detrás de las recetas, más que prácticas, hay una forma de retórica de la identidad. La *bouillabaisse*, el *cassoulet*, las *farcedures*, el *clafoutis*, el *kig ha farz*, el *milha*... por sí solos resumen la supuesta "personalidad" de un lugar y de los hombres que en él viven. Algunos libros de recetas son como un manifiesto. *La Cocinera provenzal*, el *Cocinero Durant de* Nimes... Las culturas "dominadas" resisten con sus platos regionales como armas. Pero detrás de estas recetas y del lenguaje, el movimiento es muy a menudo reaccionario políticamente y permanece aferrado a la organización territorial y administrativa del Antiguo Régimen.

Sin embargo, la idea de que la cocina y los modales en la mesa son parte de la cultura, incluidas las culturas populares, siguió expandiéndose y desarrollándose y se terminará de imponer un siglo y medio después, al punto tal que en 1960, Jean Sainteny, el Alto Comisionado General de Turismo, escribe: "Cada una de nuestras provincias tiene su historia y todavía tiene prestigiosos testigos de su pasado, cada una de estas regiones tiene un alma que se revela en su folclore, en las costumbres que se manifiestan en sus bailes, sus cantos e incluso en su gastronomía". Veamos más de cerca las etapas de este recorrido.

El descubrimiento del "tesoro" gastronómico francés

Austin de Croze, periodista, escritor, pero también presidente del salón de las artes domésticas es, antes y después de la Segunda Guerra Mundial, la figura central de la promoción de las cocinas regionales y del desarrollo del turismo gastronómico en Francia. Dos iniciativas notables son de su autoría: la primera es el descubrimiento, como dicen los arqueólogos, del "tesoro gastronómico de las provincias de Francia" y la segunda es la organización de las semanas gastronómicas regionales.

---

[8] Antes de la Revolución de 1789, Francia estaba organizada territorialmente en 36 provincias. El Decreto del 22 de diciembre de 1789 cambia esta organización a 83 departamentos (hoy 89). Los departamentos tienen cierta autonomía, con un prefecto y una asamblea propia a cada uno. [Nota del traductor]

La primera parte de una idea sencilla: organizar el acopio de las recetas que constituyen el famoso "tesoro" apoyándose en los responsables de los sindicatos de iniciativas que desde principios del siglo XX se instalaron en las principales ciudades francesas para recibir e informar a los turistas aristócratas y luego a turistas cada vez más populares. El material recolectado es ordenado según las antiguas provincias francesas. La interpretación ligeramente fluctuante de las instrucciones hará que los responsables de la información turística se dirijan a veces a cocineras locales, supuestas detentoras de las "recetas de la abuela" y a veces a los restaurantes locales. Sin embargo, aquellos formados en la cocina clásica darán recetas de otros lugares distantes, o las repensarán de acuerdo con los cánones de la cocina clásica. No importará que las recetas estén escritas de cualquier manera, y tampoco importará que a veces no sean muy regionales. El material aparece y ofrece el contenido para un primer libro hecho con la ayuda de Curnonsky. Este es el primer inventario sistemático de las cocinas regionales francesas.[9]

La segunda iniciativa consiste en la invitación, durante varios años, a chefs de las provincias de Francia para que presenten los grandes platos de su región en el Salón de las Artes Domésticas de París.

El evento se desarrolla en el restaurante del primer piso de la Torre Eiffel. Esto ocurrió al final de la Segunda Guerra Mundial y, cuando uno mira los menús y la lista de chefs invitados, se sorprende de encontrar nombres que, dos o tres generaciones más tarde, estarán en la cima de la jerarquía gastronómica francesa: Bocuse, Heaberlin, Daguin, Darroze... Para entonces, estos "chefs" son solo modestos dueños de hoteles-restaurantes. Las recetas presentadas durante estas semanas gastronómicas, como las del inventario, huelen un poco a cocina clásica. A estos platos supuestamente locales se les aplican técnicas de la alta cocina. Es como si, en su camino a la capital, estos cocineros hubieran sentido la necesidad de "ponerles trajes" a las recetas locales, para hacerlas un poco más presentables.

Se lanza el movimiento del descubrimiento gastronómico de las provincias de Francia. Edmond Saillant, llamado Curnonsky (a quien le gustaba presentarse como el "Príncipe electo de los gastrónomos" cuando un grupo de gastrónomos y cocineros le confirieron este título en 1927) se convertiría en el caballo de batalla cuya influencia se sentiría hasta finales de los años setenta. Escribe en la revista *"La France à table"* sobre los departamentos y las divisiones territoriales del Antiguo Régimen, con un estilo que le "canta" a los productos locales, sus recetas y los buenos restaurantes "a descubrir". Pero su obra maestra es sin duda el libro publicado en 1953

---

[9] Curnonsky, A. Croze, 1933.

por Larousse bajo el título *Cuisine et vins de France,* en el que distingue cuatro cocinas francesas: la alta cocina, la cocina burguesa, la cocina regional y la cocina improvisada. De la tercera categoría, escribe: "Hace de Francia el paraíso de la buena comida porque solo en este lugar puede suceder la alianza del turismo y la gastronomía".[10] Casi diez años después, vuelve a escribir una obra y centrándose en la cocina regional, publica un nuevo opus titulado *Recettes des provinces de France (Recetas de las provincias de Francia).*

De la nueva cocina del terruño a la institucionalización de los inventarios

Durante los años 1980, las cocinas regionales cambiaron su estatus. El mundo de la gastronomía acaba de experimentar la revolución de la "nouvelle cuisine". Los grandes chefs, recientemente sometidos a un mandato de creatividad, ven las cocinas locales como una fuente de inspiración. Otra vez les toca "revisitar el terruño". Marc de Champerard propone la fórmula "nouvelle cuisine de terroir" ["nueva cocina del terruño"], con éxito inmediato.

Gault y Millau, habituales iniciadores de modas, eran al principio simples entusiastas de la comida. Pero al elogiar a los chefs, que se inspiran en las tradiciones regionales populares y campesinas, encuentran la veta. Para explotar la comida del terruño, los chefs utilizan los datos disponibles y más accesibles de los libros de cocina regional, artículos en revistas de folclore, recetas recogidas de informantes locales, la mayoría de las veces de las abuelas, cuya figura era en ese entonces dominante. La conexión entre la cocina y la cultura académicas estaban aún por llegar.

Al mismo tiempo, la mirada académica se enfoca en el mundo rural en vías de extinción. Henri Mendras anuncia *el fin de los campesinos.* Se crea el Museo de Artes y Tradiciones Populares y Georges-Henri Rivière se convierte en su primer director. La región de Aubrac se convierte en un "sitio etnográfico francés". Las culturas campesinas locales se recopilan, se observan, se hace el inventario, se teorizan… Entran por la puerta grande en la cultura erudita, la de la etnología. En el Ministerio de Cultura se crea la Misión del Patrimonio Etnológico.[11] *Estudios rurales,* fundada por George Duby y Daniel Faucher, con Isaac Chiva como secretario de redacción, pretende ser una revista de "historia, geografía, sociología y economía rural", y será uno de los espacios académicos legitimados de esta mirada interior de la etnografía. El movimiento de patrimonialización ya cuenta entonces

---

[10] Curnonsky, 1953, pp. 9-10.

[11] I. Chiva, 1990; D. Fabre 1997.

con sus justificaciones y métodos.[12] Aunque la gastronomía en este vasto movimiento aún no esté muy presente, las condiciones están dadas para que se convierta en un objeto de patrimonio. Es el caso por ejemplo de una exposición titulada "Cocina en Gascuña y Languedoc", organizada en 1984 por Claudine Fabre-Vassas en el marco del Centro de Culturas Regionales de Toulouse del EHESS. Las publicaciones *Etnología francesa*, *Los estudios rurales*, *Terrain*, reciben poco a poco una producción científica en la que predomina en gran medida el material local y que señala las dimensiones sociales y culturales de los modales en la cocina y la mesa. Dicha producción científica contribuirá en este movimiento de patrimonialización. Por su parte, impulsados por el deseo de "mostrar" la autonomía de los gustos populares, algunos autores no evitarán el escollo de lo que Jean-Pierre Olivier de Sardan (1995) llama el "populismo de los intelectuales".

De hecho, los límites entre la cocina culta, burguesa, popular y regional son mucho más porosos de lo que parecen. El proceso de copia/distanciamiento entre la aristocracia y la creciente burguesía tuvo efectos paradójicos. Al mismo tiempo que servía para la diferenciación social, contribuía a una cierta puesta en común. Un fenómeno acentuado por la Revolución Francesa. Así, una serie de prácticas culinarias pasaron por el cuerpo social en un esquema de arriba a abajo, por ejemplo, el curioso recorrido de las "bouchées à la reine"[13] desarrollado a principios del siglo XVIII por los cocineros de la corte para despertar los sentidos de algunas cortesanas somnolientas, y que pasó luego a la cocina burguesa en el siglo siguiente y que en los años 1970 encontramos los domingos en las mesas de los campesinos del Suroeste. Es probable que este "proceso de arriba a abajo" haya participado en la construcción de aquel sentimiento más o menos difuso y más bien compartido en Francia, de que tenemos cosas "en común" en torno a la relación con los alimentos, lo que sería en cierta forma una expresión de hedonismo. Así se fueron constituyendo las bases para la gastronomización.

Vemos entonces, por una parte, el discurso gastronómico que extiende su imperio hasta los confines de las regiones de Francia y, por otra, las cocinas populares, las cocinas campesinas que alcanzaron el estatus fáctico de cultura y patrimonio. Son por lo tanto dos dinámicas, una partiendo del mundo gastronómico y la otra de la universidad y la comunidad de

---

[12] I. Chiva, 1990; J.-L. Tornatore 2004.

[13] El "bouchée à la reine" es un pastelito tradicional francés que consiste en una masa cilíndrica rellena con diversos ingredientes a gusto que se sirve caliente, acompañado de guarnición. [Nota del traductor]

investigación. ¿Cómo se produjo la vinculación? Identificaremos ahora sus etapas.

El movimiento se pone en marcha al margen del mundo académico, con los proyectos editoriales que aplicarán más o menos explícitamente los métodos de las ciencias sociales para actualizar el estado de las culturas alimentarias regionales tradicionales. Las colecciones *Ethnocuisine de…*, editada por Civry, que comenzó en 1980 con una *Ethno-cuisine de l'Auvergne* de Collette Guillemard, y los *Itinéraires gourmands* [*Itinerarios golosos*] que dirigimos de 1982 a 1990, editado por Privat de Toulouse,[14] contribuirán al encuentro de los mundos de la etnología y la gastronomía, que se ignoran e incluso se desprecian con demasiada frecuencia. La colección *Itinéraires gourmands* pretende descubrir un material etno-culinario para ayudar a los grandes chefs que hacen del terruño la fuente de inspiración de su enfoque creativo.

En 1990, el movimiento se institucionalizó con el establecimiento del Consejo Nacional de Artes Culinarias (CNAC). Creado con el apoyo de los Ministerios de Cultura y Agricultura, se le confió "el inventario del patrimonio culinario de Francia" y lo llevan a cabo las regiones administrativas con equipos multidisciplinarios (historiadores y especialistas en agricultura). Hasta la fecha, se completaron casi todos los inventarios regionales. Se realizaron algunas extensiones a otras regiones de Europa y al CNAC también se le atribuyen los "sitios notables del sabor". En 2004, para celebrar el 50° aniversario del Convenio Cultural Europeo, el Consejo de Europa invitó a cuarenta Estados miembros o candidatos a presentarse a través de sus cocinas y modales en la mesa en un libro de arte titulado *Culinary cultures of Europe Identity, Diversity and Dialogue*, coordinado por Goldstein y Merkele (2005), que se traducirá a varios idiomas.

El fenómeno de patrimonialización consiste en este caso en una transformación de las representaciones asociadas al espacio alimentario social. Establece que los productos alimenticios, los objetos y los conocimientos técnicos utilizados en su producción, elaboración, conservación y consumo, así como los códigos sociales, las "formas de cocinar" o las "formas de comer y beber" son hechos culturales que dan testimonio de la historia y la identidad de un grupo social y que deben preservarse como testigos de esas identidades. La idea de que estas habilidades, técnicas y productos pueden ser objetos que preservar presupone un sentido más o menos exacto de su

---

[14] *La Gascogne Gourmande* (J.-R. Bourrec, 1982) ; *Le Limousin gourmand* (J.-P. Poulain, 1984) ; *Histoire et recettes de la Provence et du Comté de Nice* (J.-P. Poulain et J.-L. Rouyer, 1987) ; Vins et cuisine de terroir en Languedoc (J. Clavel, 1988) ; *Histoire et recettes de l'Alsace gourmande* (J.-P. Drishel, J.-M. Truchelut et J.-P. Poulain, 1989).

peligro, o incluso de su inminente desaparición. Pero la "gastronomía" de las cocinas locales, es decir, la designación de las culturas culinarias locales como gastronomías, es mucho más que un patrimonio, es una inversión casi jerárquica que resulta de la articulación de dos universos alimentarios en oposición. Aunque se inició al margen del mundo académico, la actual institucionalización de la alimentación en la sociología y la antropología[15] o en la historia y la geografía[16] crea las condiciones para una cooperación fructífera entre la gastronomía y las ciencias sociales.

Este enfoque de las dimensiones culturales y patrimoniales de los espacios alimentarios sociales se extiende hoy en día al análisis de las estrategias agrícolas y turísticas de arraigo local,[17] al estudio de las relaciones que se tejen entre tradición e innovación,[18] a sus dimensiones de identidad y salud[19] y a la internacionalización del movimiento de "gastronomía" de las culturas alimentarias locales.[20] Por consiguiente, las ciencias humanas y sociales se consideran recursos para comprender los modelos alimentarios y aumentar su valor.

Bibliografía

ARON, Jean-Paul. 1976. *Le mangeur du XIXe siècle*. París: Laffont.

BESSIÈRE, Jacinthe. 2000. *Valorisation du patrimoine gastronomique et dynamiques de développement territorial*. París: L'Harmattan.

______. 2006. "Terroir, gastronomía y turismo. Manger ailleurs, manger local ". *Espaces, tourisme et loisirs*, (242), 16-21.

BESSIÈRE, Jacinthe, Laurence TIBÈRE. 2006. Innovation et patrimonialisation alimentaire : quels rapports à la tradition ? Enquête dans trois territoires ruraux de Midi-Pyrénées, OCHA, en línea: http://www. lemangeur-ocha.com/fileadmin/images/sciences_humaines/Texte_exclusif_BESSIERE_et_TIBERE__innovation_et_patrimonialisation.pdf

---

[15] J.-L. Lambert, 1987 ; C. Fischler 1990 ; I. de Garine 1991 ; J.-P. Corbeau 1997 ; J.-P. Poulain 2002.

[16] J.-L. Flandrin, M. ,Montanari, 1996 ; J. Cserg,o 2004 ; J.-R. Pitte, 1991 ; G. Fumey, 2010.

[17] J.-P. Poulain, 1993 et 1997 ; J. Bessière, 2001 y 2006 ; A. Cappatti, 2006 ; J.-P. Poulain, L. Tibèr,e 2006 ; J. Csergo, J.-P. Lemasson , 2009.

[18] J. Bessière, L. Tibère, 2010.

[19] L. Tibère 2005, 2006 y 2009.

[20] J.-P. Poulain, 2011.

BRILLAT SAVARIN, Anthelme. 1975 [1824]. *La physiologie du goût*. París: Hermann.

CAPPATTI, Alberto. 2006. " Slow Food et tourisme. Des intérêts gastronomiques liés " . *Espaces*, n.º 242, 33-35.

CHIVA, Isac. 1990." Le patrimoine ethnologique : l'exemple de la France ", en *Encyclopaedia Universalis II*, 2, 24, 229-241.

CORBEAU, Jean-Pierre. 1997. " Pour une représentation sociologique du mangeur ". *Économies et Sociétés*, n.º 23, 147-162.

CROZE, Austin de. 1933. *La psychologie de la table*. París: Au sans pareil.

CURNONSKY, Austin de CROZE. 1933. *Le trésor gastronomique de la France*. Luzarches: Reprint Morcrette.

CURNONSKY. 1953. *Cuisine et vins de France*. París: Larousse.

CSERGO, Julia (dir. con el coll. de C. Marion). 2004. *Histoire de l'alimentation : quels enjeux pour la formation*. Dijon: Educagri.

CSERGO, Julia, LEMASSON Jean-Pierre (dir.). 2009. *Voyages en gastronomies, L'invention des régions et capitales gourmandes*. París: Autrement.

ELIAS, Norbert. 1973. *La civilisation des moeurs*. París: Calmann-Lévy.

______. 1985. *La Société de Cour*. París. Flammarion.

FABRE, Daniel. 1997. " Le patrimoine, l'ethnologie " en Pierre NORA (dir.), *Science et conscience du patrimoine*, Actes des Entretiens du Patrimoine, 59-72. París: Fayard/Éditions du Patrimoine.

FISCHLER, Claude. 1990. *L'homnivore*, París: Odile Jacob.

FLANDRIN, Jean-Louis, MONTANARI, Massimo. 1996. *Histoire de l'alimentation*. París: Fayard.

FUMEY, Gilles. 2008. *Géopolitique de l'alimentation*. París: Éditions Sciences humaines.

GARINE, Igor de. 1991. " Les modes alimentaires : histoire de l'alimentation et des manières de table " , en Jean POIRIER, *Histoire des moeurs*. París: Gallimard/La Pléaide.

GOLDSTEIN, Darra, Kathrin MERKELE. 2005. *Culinary cultures of Europe Identity, Diversity and dialogue*. Estrasburgo: Éditions du Conseil de l'Europe.

GRIMOD DE LA REYNIÈRE, Alexandre. 1978 [1802]. *Almanach des gourmands*, en *Ecrits Gastronomiques*. París: 10/18.

GUILEMARD, Colette. 1980. *Ethnocuisine de l'Auvergne*. Avallon: Civry.

HOLT, Georgina, AMILIEN, Virginie, "Introduction: from local food to localised food", *Anthropology of food,* En línea : http://aof.revues.org/index405.htm

LAMBERT, Jean-Louis. 1987. *L'évolution des modèles de consommation alimentaires en France.* París: Lavoisier.

OLIVIER DE SARDAN, Jean-Pierre. 1995. *Anthropologie et développement.* París: Karthala.

PITTE, Jean-Robert. 1991. *Gastronomie française. Histoire et géographie d'une passion.* París: Fayard.

POULAIN, J.-P. 1985. " Sens et fonctions des appellations culinaires au XIXe siècle " . *Sociétés,* n.° 6, 20-23.

______. 1993. " Identité régionale et tourisme à l'heure de l'Europe ". *Tourisme,* n.° 2, 83-98.

______. 1997. " Le goût du terroir et le tourisme vert à l'heure de l'Europe " . *Ethnologie Française* XXVII, 18-26.

______. 2002. *Sociologies de l'alimentation.* París: PUF.

______. 2005. "French gastronomy, french gastronomies", en Darra GOLDSTEIN, Kathrin MERKELE (dir.), *Culinary cultures of Europe Identity, Diversity and dialogue,* 157-170. Estrasburgo: Éditions du Conseil de l'Europe*POULAIN, Jean-Pierre, NEIRINCK Edmond. 1987.* Histoire de la cuisine et des cuisiniers, Techniques culinaires et manières de table en France du moyen âge à nos jours *[6ª edición aumentada en 2009]. París: Lanore.*

______. 2011. "The sociology of gastronomie decolonization". En Sahanta NAIR VERNUGOPAL (dir.), *Easternisation of West and Westernisation of East.* Londres: Routledge.

POULAIN, Jean-Pierre, Laurence TIBÈRE. 2006. " Découverte des saveurs créoles : l'expérience *Villages créoles* à La Réunion ". *Pour,* n.° 191, 113-118.

TIBÈRE, Laurence. 2005. " Nourritures créoles. Cuisines symboliques et identités à La Réunion " . *Diaspora,* n° 6, 137-146.

______. 2006. " Manger créole: interactions identitaires et insularité à La Réunion " . *Ethnologie française* 36, n.° 3, 509-518.

______. 2009. *L'alimentation. En le vivre ensemble multiculturel. L'exemple de La Réunion.* París, L'Harmattan.

TORNATORE, Jean-Louis. 2004. " La difficile politisation du patrimoine ethnologique " . *Terrain,* n°42, 149-160.

La patrimonialización
El rechazo del patrimonio: el caso de Le Corbusier

Jan K. Birksted

Tras asistir asiduamente a la Escuela de Bellas Artes durante su juventud (por supuesto, sin nunca haberse inscrito), Charles-Edouard Jeanneret vomitó dicha Escuela en sus escritos posteriores, firmando como Le Corbusier, arquitecto. De la misma manera, el Le Corbusier artista dibujaría desnudos de una serie de artistas de los siglos XVIII y XIX, desde Flaxman (que al mismo tiempo condenaba rotundamente) hasta Ingres (mientras lo silenciaba). Modernidad, originalidad y patrimonio: tres polos que se entrecruzan de forma compleja, si no contradictoria. ¿Cómo entonces conceptualizar esos procesos por los cuales un aparente rechazo del patrimonio se convierte en material de patrimonio?

Antes de entrar en más detalles sobre esta mutación desde un rechazo patrimonial a un patrimonio, a través de la interacción de la transformación de "Made-in-Switzerland Charles-Edouard Jeanneret" en "patrimonio francés Le Corbusier", veamos más de cerca este pequeño episodio emblemático Flaxman/Ingres/Le Corbusier antes de abordar un aspecto más curioso y poco conocido de esta mutación anti-patrimonio/patrimonio…

En 1954, Le Corbusier compró *La Ilíada* en la edición con las antiguas ilustraciones de John Flaxman (1755-1826) que acababa de publicar el Club francés del libro. Antes de dibujar él mismo una serie de ilustraciones arriba de las de Flaxman, Le Corbusier anota al margen: "Ni un solo signo de vida. Homero es asesinado".[1] Le Corbusier se presenta como el ángel

---

[1] El ejemplar de Le Corbusier está catalogado como FLC J 90 en la Fundación Le Corbusier, que conserva sus archivos. Se trata de la edición de 1954 del Club del Libro Francés.

exterminador de la obra obsoleta de un artista que ya no está, mientras que él tiene el poder de levantarlo y revivir el alma de una obra eterna y universal del patrimonio literario del mundo. Ordené los diferentes patrimonios y su instrumentalización en función del objetivo deseado. En este caso, el objetivo deseado es justamente la patrimonialización de un "yo"…

Recordemos también cómo este "yo" Charles-Edouard Jeanneret, que se convirtió en Le Corbusier, hizo de su estudio en el 35 de la calle Sèvres un centro de formación de renombre mundial al que acudían jóvenes arquitectos en búsqueda de iniciarse en las formas más avanzadas del modernismo arquitectónico. Cabe señalar también que el 35, calle Sèvres, estaba situado en un antiguo convento de jesuitas del Margen Izquierdo de París, cerca del antiguo convento de capuchinos donde había trabajado Ingres, cerca del convento abandonado por los dominicos donde trabajaba Delacroix, como muchos otros artistas de la "Escuela Francesa" en otros conventos del Margen Izquierdo.[2]

Volviendo al linaje Flaxman/Ingres /Le Corbusier, empezamos a vislumbrar cómo Le Corbusier en realidad está repitiendo una tradición bien establecida de "L'Ecole française". En efecto, en 1911, la *Gazette des Beaux-Arts* (leída con entusiasmo en la Escuela de Arte de La Chaux-de-Fonds) informaba que Jacques-Louis David, al ver la obra de Flaxman, había exclamado: "esta obra […] incitará nuevas pinturas" y, aún antes de 1911, Roger Marx en 1903 también había mostrado en la *Gazette des Beaux-Arts* la importancia de Flaxman para "la Escuela Francesa".[3] Ya en 1833, *L'Artiste* había escrito, con el mismo espíritu: "Todo el mundo quiere tener su Flaxman".[4] Y, en efecto, entre los artistas que, a lo largo de los siglos XVIII y XIX, habían utilizado los dibujos de Flaxman como fuente de inspiración estaban Géricault, Rude, Gros, Ingres, etc. El uso de los dibujos de Flaxman como fuente de inspiración dentro de la "Escuela Francesa" ya había sido debatido regularmente en el momento que Charles-Edouard Jeanneret seguía sus estudios en la Escuela de Arte de La Chaux-de-Fonds y realizaba viajes frecuentes a París. Y en París, el joven Picasso también retrabajaría temas de la obra de Ingres en los que este ya había retrabajado la obra de Flaxman.[5] En 1921, Le Corbusier y Amédée Ozenfant observaron en *L'Esprit nouveau* (nº 9) que "la exposición de Ingres es, junto con la de Picasso, el acontecimiento del mes".[6] Vaivén entre antipatrimonio y patrimonio,

---

[2] Véase A. Michel, 1921; L. Johnson, 1990.

[3] R. Marx, 1903, p. 20; J. Doin, 1911b.

[4] David y *L'Artiste* citados en J. Doin, 1911a.

[5] Véase el Sr. Marrinan, 1977.

[6] Anónimo, 1921.

al final del cual el apóstol del antipatrimonio se convierte él mismo en patrimonio-apóstol en un movimiento de patrimonialización del "yo", el caso Charles-Edouard Jeanneret/Le Corbusier merece sin duda alguna un examen minucioso.

Pero queda por decir que mi tema no gira en torno a los méritos de un conocimiento real o una habilidad real, o incluso de una representación (real o ficticia) de tales logros —cualquier discusión sobre la espacialidad de la arquitectura corbusiana se pone en este trabajo entre paréntesis.[7] Trataré más bien del despliegue instrumental de la comprensión de ciertos valores y de un cierto simbolismo que data del siglo XVIII y que era frecuente en el contexto político de la época. Utilizaré la noción de simbología, es decir, un conjunto de ideas morales y estéticas implementadas a través de la dinámica de la imagen. El propio Le Corbusier describirá estos valores y esta simbología: "Signos que apelan a viejas nociones bien establecidas y afianzadas en nuestro entendimiento, usados como frase catequista, detectores de una serie fecunda en automatismos".[8]

¿Qué signos entonces? ¿Cuáles son las "viejas nociones bien establecidas y afianzadas"? Antes de volver al París de la Tercera República en el que Charles-Edouard Jeanneret desembarcó de La Chaux-de-Fonds en 1917, hay que remontarse un poco más atrás, al período de La Chaux-de-Fonds entre 1887 (año de nacimiento de Charles-Edouard Jeanneret) y 1917 (año de su partida definitiva, a los treinta años, hacia la Ciudad de las Luces).

La Chaux-de-Fonds, a pesar de que Karl Marx la describió como una "ciudad unida en torno a la relojería",[9] estaba profundamente dividida. Fue en La Chaux-de-Fonds donde nació en 1921 el Partido Comunista Suizo, con Jules Humbert-Droz (1891-1971).[10] Kropotkin, Bakunin y Vladimir Ilyich Ulyanov (el futuro Lenin), todos ellos visitaron la ciudad.[11] Fue también en La Chaux-de-Fonds donde nació el movimiento pacifista suizo. A través de Paul Pettavel, Charles Naine y Paul Graber, el socialismo y el cristianismo estaban estrechamente vinculados. En 1905 inició un movimiento sindical, el *Sindicato General de Trabajadores de la Relojería*. La Chaux-de-Fonds se dividió por igual entre católicos, protestantes y judíos,

---

[7] Sobre este tema ver J.K. Birksted, 2009.

[8] Le Corbusier citado en S. von Moos, 2005, p. 19.

[9] K. Marx, 1867-1894, Libro 4, p. 12, párrafo 3, Nota 32.

[10] Véase C. Stawartz, 2002; así como los archivos de Jules Humbert-Droz (1891-1971) conservados en la Biblioteca de la ciudad de La Chaux-de-Fonds. Sobre este tema, ver J.-A. Humair, 1991.

[11] Véase C. Thomann, 2002.

con una revuelta antisemita en el siglo XIX, el 31 de mayo de 1861.[12] La Chaux-de-Fonds: una ciudad más bien desgarrada en torno a la relojería. Porque, a pesar de estas profundas divisiones, era necesario unirse para resistir la competencia extranjera y las terribles crisis cíclicas de la industria relojera.

Al mismo tiempo, a finales del siglo XIX y principios del XX, desde Rusia hasta las Américas, la sociedad occidental se vio atrapada por la "club manía" o la "fiebre de los salones".[13] Este fue también el caso en La Chaux-de-Fonds, una ciudad de 35 000 habitantes donde más de 150 clubes, sociedades y círculos reunían a la población con fines culturales, profesionales, deportivos, políticos, religiosos, morales, comerciales, etc.[14] Pero de todos estos clubes, había dos más prestigiosos. Estos dos clubes eran frecuentados por los mandamases de la ciudad.

Uno era el Club Alpino Suizo, sección La Chaux-de-Fonds, del que el padre de Charles-Edouard Jeanneret, Georges-Edouard Jeanneret, fue presidente durante muchos años.

Una escalada del Club Alpino Suizo, sección La Chaux-de-Fonds

Fotografía del álbum familiar de Georges-Edouard Jeanneret, padre de Charles-Edouard Jeanneret. Colección iconográfica, DAV, Biblioteca de la ciudad de La Chaux-de-Fonds.

---

[12] Véase I. Dalain, 2003; M. Perrenoud, 1989; V. Meffre, 2003.

[13] Véase S.-L. Hoffmann, 2006.

[14] Para una lista completa, ver J.-M. Barrelet y J. Ramseyer, 1990.

El otro, pegado al taller de Georges-Edouard Jeanneret (esmaltador de cuadros de reloj), se ubicaba en la Rue de la Loge: l'Amitié de la logia masónica.[15]

Rue de la Loge. La Logia L'Amitié y en el 6, Rue de la Loge (taller de Georges-Edouard Jeanneret).

Haefeli & Co, 1935, Colección Iconográfica, DAV, Biblioteca de la ciudad de La Chaux-de-Fonds, MF-A1-31.

L'Amitié era un punto de encuentro para los relojeros, las profesiones liberales (entre ellas el arquitecto y el ingeniero del municipio), los grandes propietarios de las fábricas de relojes, los diputados del municipio de La Chaux-de-Fonds (entre ellos el intendente), los gerentes bancarios y de transportes públicos, etc. L'Amitié era el lugar donde se podían forjar lazos de amistad y confianza pese a las diferencias religiosas, ideológicas y económicas, la competencia extranjera y las crisis cíclicas de la industria relojera. También eran prestigiosas las otras logias masónicas de los alrededores del cantón de Neuchâtel, ya que, por ejemplo, Elie Ducommun recibiría el Premio Nobel de la Paz en 1902, y Edouard Quartier-la-Tente *padre,* Director de Educación del cantón de Neuchâtel, fundaría ese mismo año la *Oficina Internacional de Relaciones Masónicas.*[16] Edouard Quartier-la-Tente, masón reconocido internacionalmente y poseedor de ideas radicales, escribió que la masonería "se desarrolló en una sociedad cuyos miembros provenían de todas las clases sociales, de todos los partidos políticos, y que representa la

---

[15] Es usual que solo los historiadores suizos reconozcan la importancia de la logia en la vida de este municipio. Véase C. Thomann, 1965; J.-M. Barrelet y J. Ramseyer, 1990; J. Gubler, 1984; C. Garino, 1995; Consejo Municipal de La Chaux-de-Fonds, 1944.

[16] Véase M. Cugnet, 1991; Consejo Administrativo de la Gran Logia de Suiza Alpina, 1905.

gama completa de todas las ideas, profesiones y ocupaciones".[17] El Espacio de L'Amitié era, por lo tanto, "un espacio indulgente en el que se podía pensar en otros sistemas sociales, políticos y espirituales".[18]

Así, los patrocinadores arquitectónicos más importantes de Charles-Edouard Jeanneret, como los relojeros de su padre Georges-Edouard Jeanneret, pertenecían a la logia de La Chaux-de-Fonds o a las logias vecinas. Lo mismo ocurrió con un tío de Charles-Edouard Jeanneret, Sully Guinand, que desempeñó un papel clave en la sociabilidad de la familia Jeanneret, reuniéndolos en los momentos festivos (cumpleaños, Navidad, Año Nuevo, etc.) y ayudándolos durante las crisis más dramáticas de la vida familiar.[19] Por lo tanto, no es sorprendente encontrar en la biblioteca personal de Le Corbusier libros sobre la masonería, libremente anotados y subrayados: *Les Francs-maçons* [*Los francmasones*] de Serge Hutin y *Les Bâtisseurs de Cathédrales* [*Los constructores de Catedrales*] de Jean Gimpel.[20]

Al llegar a París en 1917, en plena Tercera República, Charles-Edouard Jeanneret se encontró en una situación política en la que una buena cantidad de comanditarios pertenecían a logias. Pero en París reina una situación mucho más compleja que en La Chaux-de-Fonds; y también habrá que tener en cuentas más adelante los grandes cambios que vendrán con la Ocupación, Vichy y la posguerra...

Una aclaración importante más. Mucho antes de su partida de La Chaux-de-Fonds, Charles-Edouard Jeanneret reconocía la importancia de la logia y de su simbología, es decir, de ciertos valores morales asociados a símbolos como el ángulo recto y el compás, que encontraremos luego en numerosas producciones corbusianas, entre ellas "El poema del ángulo recto". Pero ¿ese respeto llegaba al punto de que Le Corbusier quisiese ser parte? ¿Él, el individualista rabioso en busca de fama? ¡Sí a instrumentalizar! ¡No a pertenecer! En 1913, describe irónicamente el inevitable y fatal destino de un viejo amigo suyo de Chaux-de-Fonds: "¿Y me volveré como él... miembro del Círculo del Abeto y de la logia?"[21] Mi demostración no tocará entonces los temas de la pertenencia o la creencia en tal o cual patrimonio, sino el de su *instrumentalización*. (Y si

[17]   E. Quartier-La-Tente, 1902, p. 10.

[18]   D. Hays, 1999, p. 452.

[19]   Otro caso comparable de Chaux-de-Fonds es el de Freddy Sauser, el futuro Blaise Cendrars, cuyo tío, Ernest Sauser, vino en ayuda de los padres del joven Freddy Sauser después de la quiebra de su padre (véase B. Cendrars, 1976, vol. XIII, pág. 7; y M. Cendrars, 1984, pág. 41).

[20]   S. Hutin, 1960; J. Gimpel, 1958.

[21]   Carta de Charles-Edouard Jeanneret a Charles L'Eplattenier, 9 de mayo de 1913 (Biblioteca de la ciudad de La Chaux-de-Fonds).

alguien respondiera que tales ideas masónicas y de compañerismo no son parte del patrimonio, apoyaría entonces la tesis que desarrollaré a continuación).

Llegado a París a los treinta años con su valija llena de "viejas nociones bien establecidas y afianzadas en nuestro entendimiento, usadas como frase catequista, detectores de una serie fecunda de automatismos…",[22] Charles-Edouard Jeanneret ya estaba en condiciones de instrumentalizarlas para cumplir con su prodigioso talento y su inmensa ambición. Los efectos de esta instrumentalización se pueden ver en dos áreas: la de la imaginación y la de la billetera de sus clientes. Veamos un ejemplo de cada una de ellas.

Desde 1925, por lo menos,[23] Le Corbusier conocía a Jean Cassou, miembro de la logia "Le Portique de La Grande Loge de France". En 1936-1939, Jean Cassou trabajó en el Ministerio de Educación Nacional francés, dirigido por Jean Zay, en surgido del *Frente Popular* de Léon Blum. El 16 de diciembre de 1937, Cassou dirigió una comunicación a Le Corbusier en papel carta del Ministro de Educación Nacional: "Querido amigo, venga a verme una noche de la semana próxima, hacia las 19 horas; estaré encantado de hablar con usted. Acepte, querido amigo, mis más sinceros deseos, Jean Cassou".[24] En esa época, cuando Le Corbusier estaba desarrollando proyectos en Argelia y Marruecos, Cassou escribía la novela, *Le Centre du Monde,* en la que figura un joven arquitecto "muy poderoso y que quería transformar la vida de los hombres",[25] cuyas casas en el norte de África tenían un estilo moderno "simple y puro".[26] Al comentar su novela, Jean Cassou decía: "Creo que el arquitecto, de todas maneras, es realmente simbólico […] Es el individuo que es útil para los demás. Es el constructor. Si recuerdo bien, nunca se le da un nombre en la novela; es siempre el Arquitecto".[27] Le Corbusier, joven candidato para el papel de gran arquitecto del universo, tiene así una función simbólica en la obra de Cassou. El cumplimento real de este atributo con Cassou ocurrirá finalmente, ya que, en la posguerra, Cassou, devenido director del nuevo Museo de Arte Moderno del Palacio de Chaillot, organizará una importante retrospectiva de la obra de Le Corbusier, cuyo "genial espíritu sistémico" describe en la introducción del catálogo:

> Una ambición tan vasta y generosa no podía prescindir de cierto espíritu sistémico. […] Y, por último, un número considerable de monumentos y

---

[22] Le Corbusier citado en S. von Moos, 2005, p. 19.

[23] Véase la introducción de Jean Cassou a Le Corbusier, 1925.

[24] Carta de Jean Cassou a Le Corbusier, 16 de diciembre de 1937 (FLC, E1-12-145).

[25] J. Cassou, 1945, p. 53.

[26] *Ibid.*, p. 129.

[27] J. Cassou, 1965, p. 144. De hecho, en un momento de la novela, su nombre es Claude.

composiciones urbanas, sumamente originales, atestiguan, en Francia y en el mundo entero, su lúcida autoridad, la facultad de renovación y el lirismo rico y flexible de su genio creador.[28]

En la misma época, Le Corbusier, gracias a Eugène Claudius-Petit, gana su concurso estatal más importante, la "Cité radieuse" de Marsella. Veamos este pedido con mayor detenimiento para ofrecer algunos detalles.

A finales de 1939 y durante el régimen de Vichy, ya no es el momento de las logias, como lo demuestran su triste destino y las numerosas publicaciones antimasónicas, incluyendo los *Documents maçonniques* [*Documentos masónicos*] de Bernard Faÿ, Robert Vallery-Radot y Jean Marquès-Rivière (donde se revelaban, entre otras cosas, la amenaza capitalista-bolchevique-judío-masónica —¡todos, por supuesto, hermanados en la misma conspiración!– que, en su opinión, amenazaba al mundo; pero que habían logrado sabiamente identificar a través de las siniestras trayectorias masónicas de Federico Bartholdi, creador de la Estatua de la Libertad, y del propio presidente estadounidense, Franklin D. Roosevelt).[29] Le Corbusier, que se muda Vichy para intentar conseguir trabajo, tendría por lo tanto que reinventar su simbología. Ahora los símbolos masónicos del ángulo recto y el compás, del viaje iniciático, etc., eran en cierto modo compartidos por los compañeristas [*compagnonnage*].[30] Uno de sus representantes, Jean Bernard, llamado "La Fidélité d'Argenteuil", también intentaba ponerse en contacto con el mariscal Pétain. Dentro del contexto compañerista, esos mismos símbolos tenían otro alcance y significaban algo completamente diferente, luego de que el republicanismo y el socialismo generalmente masónicos fueran reemplazados por una corriente más tradicionalista y catolicista. A finales de 1945 y en el período de posguerra, el compañerismo adquirirá otra vez nuevos significados en el contexto de la reconstrucción, vinculados no solo a la noción de trabajo como una actividad casi mística y profundamente humana, en contraste con la mecanización deshumanizadora, sino también a la revalorización del hogar, la nación y el patrimonio.[31] Eugène Claudius-Petit, que llegó a ser Ministro de Reconstrucción y Urbanismo (1948-1953), se refirió a los "compañeros" en una cena en 1952 considerando la formación compañerista como la formación de "seres humanos auténticos" y la obra maestra

---

[28] J. Cassou, 1962-1963.

[29] B. Faÿ, R. Vallery-Radot y J. Marquès-Rivière, 1941-1944. ver D. Nightingale, 1981 y L. Sabah, 1996.

[30] Ver el capítulo "Transmitir, verbo intransitivo" de Nicolas Adell en esta obra. [Nota del traductor]

[31] Véase L. Bastard, 2001.

compañerista como "una ofrenda de uno mismo hacia la comunidad".[32] Ya en 1949 había mostrado cómo Suiza ofrecía un modelo de excelencia en la artesanía que los compañeros franceses deberían conocer.[33] El propio Claudius-Petit había sido recibido como "compañero" en 1924.[34] En otra ocasión, Claudius-Petit relató su carrera como "compañero" y recomendó a Antoine Moles llamado "Montauban la Fierté du Devoir" como otro modelo de excelencia.[35] (En 1949, Antoine Moles dio a Le Corbusier una copia de su *Histoire des Charpentiers* [*Historia de los carpinteros*] con una introducción de Auguste Perret).[36] Fue precisamente con la ayuda de Claudius-Petit, patrocinador de la Cité radieuse de Marsella, que Le Corbusier desarrolló su sistema de geometría armoniosa, el Modulor, que utilizó en la "Cité radieuse":

> Luego fue el momento del Liberty-ship "Vernon S. Hood", que zarpó de Le Havre a mediados de diciembre de 1945 y arribó a Nueva York luego de una travesía de diecinueve días, de los cuales los seis primeros transcurrieron en medio de tormentas espantosas y el resto sobre un mar agitado por un fuerte oleaje. [...] Nosotros nos quedamos en los dormitorios mientras que los marineros ocuparon las cabinas. Le dije a Claudius Petit, que me acompañaba: "No saldré de este bendito barco sin haberle encontrado una explicación a mi regla de oro".[37]

Por su parte, los compañeristas que habían participado en la construcción de la "Cité radieuse" a través de René Despierre llamado "Lyonnais le Bon Coeur, Compagnon passant carpentier bon drille du devoir",[38] elogiaban a Le Corbusier en la publicación *Compagnonnage. Organe des Compagnons du Devoir* [*Compañerismo. Órgano de los Compañeros del Deber*] por su respeto de los valores humanos y tradicionales de la comunidad y del hogar.[39] Fue así como, por esos avatares de la historia, Charles-Edouard Jeanneret ajustó este simbolismo proteiforme y todoterreno aprendido en La Chaux-de-Fonds, para lograr su objetivo: obtener pedidos y construir su "yo".[40]

[32] E. Claudius-Petit, 1952.

[33] E. Claudius-Petit, 1949.

[34] Ver B. Pouvreau 2004.

[35] E. Claudius-Petit, 1950.

[36] A. Moles, 1949. Véase también la carta de André Wogenscky a Antoine Mole, 3 de enero de 1950 (FLC G-3-159).

[37] Le Corbusier, 1950, pp. 48-49.

[38] Véase J.-P. Bayard, 1990, p. 11; G. Despra,t 2003; Lyonnais le Bon Coeur, 1952.

[39] Véase A. Piot, 1965.

[40] Como, además, otros lo habían hecho antes que él: véase D. Hays, 1999; J. Rykwert, 1983.

Quedan por identificar algunos ejemplos del despliegue de este simbolismo. Elegiré dos. Primero, el "Poema del ángulo recto". Y luego, el concepto arquitectónico específicamente corbusiano del "paseo arquitectónico", un viaje iniciático a través del espacio.

En efecto, en una carta de 1954 a su antiguo amigo de Chaux-de-Fonds, Marcel Levaillant, Le Corbusier explicaba que el "Poema del ángulo recto" (llamado "mi Poema del > +" en sus cuadernos de dibujo)[41] "no solo se encuentra en lo más profundo de mi personalidad sino también en el fondo mismo de mi obra construida y pintada".[42]

Le Corbusier, *Le Poème de l'Angle Droit.*

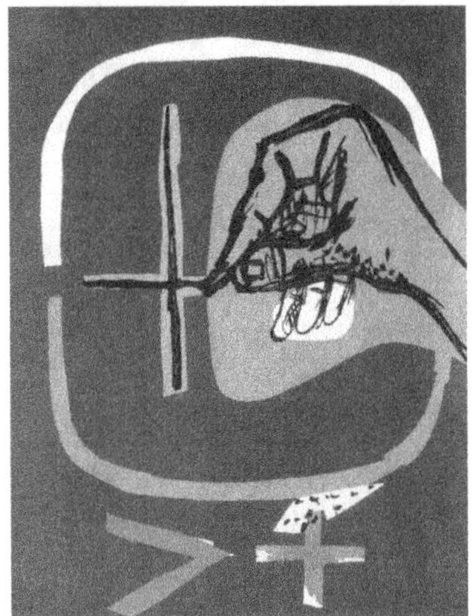

El "Poema del ángulo recto" termina con esta imagen de una mano que dibuja un ángulo recto y un compás, sobre el cual el poema declama:

> con un carbón
> dibujamos
> el ángulo recto
> el signo
> es la respuesta y la guía
> el hecho
> una respuesta
> una elección
> simple y desnudo
> pero aprehensible…
> […]
> es la respuesta y la guía
> el hecho
> mi respuesta
>
> mi elección.[43]

---

[41] Le Corbusier, 1981, p. E23, n. 624. Véase también D. Becket-Chary, 1990, p. 57.

[42] "… no solo en las profundidades de mi carácter sino también en las de mi obra construida y pintada" (Carta de Le Corbusier a Marcel Levaillant, 21 de abril de 1954, en J. Jenger, 2002, p. 376).

[43] Le Corbusier 1989, p. 150.

Ahora bien, este sistema simbólico no solo se presenta a través de la escritura. Varios de sus aspectos se incorporan a la obra construida, como la noción de "paseo arquitectónico", es decir, un movimiento iniciático (desde el punto de vista arquitectónico) a través de un espacio poblado de elementos simbólicos. ¿Qué información nos proporciona Le Corbusier sobre esta noción de "paseo arquitectónico"?

Veamos primero una foto del paseo arquitectónico de la Villa Savoye.

El paseo arquitectónico de la villa Savoye

Le Corbusier y Pierre Jeanneret, *Œuvres Complètes 1929-1934*, 3ª ed.,
(Erlenbach-Zurich: Les Éditions d'Architecture, 1946), 30 (© FLC/ADAGP,
París y DACS, Londres 2007).

Segundo, un texto, acompañado de un boceto, sobre el movimiento a través de la Case del Noce en Pompeya.

Fotografía de Pompeya tomada por Le Corbusier

Biblioteca de la ciudad de La Chaux-de-Fonds, Le Corbusier 108.459,
© FLC/ADAGP, París y DACS, Londres 2007.

Escribe:

> Casa del Noce, en Pompeya. También el pequeño vestíbulo que los hace olvidarse de la calle. Y acá se encuentran en el Caveidium (atrio); cuatro columnas en el centro (cuatro cilindros) se elevan como chorros hacia la sombra del tejado, una sensación de fuerza y testigo de medios poderosos; pero en el fondo, el brillo del jardín visto a través del peristilo que difunde esta luz con un gesto amplio, la distribuye, la señala, extendiéndose lejos a la izquierda y a la derecha, creando un gran espacio.[44]

Este desfile descriptivo consiste en tres momentos. Un primer espacio pequeño que crea una pausa, un espacio introductorio que corresponde a un momento de pausa, de reflexión preparatoria. A esto le sigue un segundo espacio más grande y espléndido cuyos elementos arquitectónicos crean un carácter profético. Pero es hacia el tercer y último espacio, el del amplio e iluminado jardín que se ve al fondo, hacia donde tienden los dos primeros. La misma estructura espacial y los elementos de construcción del espacio pueden verse en una foto de Pompeya tomada por Le Corbusier: una secuencia de espacios cadenciados por elementos arquitectónicos simbólicos: columnas, columnatas y muros.

Interior de la logia L'Amitié, La Chaux-de-Fonds

© J. K. Birksted.

El paseo arquitectónico avanza en el espacio a través de una serie de símbolos arquitectónicos. Y en la foto canónica del paseo arquitectónico de la Villa Savoye –porque la Villa Savoye es la encarnación doctrinal del paseo arquitectónico corbusiano– estos elementos simbólicos se vuelven

---

[44] Le Corbusier, 1958, pp. 148-149.

tan explícitos por la disyunción entre función y forma: una chimenea se convierte en una columna, las cortinas onduladas se convierten en una columnata, un tabique se convierte en una pared de ventana. Y es a través de esta profusión de símbolos que el paseo arquitectónico se convierte en un viaje simbólico, siguiendo el ejemplo de los viajes iniciáticos a través del espacio, como los de la logia de Chaux-de-Fonds.

Albert Bernet, Maison en Vesinet (Essone)

Les Maisons économiques [*Las casas económicas*]
(Dourdan: Ediciones H. Vial, 1929). Musée du Compagnonnage, Tours.

En estos pocos ejemplos de despliegues simbólicos de Le Corbusier, volvamos a su instrumentalización para obtener pedidos y construir un "yo". Queda por especificar un elemento fundamental de su instrumentalización. Ya hemos visto el carácter proteiforme y polivalente que permite su adaptación a diferentes contextos. Queda un segundo aspecto por conferir: la libertad con la que dichos despliegues simbólicos se adaptan a las circunstancias del entorno.

A principios del siglo XX, un grupo de arquitectos con ideas de origen masónico o compañerista trabajaba en Francia. A este grupo pertenecían Albert Bernet (1883-1962),[45] autor de una serie de libros sobre este tema, entre ellos *Joli Coeur de Pouyastruc, Tailleur de Pierre, Maître de l'Œuvre, Compagnon étranger de Devoir de Liberté (1928)*,[46] *La Morale Professionnelle (1920)*,[47] *Les Maisons économiques (1929)* ;[48] Frédéric Brunet (1868-1932),

---

[45] L. Bastard, 2001.

[46] A. Bernet, 1928.

[47] A. Bernet, 1920.

[48] A. Bernet, 1929.

autor de *Les Constructeurs de Cathédrales* (1928),[49] *Le Socialisme expérimental. Étude sociale* (1924),[50] *La solution coopérative. Pour le logement* (1911),[51] *Contre le Logement Cher* (1912),[52] *Les Services Publics: Les Régies Directes Coopératives* (1909);[53] y Raoul Brandon (1878-1941),

Profesor de la Escuela Nacional de Bellas Artes y autor de Théorie et pratique des ombres et des cadrans solaires (1926),[54] *Nouveaux Modèles de Tombeaux,*[55] *Géométrie descriptive. épures d'application,*[56] *L'Architecture nouvelle. Constructions diverses et de style "Art Nouveau"* (1906).[57]

Encontramos en la obra construida y escrita de estos tres arquitectos los temas de las comunidades y las residencias cooperativas, las reformas sociales y las casas económicas, así como temas de simbolismo y geometría armoniosa. Estos temas son los mismos que los de Le Corbusier, pero en un tono esencialmente diferente. Mientras que Albert Bernet, Frédéric Brunet y Raoul Brandon, incrustados en la vida masónica o compañerista, no se alejan nunca de la puesta en práctica de estas ideas, Le Corbusier las instrumentaliza libremente. Por eso sus "signos que apelan a viejas nociones bien establecidas y afianzadas en nuestro entendimiento, usados como frase catequista, detectores de una serie fecunda de automatismos"[58] no están lejos de la concepción en la misma época de Oswald Wirth sobre el simbolismo masónico. Recordemos, además, las prestigiosas giras de conferencias de Wirth por Francia y Suiza. Wirth escribió que:

> Los símbolos no se imponen en la mente de la misma manera que los textos: hacen que la gente piense, y como el campo de pensamiento es infinito, nunca lo sugerirán todo. Si abogamos por el *simbolismo*, es porque reconocimos en él el más poderoso estimulador del pensamiento autónomo. [...] Pero en este caso no se desprende la idea de que el símbolo lleva a la meditación, porque la imagen hace que la mente trabaje incansablemente. Una primera idea que proviene de sí misma requiere otra, que requiere una tercera, y así sucesivamente, en una generación ininterrumpida.[59]

[49] F. Brunet, 1928.

[50] F. Brunet, 1924.

[51] F. Brunet, 1911.

[52] F. Brunet, 1912.

[53] F. Brunet, 1909.

[54] R. Brandon, 1926.

[55] R. Brandon, *s.d.*

[56] R. Brandon, *s.d.*

[57] R. Brandon, 1906.

[58] Le Corbusier citado en S. von Moos, 2005, p. 19.

[59] O. Wirth, 1930, p. 204.

Para Wirth, el simbolismo masónico –como generador de ideas personales y vínculos asociativos– es un principio de estructuración y ampliación de la reflexión, y no un simple sistema para recordar ideas estables, acordadas y compartidas. Por lo tanto, es un sistema que permite un entrelazamiento de ideas eclécticas. Este carácter libre se hace evidente cuando repasamos los tableros masónicos presentados en la logia L'Amitié de Chaux-de-Fonds antes de 1917, o en París en los archivos "des obédiences du Grand Orient de France" o de la Gran Logia de Francia a la que pertenecían las logias de los patrocinadores y amigos de Le Corbusier. La gama de temas en estos tableros masónicos va desde temas sociales y económicos, la geometría proporcional y armoniosa, hasta la historia de los cátaros (víctimas de la intolerancia religiosa), y más aún. Encontramos toda esta gama también en la obra de Le Corbusier, como la idea de la ascendencia cátara (que fue muy importante para él porque le permitía demostrar sus antiguos orígenes franceses). En su ejemplar de *Esclarmonde de Foix, Princesse Cathare* de Coincy-Saint Palais, Le Corbusier subrayó el pasaje donde se explica la continuación de los ritos cátaros en los de la masonería.[60] La instrumentalización de este sistema simbólico permite, por tanto, un eclecticismo coherente y no, como lo conciben los que no ven lógica en la obra y la empresa de Le Corbusier, la de un montaje heterogéneo. La obra corbusiana es isomorfa a un sistema cuya "función de organización cultural"[61] se rige por un eclecticismo sistemático. Vemos este sistema en funcionamiento en *La Ville Radieuse, Quand les cathédrales étaient blanches, Le Modulor; Sur les 4 Routes, La maison des hommes, L'espace indicible, Le Poème de l'Angle Droit, Croisade ou le Crépuscule des Académies*,[62] y así sucesivamente. (Obsérvese que más allá de este eclecticismo sistemático –con frecuencia confuso para la mente del francófono profano; siempre confuso para la mente anglosajona, ajena al pensamiento masónico francófono–, el principio auxiliar del silencio masónico permite, e incluso facilita, la creación del mito del genio creador).

Así, en la búsqueda desenfrenada de la originalidad modernista, Charles-Edouard Jeanneret/Le Corbusier instrumentalizó libremente varios elementos de una simbología ecléctica. Esto en un espíritu diametralmente opuesto al de Albert Bernet, Frédéric Brunet y Raoul Brandon quienes, como miembros contribuyentes, se sometieron a símbolos que ellos concebían como estables. Hagamos tres breves observaciones. En primer lugar,

---

[60] Coincy-Saint Palais, 1956.

[61] G.M. Cazzaniga, 1995, pág. 11.

[62] Le Corbusier, 1933, 1935, 1937, 1938, 1941, 1946, 1950, 1989 [1955]; F. de Pierrefeu y Le Corbusier, 1942.

es el mismo fenómeno que Joseph Rykwert observó en muchos de los arquitectos de la primera ola de la modernidad del siglo XVIII.[63] En segundo lugar, es el fenómeno diametralmente opuesto al de muchos artistas, escritores e intelectuales contemporáneos, amigos de Le Corbusier, como Juan Gris, para quien la masonería acompañó un momento de profunda crisis (estética, psicológica, de salud), Paul Dermée y Sébastien Voirol, masones apasionados para quienes la masonería era un principio de fe.[64] En tercer lugar, la apropiación de las ideas de otras personas no era un proceso ajeno a Charles-Edouard Jeanneret/Le Corbusier. Una vez, Marcel Montandon, algo irritado, le respondió a H. Allen Brooks, un investigador benévolo y algo ingenuo: "¡Pero no sabe usted cuánto él copió!"[65]

Volvamos entonces al tema del patrimonio y cómo Le Corbusier instrumentaliza los elementos eclécticos de esta simbología. ¿Qué tipos de elementos utiliza? Ya vimos el tema de los cátaros, la geometría y las proporciones armoniosas, el viaje iniciático. Hay muchos otros quesirven para situar a Le Corbusier en la perspectiva de un simbolismo ancestral, universal y eterno. Charles-Edouard Jeanneret saca a Le Corbusier de la pequeña historia y sus desventuras para situarse inmediatamente en la gran historia a escala de la aventura humana y a nivel del patrimonio de la humanidad. Así, rechaza la enseñanza (mezquina, provisoria) de las Escuelas (aunque siga yendo infaltablemente) en pos de las lecciones (sublimes, eternas) de Roma, Grecia, Egipto. Él, Le Corbusier, heredero del patrimonio mundial. Lo dice él mismo, observando con una satisfacción irónica y seria a la vez la exhibición de su libro *Le Modulor* en las vitrinas de la librería Vega:

Esta librería se dedica muy particularmente a las publicaciones esotéricas y a las ciencias metafísicas. El Modulor fue recibido con infinita amabilidad por Sr. Rouhier, su director. Le adjudicaron al autor mil intenciones que no tuvo, cien aptitudes que sin dudas no tiene y contactos con el pasado eterno que nunca tuvo la felicidad de materializar. Tal equívoco no es

---

[63] Véase J. Rykwert, 1983.

[64] Camille Jansen llamado Paul Dermée fue miembro de la Logia "L'Intelligence et l'Étoile réunies", "Orient de Liège", luego de la Logia "Athéna" y la Logia "Agni". Véase P. Bajou 2002. Véase también *Le Bulletin hebdomadaire des travaux de la Maçonnerie en France*, N° 1660, viernes 10 de junio de 1904, año 22, Trabajos del 13 al 19 de junio de 1914, p. 15: "Grande Loge de France, Loge L'Alliance N° 70, vendredi 17 juin 1904, Tenue Sollennelle à 8 heures ½ précises : 'Le Moralisme dans la littérature"; conférence par le Frère Sébastien voirol, membre de l'Atelier". Sébastien Voirol (1870-1930), seudónimo de Gustaf-Henrik Lundquist, cuñado de Auguste Perret, fue miembro de la logia L'Alliance N°. 70 de la Gran Logia de Francia.

[65] Marcel Montandon, entrevista por H. Allen Brooks, noviembre 1975, Archivos H. Allen Brooks, Biblioteca de la Universidad de Yale, MS 1784, Box 104.

desagradable; demuestra que "las cosas se encuentran o se reencuentran, se reencuentran a lo largo del tiempo y espacio, prueba de la unicidad de las preocupaciones humanas…"[66]

Empecé mi presentación con la pregunta siguiente: ¿cómo conceptualizamos el proceso mediante el cual un rechazo del patrimonio se convierte en patrimonio, y por el cual un antipatrimonio se convierte en patrimonio? Entendemos ahora que no se trata ni de *un* verdadero patrimonio o antipatrimonio, ni de *una* transformación de uno en el otro. Porque en todo momento está en juego una gama de patrimonios diversos, que chocan y se enfrentan a diferentes escalas, espacialidades, temporalidades y con diferentes intereses. Estos diferentes patrimonios sirven como herramientas estratégicas para las figuras dominantes de la modernidad que son el arquitecto y el artista en busca de la originalidad, la celebridad y los pedidos.

Estos "lugares de la memoria" patrimonial, espacio cambiante entre el individuo y la comunidad, pueden ser usados como instrumentos para asumir un rol clave en momentos de dislocación, renovación y transmisión de tradiciones. Y la existencia de estos diferentes patrimonios también proporciona adversarios patrimoniales, cuya existencia ofrece la posibilidad de una lucha para convertirse en caballero errante en busca de un nuevo ideal. Así pues, el artista heroico se sitúa fuera de la historia con su lamentable mezquindad, pero al mismo tiempo se pone en juego una doble lógica, ya que también debe presentarse como parte de la historia, pero de una historia que es universal (en el espacio) y eterna (en el tiempo).

Patrimonio Inmaterial: materia para la construcción de un "yo" en la estela de la existencia…

Bibliografía

ANÓNIMO. 1921. "Exposition Ingres" *L'Esprit nouveau,* n° 9, 1018-1019.

Ayuntamiento de La Chaux-de-Fonds. 1944. *La Chaux-de-Fonds 1944. Documents Nouveaux publiés à l'occasion du 150 e Anniversaire de l'Incendie du 5 Mai 1794 suite au volume paru en 1894.* La Chaux-de-Fonds: Editions A. D. C.

BAJOU, Pascal. 2002. " Juan Gris: de Bateau-Lavoir a Rue Cadet " . *La Chaîne d'Union. Revue d'études symboliques et maçonniques de Grand Orient de France,* n° 20, 63-77.

---

[66] Le Corbusier, 1955, pp. 31-32.

BARRELET, Jean-Marc, Jacques RAMSEYER. 1990. *La Chaux-de-Fonds ou le défi d'une cite horlogère, 1848-1914.* La Chaux-de-Fonds: Éditions d'En Haut.

BASTARD, Laurent. 2001. " Albert Bernet, Un Singulier Compagnon Tailleur de Pierre " . *Fragments d'histoire du Compagnonnage. Cycle de Conférences 2000,* 44-116. Tours: Musée du Compagnonnage.

BAYARD, Jean-Pierre. 1990. *Le Compagnonnage en France.* París: Éditions Payot.

BECKET-CHARY, Daphne. 1990. *A study of Le Corbusier's Poème de l'Angle Droit.* Thesis in History and Philosophy of Architecture, Universidad de Cambridge, M. Phil.

BERNET, Albert. 1920. *La Morale professionnelle.* Tarbes: Imprimerie de Croharé.

_______. *1928.* Joli Coeur de Pouyastruc, Tailleur de pierre, Maître del'Œuvre, Compagnon étranger de Devoir de Liberté, prefacio de Jean de Pierrefeu. París: Éditions des Initiations ouvrières.

_______. 1929. *Les Maisons économiques.* Dourdan: Ediciones H. Vial.

BIRKSTED, Jan K. 2009. *Le Corbusier and the Occult.* Cambridge: The MIT Press.

BRANDON, Raoul. 1906. *L'Architecture nouvelle. Constructions diverses et de style "Art Nouveau".* Dourdan: Ch. Juliot.

_______. 1926. Théorie et pratique des ombres et des cadrans solaires. *Cours professé à l'Ecole nationale Supérieure des Beaux-Arts.* París: La Construction moderne.

_______. s.d. Géométrie descriptive, épures d'application. *Cours professé à l'Ecole National Supérieure des Beaux-Arts.* Tours: Imprimerie E. Arrault et Cie.; París: Librairie de la Construction Moderne Editeurs. Arrault et Cie; París: Librairie de la Construction Moderne Editeurs.

_______. s.d. *Nouveaux Modèles de Tombeaux.* Dourdan: Vial Editeur.

BRUNET, Frédéric. 1909. *Les Services publics : les régies directes coopératives.* París: Imprimerie Nouvelle.

_______. 1911. *La solution coopérative. Pour le logement.* París: Imprimerie nouvelle.

_______. 1912. *Contre le logement cher.* París: L'Humanité.

_______. 1924. *Le Socialisme expérimental, étude sociale.* París: La Renaissance du Livre.

_______. 1928. *Les constructeurs de cathédrales.* París: Aristide Quillet Éditeur.

CASSOU, Jean. 1945. *Le Centre du Monde.* París: Éditions du Sagittaire.

______. 1962-1963. " Introduction " . En *Le Corbusier. Catalogue d'exposition*, 5-7. París: Museo Nacional de Arte Moderno.

______. 1965. *Entretiens avec Jean Rousselot*. París: Ediciones Albin Michel.

CAZZANIGA, Gian Mario. 1995. *Symboles, Signes, Langages Sacrés pour une Sémiologie de la Franc-Maçonnerie*. Pisa: Edizioni Ets.

CENDRAS, Blaise. 1976. *Œuvres Complètes*. París: Club Français du Livre.

CENDRAS, Miriam. 1984. *Blaise Cendrars*. París: Balland.

CLAUDIUS-PETIT, Eugène. 1949. " Paroles prononcées à l'occasion d'un repas fraternel chez les Compagnons ". *Compagnonnage. Organe des Compagnons du Tour de France*, n° 95, 1-2.

______. 1950. " Paroles prononcées à l'occasion de la Saint Joseph 1950 au siège provincial de Lyon " . *Compagnonnage. Organe des Compagnons du Tour de France*, n°109, 1-2.

______. 1952. " 29 janvier 1952. La Soirée du Compagnonnage du Devoir au Palais de Chaillot ". *Compagnonnage. Organe des Compagnons du Tour de France*, n°130, 1.

COINCY-SAINT PALAIS. 1956. *Esclarmonde de Foix, princesse Cathare*. Toulouse: Privat Éditeur.

Consejo Administrativo de la Gran Logia de Suiza Alpina. 1905. *La Grande Loge Suisse Alpina : Rapport sur son Activité 1900-1905*. Berna: Imprenta Büchler & Co.

CUGNET, Michel. 1991. *Deux siècles et demi de Franc-maçonnerie en Suisse et dans le Pays de Neuchâtel*. La Chaux-de-Fonds: Editions du Chevron.

DALAIN, Ivan. 2003. *Les parias de La Chaux-de-Fonds*. La Chaux-de-Fonds: Éditions Cabedita.

DESPRAT, Guy. 2003. *René Despierre*. París: Librairie du Compagnonnage.

DOIN, Jeanne. 1911a. " John Flaxman (1755-1826). Premier article " . *Gazette des Beaux-Arts*, n°13, 233-246.

______. 1911b. " John Flaxman (1755-1826). Deuxième et dernier article " . *Gazette des Beaux-Arts*, n°13, 330-348.

FAŸ, Bernard, Robert VALLERY-RADOT et Jean MARQUÈS-RIVIÈRE. 1941-1944. *Les Documents Maçonniques*. Vichy : Imprimerie Spéciale des Documents Maçonniques; París : Musée des Sociétés Secrètes.

GARINO, Claude. 1995. *Le Corbusier. De la Villa Turque à L'Esprit nouveau*. La Chaux-de-Fonds: Idéa Éditions.

GIMPEL, Jean. 1958. *Les Bâtisseurs de Cathédrales*. París: Éditions du Seuil.

GUBLER, *Jacques. 1984. Inventaire Suisse d'Architecture, 1850-1920.* La Chaux-de-Fonds: Sociedad de Historia del Arte de Suiza.

HAYS, David. 1999. "Carmontelle's Design for the Jardin de Monceau", *Eighteenth-Century Studies* 32, n.º 4, 447-462.

HOFFMANN, Stefan-Ludwig. 2006. *Civil Society.* Londres: Palgrave Macmillan.

HUMAIR, Jacques-André et al. 1991. *Jules Humbert-Droz 1891-1971: catalogue de l'exposition* (8 septembre - 31 décembre 1991), Biblioteca de La Chaux-de-Fonds.

HUTIN, Serge. 1960. *Les Francs-Maçons.* París: Éditions du Seuil.

JENGER, Jean (ed.). 2002. *Le Corbusier. Choix de Lettres: Sélection.* Introducción y notas de Jean Jenger, Basilea/Boston/Berlín : Birkhäuser.

JOHNSON, Lee. 1990. "Where Delacroix paints the 'Scio Massacres'" *The Burlington Magazine* 132, n.º 1049, 538 y 539.

LE CORBUSIER. 1925. *Urbanisme.* París: Crès.

_______. 1933. *Croisade ou le Crépuscule des Académies.* París: Crès.

_______. 1935. *La Ville Radieuse.* Boulogne: Éditions de l'Architecture d'aujourd'hui.

_______. 1937. *Quand les cathédrales étaient blanches : voyage au pays de timides.* París: Plon.

_______. 1938. *Des canons ? Des munitions ? Merci, des logis… S.V.P.* Bolonia: Éditions de l'Architecture d'aujourd'hui.

_______. 1941. *Sur les 4 Routes.* París: Gallimard.

_______. 1946. "L'espace indicible". En *L'architecture d'aujourd'hui,* 9-17.

_______. 1950. *Le Modulor : Essai sur une mesure harmonique à l'échelle humaine applicable universellement à l'architecture et à la mécanique.* París: Editions de l'Architecture d'aujourd'hui.

_______. 1955. *Modulor 2. La parole est aux usagers.* París: Éditions de l'architecture d'aujourd'hui.

_______. 1958. *Vers une architecture.* París: Éditions Fréal & Cie.

_______. 1981. *Sketchbooks Volume 2, 1950-1954.* Londres: Thames & Hudson.

_______. 1989 [1955]. Le *Poème de l'Angle Droit.* París: Fondation Le Corbusier/Éditions Connivences.

LE CORBUSIER y François de PIERREFEU. 1942. *La maison des hommes.* París: Plon.

LYONNAIS LE BON COEUR. 1952. " Construction d'une sapine pour ascenseur provisoire dans un grand immeuble moderne " . *Compagnonnage. Organe des Compagnons du Tour de France,* n° 131, 5.

MARRINAN, Michael. 1977. " Picasso as an 'Ingres' Young Cubist ". *The Burlington Magazine. Special Issue Devoted to European Art Since 1890* 119, n° 896, 758-763.

MARX, Karl. 1867-1894. *Das Kapital.* Hamburgo: Meissner.

MARX, Roger. 1903. *Études sur l'école française.* París: Editions Gazette des Beaux-Arts.

MEFFRE, Veronique. *2003.* De la formation à l'enracinement d'une communauté : les Juifs de La Chaux-de-Fonds, 1879-1912, *Ginebra, Universidad de Ginebra* Departamento de Historia Económica y Social.

MICHEL, André. 1921. " Après l'exposition Ingres " . *Revue de Paris,* n.° 3, 790-806.

MOLES, Antoine. 1949. *Histoire des Charpentiers - Leur travaux.* París: Gründ.

PERRENOUD, Marc. 1989. *Un rabbin dans la cite, Jules Wolff. L'antisémitisme et l'intégration des Juifs à La Chaux-de-Fonds, 1888-1928.* Neuchâtel: Musées Neuchâtelois.

PIOT, André. 1965. " Le Maître du Jeu " . *Compagnonnage. Organe des Compagnons du Devoir,* n°282, 11-12.

POUVREAU, Benoît. 2004. *Un politique en architecture : Eugène Claudius-Petit (1907-1989).* París: Le Moniteur.

QUARTIER-LA-TENTE, Edouard. 1902. La *Franc-Maçonnerie suisse et neuchâteloise : souvenirs et actualités.* La Chaux-de-Fonds: Imprimerie Georges Dubois.

ROSSIGNOL, Dominique. 1981. *Vichy et les Franc-Maçons : La liquidation des sociétés secrètes 1940-1944.* París: Ediciones Jean-Claude Lattès.

RYKWERT, Joseph. 1983. *The First Moderns : The Architects of the Eighteenth Century.* Cambridge: The MIT Press.

SABAH, Lucien. 1996. *Une Police Politique de Vichy : Le Service des Sociétés Secrètes.* París: Klincksieck.

STAWARTZ, Christophe. 2002. *La paix à l'épreuve : La Chaux-de-Fonds 1880-1914. Une cité horlogère au cœur du pacifisme international.* Hauterive: Editions Attinger.

THOMANN, Charles. 1965. *L'Histoire de La Chaux-de-Fonds inscrite dans ses rues.* Neuchâtel: Éditions du Griffon.

_____. 2002. *Les hauts lieux de l'anarchisme jurassien : Le Locle - Sonvilliers et Saint-Imier - La Chaux-de-Fonds 1866-1880*. La Chaux-de-Fonds: Éditions du Haut.

VON MOOS, Stanislaus. 2005. " La Synthèse invisible " . En Fondation Le Corbusier, *Le Corbusier : L'Œuvre plastique*, 11-25. París: Fondation Le Corbusier.

WIRTH, Oswald. 1930. " L'Étude du Tarot " . *Le Symbolisme*, 197-206.

Los autores

Nicolas ADELL: Profesor titular de la Universidad de Toulouse II - Le Mirail

Jan BIRKSTED: Profesor del University College London

Jean-Yves BOUSIGUE: Neurocirujano, jubilado del CHU de Rangueil (Toulouse)

Gaetano CIARCIA: Profesor universitario, Universidad de Montpellier III

Ellen HERTZ: Profesora del Instituto de Etnología de la Universidad de Neuchâtel

Cyril ISNART: Estudiante de posdoctorado, CIDEHUS / Universidad de Évora

Henri-Pierre JEUDY: Investigador del CNRS, IIAC - Laios

Jérôme LAMY: Estudiante de posdoctorado, LISST-Centro de Antropología Social

Hervé MUNZ: Estudiante de doctorado, Instituto de Etnología / Universidad de Neuchâtel

Jean-Marc OLIVIER: Profesor de la Universidad de Toulouse II - Le Mirail

Rémy PECH: Profesor de la Universidad de Toulouse II - Le Mirail

Jan K. Birksted

Julie PERRIN: Estudiante de doctorado, Instituto de Etnología / Universidad de Neuchâtel

Jean-Pierre POULAIN: Profesor universitario, Universidad de Toulouse II - Le Mirail

Yves POURCHER: Profesor universitario, Universidad de Toulouse II - Le Mirail

Sylvie SAGNES: Investigadora CNRS, IIAC - Lahic

José R. DOS SANTOS: Profesor, CIDEHUS / Universidad de Évora

Martin de la SOUDIERE: Investigador del CNRS, EHESS / Centro Edgar Morin

Jeanne TEBOUL: Estudiante de doctorado, LISST - Centre d'anthropologie sociale

Hervé TERRAL: Profesor universitario, Universidad de Toulouse II - Le Mirail

Impreso por TREINTADIEZ S.A. en 2020
Pringles 521 (C1183 AEI)
Ciudad Autónoma de Buenos Aires
Teléfonos: 4864-3297 / 4862-6794
editorial@treintadiez.com